李鸿章传

晚清中兴四大名臣之一

范金锋 ◎ 编著

团结出版社

© 团结出版社，2024 年

图书在版编目（CIP）数据

李鸿章传 / 范金锋编著 . -- 北京：团结出版社，
2024.10
　ISBN 978-7-5234-0393-8

Ⅰ.①李… Ⅱ.①范… Ⅲ.①李鸿章（1823-1901）
－传记 Ⅳ.①K827=52

中国国家版本馆 CIP 数据核字 (2023) 第 167039 号

责任编辑：何　颖
封面设计：紫英轩文化

出　　版：团结出版社
　　　　　（北京市东城区东皇城根南街 84 号 邮编：100006）
电　　话：（010）65228880　65244790
网　　址：http://www.tjpress.com
E-mail：zb65244790@vip.163.com
经　　销：全国新华书店
印　　装：天津泰宇印务有限公司

开　　本：170mm×240mm　16 开
印　　张：16　　　　　　　　字　　数：250 千字
版　　次：2024 年 10 月 第 1 版　　印　　次：2024 年 10 月 第 1 次印刷

书　　号：978-7-5234-0393-8
定　　价：58.00 元
（版权所属，盗版必究）

前　言

李鸿章是中国近代史上的一位举足轻重且极具争议的人物。他所处的时代，是中国从传统封建社会向近代社会艰难转型的特殊时期，而他的一生则成为了这一历史阶段的生动写照。

19 世纪中叶，中国内忧外患，面临着深刻的民族危机。国内政治腐败，社会矛盾激化，农民起义不断；国外列强凭借坚船利炮，肆意侵略，逼迫清政府签订了一系列不平等条约，国家主权和领土完整遭受严重破坏。就在这样的历史背景下，李鸿章登上了政治舞台，开始了他复杂而曲折的政治生涯。

李鸿章是洋务运动的主要倡导者和实践者之一。他深刻认识到中国与西方列强在科技和军事等方面的巨大差距，积极主张学习西方先进技术，以实现自强求富的目标。他创办了江南制造总局、轮船招商局等一系列近代企业，推动了中国近代工业的发展；他还积极引进西方的军事技术和装备，组建新式军队，加强国防建设。洋务运动在一定程度上促进了中国近代化的进程，为中国的现代化奠定了初步基础。李鸿章在这一过程中展现出了一定的远见卓识和改革精神，他的努力和贡献不可忽视。

然而，李鸿章在外交方面却饱受争议。他代表清政府与列强进行了多次外交谈判，签订了诸如《马关条约》《辛丑条约》等不平等条约，这些条约使中国丧失了大量的权益，给国家和人民带来了沉重的灾难。因此，他常常被指责为"卖国贼"。但我们应该看到，李鸿章在外交谈判中面临着诸多无奈和困境。当时的中国国力孱弱，在国际上处于弱势地位，面对列强的强大压力，他往往不得不做出一些妥协和让步。他在外交事务中的决策和行动，虽然在结果上不尽如人意，但也不能简单地将其全盘否定。他在一定程度上也是在为维护清政府的统治和国家的基本利益而努力，只是在当时的历史条件下，这种努力显得极为艰难和有限。

李鸿章的一生充满了矛盾和复杂性。他既有着推动改革和发展的一面，又有着在复杂历史环境下无奈妥协的一面。他是中国近代历史的一个重要符号，通过对他的研究，我们可以更加深入地了解中国近代社会的变迁和发展，以及在这一过程中所面临的各种问题和挑战。

本书将以客观、公正的态度，全面地展现李鸿章的一生及其所处的时代背景。通过对相关历史资料的深入挖掘和分析，力求还原一个真实的李鸿章，探讨他在中国近代历史上的地位和作用。希望读者在阅读本书的过程中，能够对李鸿章有一个更加全面和深刻的认识，同时也能够从他的经历中汲取历史的经验和教训，为我们今天的社会发展提供有益的启示。

目 录

第一章 时代风云下的开篇

晚清的危局与契机 …………………………… 001

李章桐的儿时岁月 …………………………… 003

改名鸿章，寄予厚望 ………………………… 007

刻苦求学之路 ………………………………… 009

道光薨逝，咸丰帝继位 ……………………… 013

第二章 生逢乱世，崭露头角

屡次不第的洪秀全创立"太平天国" ……… 032

书生带兵，专以浪战为能 …………………… 044

投身湘军幕府 ………………………………… 050

火烧圆明园 …………………………………… 056

咸丰帝托孤 …………………………………… 062

辛酉政变 ·· 068

负气出走又回归 ······································ 072

第三章　平内忧，决外患

李鸿章组建淮军 ······································ 076

惜才爱才，招募冯桂芬 ························ 081

荣升江苏巡抚 ·· 085

苏州杀降并解散"常胜军" ·················· 090

"天京让功"与剿捻主帅 ······················ 095

重理"天津教案" ·································· 101

羽翼渐丰，首位汉族封疆大吏上任 ···· 104

联日抗西梦破灭 ···································· 108

维权华工与《烟台条约》 ···················· 111

第四章　洋务运动如火如荼

江南制造总局建立 ································ 116

轮船招商局的兴衰沉浮 ························ 119

开平建矿：洋务运动中的重要抉择 ···· 134

光绪帝即位 ·· 144

海防讨论与北洋水师 ···························· 146

广纳人才厚积薄发 ···································· 151

道阻且长，行则将至 ································ 154

洋提督琅威理 ·· 156

开平煤矿突发巨变 ···································· 160

捍卫主权，开发漠河金矿 ···························· 167

海军衙门修铁路的曲折历程 ·························· 172

第五章 列强压境，乱世中求生存

不战而败的中法战争 ································ 180

朝鲜问题 ·· 185

甲午中日战争 ······································ 189

受命赴日签订马关条约 ······························ 196

洋务运动不了了之 ···································· 201

第六章 黑暗中前行

环球访问学习强国之道 ······························ 204

康有为与百日维新 ···································· 211

引狼入室的《中俄密约》 ···························· 220

《辛丑条约》——所谓英明，终成泡影 ·············· 222

英雄迟暮功过留与后世评说 ·························· 232

后记……………………………………………… **236**

附录一　李鸿章接受美国记者专访……………… **238**

附录二　李鸿章的感情生活……………………… **242**

附录三　李鸿章一生大事简表…………………… **245**

第一章 时代风云下的开篇

晚清的危局与契机

18世纪末至19世纪初，清朝在表面上仍呈现出一派盛世景象。乾隆皇帝在位期间，国家统一，经济繁荣，文化昌盛。

然而，在这盛世的余晖之下，却隐藏着重重隐患。

政治上，封建专制统治达到了顶峰，官僚机构臃肿腐败，贪污成风。各级官员为了谋取私利，不惜搜刮民脂民膏，导致百姓生活困苦。同时，朝廷内部的权力斗争也日益激烈，党派纷争不断，严重影响了政府的决策效率和执行力。

经济上，虽然农业生产有所发展，但土地兼并严重，农民失去土地，沦为佃农或流民。而商业和手工业的发展也受到封建制度的重重束缚，难以实现突破性的发展。此外，清朝实行的闭关锁国政策，使得中国与世界隔绝，错过了西方工业革命带来的发展机遇。

文化上，科举制度日益僵化，八股文成为选拔人才的唯一标准，导致知识分子思想僵化，缺乏创新精神。而封建礼教的束缚也使得社会风气保守封闭，人们的思想观念难以得到解放。

19世纪中叶，鸦片开始大量流入中国。鸦片的泛滥，给中国社会带来了极其严重的危害。

首先，鸦片贸易导致中国的白银大量外流，国家财政陷入困境。据统计，仅在鸦片战争前的几十年间，中国因鸦片贸易而流失的白银高达数亿两。这使得清朝的财政状况急剧恶化，国家经济面临崩溃的边缘。

其次，鸦片的吸食严重损害了中国人民的身体健康。无数的人染上毒瘾，身体虚弱，精神萎靡，丧失了劳动能力。这不仅影响了社会生产力的发展，也给家庭和社会带来了沉重的负担。

最后，鸦片的泛滥还引发了一系列的社会问题。社会治安恶化，犯罪率上升，社会秩序陷入混乱。同时，鸦片贸易也加剧了清朝政府与外国列强之间的矛盾，为后来的鸦片战争埋下了伏笔。

在清朝逐渐衰落的过程中，内部矛盾也日益激化。

农民起义不断爆发。其中，规模最大的当属太平天国运动。太平天国运动席卷了大半个中国，给清朝的统治带来了沉重的打击。太平天国运动的爆发，反映了农民阶级对封建统治的不满和反抗。同时，也暴露了清朝政府在政治、经济、军事等方面的严重问题。

民族矛盾也日益尖锐。清朝是由满族建立的政权，在统治过程中，对汉族等其他民族实行了一系列的歧视和压迫政策。这使得民族矛盾不断积累，在一定条件下爆发出来。例如，在太平天国运动中，就有不少汉族地主武装崛起，与清朝政府分庭抗礼。

此外，清朝内部的地方势力也逐渐崛起。在镇压太平天国运动等农民起义的过程中，一些地方督抚掌握了大量的军队和财政权力，形成了尾大不掉之势。这使得清朝中央政府的权威受到了严重挑战，国家的统一和稳定面临着巨大的威胁。

鸦片战争的失败，使中国被迫打开了国门。在这个过程中，一些有识之士开始认识到中国的落后，主张向西方学习，进行改革。李鸿章就是其中的代表人物之一。

李章桐的儿时岁月

合肥，这座古老的城市，承载着悠久的历史与厚重的文化底蕴。

在这片土地上，李家世代繁衍生息。曾经，李家以务农为生，祖辈们在土地上辛勤耕耘，过着质朴而平凡的生活。然而，命运的齿轮悄然转动，李家的历史随着晚清局势的推演即将迎来重大的转变。

在混乱的局势下，李家的先辈们逐渐意识到知识的力量。他们开始重视教育，希望通过读书改变家族的命运。在这个过程中，李家逐渐从世代务农的家族向书香门第转变。

这种转变并非一蹴而就，而是经过了几代人的努力。李家的祖辈们节衣缩食，为子孙们提供读书的机会。他们深知，只有通过教育，才能让家族在社会上立足，实现真正的崛起。

在这个转变的过程中，李家的家风也逐渐发生了变化。从原本的勤劳朴实，逐渐增添了对知识的敬重和对文化的追求。家族中的长辈们以身作则，教导子孙们要勤奋读书，修身立德。这种家风的传承，为李家的后代们奠定了坚实的基础。

李鸿章的父亲李文安就是一位优秀的李家后辈。他既是一位心地善良的司法官，也是一位颇具才情的诗人。

那时的李家，还处于"家风寒素"、半耕半读的境况。乡村的田野上，麦浪随风起伏，李文安常常在劳作之余，憧憬着未来的仕途之路。他曾做塾师，一边靠着微薄的收入谋生，一边刻苦准备参加科举考试。

道光十四年，江南的乡试如一场盛大的文化盛宴拉开帷幕。李文安在这场考试中脱颖而出，成为第96名举人。那一刻，他仿佛看到了家族命运改变的曙光。四年后，他满怀壮志地进京参加会试。京城的街道繁华而喧闹，李文安却无心欣赏，心中只有对考试的紧张与期待。最终，他中了第112名进士。

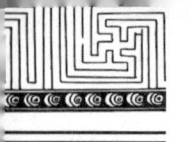

当报子飞奔到家中来报喜时，李文安的夫人正在田间劳作。她满脸疑惑，根本不相信这突如其来的喜讯，依旧默默地耕着田地。随着李文安高中进士，李家的命运发生了翻天覆地的变化，从"力田习武"的普通人家转变为当地的"望族"。李文安当上户部主事，身着官服，俨然一个朝廷大员，成为许氏改为李姓之后做官的第一人。

李文安在刑部为官多年，始终尽忠职守，认真负责。刑部的衙门里，灯光常常彻夜通明。每逢断案，李文安都会夜以继日地工作，不查出案情的真相绝不罢休。

有一次，在讨论一个复杂的案件时，李文安与同僚争论起来。

李文安："此案必须严查，不可放过任何一个细节，一定要还受害者一个公道。"

同僚："何必如此较真，差不多就行了。"

李文安："不行，我们身为司法官，就要对得起自己的良心，要有包公再世的担当。"

他也因为这刚毅的脾气，常常得罪上司。后来，他管理牢狱时，同样严守规章。牢狱之中，阴暗潮湿，李文安却时常亲自检查督促，为在押的囚徒准备衣被、药饵，冬天给粥，夏间给席。

若不是后来太平天国兴起，他们父子必须放下公文簿去打仗，这个职位他恐怕可以一直坐下去。这个职位得来实属不易，完全是他二十年辛苦寒窗，拼命读书的结果。

李文安的父亲李殿华是个"五十年不进城"的乡下读书人。乡村的小院中，李殿华常常捧着书本，沉浸在知识的世界里。他的家有几十亩地，虽总不进城，但心中却一直渴望从黄土地上走出去，于是对科场功夫甚为在意。然而，命运似乎并不眷顾他，科场屡次失意。后来，他就在家设馆教学生和孩子读书，把希望寄托在儿子们身上。

李文安即是这个家族走出安徽、走向官场、走向京城、走向沿海的第一人，是李家有家谱记载的前七代人中，唯一的一个进士。

别人家聪明的孩子4岁就开始启蒙了,而李文安到8岁才读书。他早年读书读得很苦。在兄弟中排行最小的他,从小身体很弱。13岁时,别人都考上秀才了,而他才读完"四书"和"毛诗"。在父亲李殿华看来,李文安就是贪玩不用功,根本没看出这是个大器晚成型的人才。后来,李殿华叫大儿子李文煜来督阵,专门管着他读书。

李文煜自己科场也不顺心,考中秀才后就再无长进,也学父亲的样子,在家开馆收徒教书。

在一间简陋的书房里,李文煜严肃地对李文安说:"小弟,从今日起,你必须刻苦读书,不得有丝毫懈怠。每年正月初三就开学,一直要念到大年夜为止。"

李文安虽然心中有些不情愿,但也只能听从。毕竟严师出高徒,青出于蓝而胜于蓝。结果李文安中了举而大哥未中,几年后李文安又中了进士,而他几个哥哥都名落孙山。

不过李文安也费了九牛二虎之力,他苦读到35岁那年(1834年)才江南乡试中举。在这之前,他已经历了十数年的寒灯煎熬。

之后,李文安又有了儿子李章铜,也就是李氏子弟下一代中的翘楚。

李章铜,字少荃,安徽合肥人,出生于1823年,即清道光三年,正月初五。他的父亲李文安是一位饱读诗书的学者,对李章铜的成长产生了深远的影响。

自幼,李章铜便展现出了聪慧的天资和对知识的强烈渴望。

李章铜4岁时,父亲李文安就专门修了"棣华书屋",让他和兄长李瀚章一起读书。

彼时的李章铜还很小,力气有限,有时看着看着书手臂十分酸痛,他就一边抖手一边看。李文安见儿子如此勤勉,对他格外关注。

在一个宁静的午后,阳光透过斑驳的树叶洒在庭院里。李章铜正坐在小板凳上,手捧着一本古籍,聚精会神地阅读着。他的父亲李文

安从屋内走了出来，看到儿子如此专注的模样，脸上露出了欣慰的笑容。

李文安轻轻地走到李章铜身边，慈爱地看着他，问道："吾儿，所读何书，如此入神？"

李章铜抬起头，眼中闪烁着兴奋的光芒，回答道："父亲，孩儿在读《史记》，书中之人物，皆有非凡之功绩，令人敬仰。"

李文安微微点头，说道："《史记》中人物，确实各具风采。吾儿可有感悟？"

李章铜沉思片刻，说道："父亲，孩儿以为，那些古之豪杰，皆有远大之志，不屈不挠之精神。如项羽，虽败犹荣，其勇其志，令人赞叹；又如张良，运筹帷幄之中，决胜千里之外，其智其谋，让人钦佩。孩儿亦当以他们为榜样，立志成就一番大业。"

李文安听了儿子的话，心中既惊又喜。惊的是儿子小小年纪，竟有如此远大的抱负；喜的是儿子聪慧过人，有如此志向，将来必成大器。他微笑着问道："吾儿志向远大，为父甚感欣慰。但成就大业，并非易事。吾儿可知，需具备哪些品质？"

李章铜毫不犹豫地回答道："孩儿以为，首先要有坚定的信念。古之成大事者，不惟有超世之才，亦必有坚韧不拔之志。无论遇到何种困难，都不能动摇自己的信念。其次，要有广博的学识。只有不断学习，才能增长见识，提高自己的能力。再者，要有仁爱之心。心系百姓，为苍生谋福祉，方能得到众人的支持。最后，要有勇气和智慧。面对挑战，敢于迎难而上，善于运用智慧解决问题。"

李文安听了儿子的回答，眼中满是赞赏。他抚摸着李章铜的头，说道："吾儿所言极是。但要实现这些，还需付出巨大的努力。你可愿意？"

李章铜坚定地说道："父亲，孩儿愿意。孩儿深知，成就大业之路充满艰辛，但孩儿不怕。孩儿相信，只要有信念，有努力，就一定能够实现自己的志向。"

李文安欣慰地笑了，说道："好，吾儿有此志向，为父深感自豪。但切记，不可骄傲自满，要谦虚谨慎，不断进取。"

李章铜点点头，说道："孩儿谨记父亲教诲。"

从那以后，李章铜更加努力地学习。他每天早起晚睡，刻苦攻读诗书，钻研兵法谋略。

不到一年，天赋异禀的李章铜就熟读四书五经，尽览瀚海书籍和经典著作文学。

改名鸿章，寄予厚望

周菊是一位学识渊博、品德高尚的先生。他面容和蔼，眼神中充满了智慧和慈爱。周菊对学生要求严格，但同时也充满了关爱。他总是耐心地教导学生，解答他们的疑问，鼓励他们勇敢地追求知识。

当周菊第一次见到李章铜时，便被他的聪慧和勤奋所吸引。

道光8年，6岁的李章铜读完书后和小伙伴们在池塘边玩耍。由于刚下过雨，周菊不慎在路边淋了雨，就把衣服挂在树枝上，口中喃喃地说："千年古树为衣架。"池边的李章铜随口应道："万里长江做浴池。"周菊一惊，对他的才华感到惊讶。

在课堂上，小章铜总是积极发言，提出自己的见解和疑问。他的思维敏捷，对问题的理解深刻，让周菊刮目相看。周菊心中暗自赞叹："此子日后必成大器。"

李文安知道后大喜过望，赶忙把小章铜叫到跟前问了几个问题，竟对答如流。于是，李文安给小章铜改名鸿章，希望他"宏图大展，文章经国"。

随着时间的推移，李鸿章在周菊的教导下，学业日益进步。他不仅精通经史子集，还对兵法、政治等方面的知识有着浓厚的兴趣。周

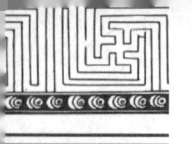

菊看到李鸿章的成长，心中充满了欣慰。他知道，自己找到了一个可塑之才。

一天，周菊带着学生们来到郊外踏青。阳光明媚，微风拂面，草地上开满了五颜六色的花朵。学生们在草地上嬉戏玩耍，享受着大自然的美好。周菊则坐在一旁，静静地看着他们。

李鸿章走到周菊身边，恭敬地行了个礼，说道："先生，学生有一事不明，想请教先生。"周菊微笑着点了点头，说道："你但说无妨。"李鸿章问道："先生，当今之世，国家动荡不安，百姓生活困苦。学生想知道，我们应该如何才能拯救国家，让百姓过上幸福的生活呢？"

周菊听了李鸿章的问题，心中微微一震。他没想到，这个少年竟然有如此远大的志向和胸怀。周菊沉思片刻，说道："当今之世，国家确实面临着许多困难。但我们不能气馁，要勇敢地面对挑战。要拯救国家，首先要有远大的志向和抱负，要有为国家和人民奉献的精神。其次，要努力学习知识，提高自己的能力。只有这样，我们才能在国家需要的时候，挺身而出，为国家和人民做出贡献。"

李鸿章听了周菊的话，心中豁然开朗。他坚定地说道："先生，学生明白了。学生一定努力学习，将来为国家和人民做出贡献。"周菊看着李鸿章，眼中充满了期待。他知道，这个少年有着无限的潜力，只要他坚持不懈，一定能够实现自己的理想。

在接下来的日子里，李鸿章更加努力地学习。他每天早起晚睡，刻苦钻研书籍。周菊也对他格外关注，经常给他开小灶，传授他一些更深层次的知识。在周菊的悉心教导下，李鸿章的学业突飞猛进。

然而，李鸿章的成长之路并非一帆风顺。在私塾里，有一些学生嫉妒他的才华，经常故意刁难他。但李鸿章并没有被他们的行为所影响，他依然保持着谦虚和勤奋的态度。他知道，只有不断提高自己的能力，才能让别人真正地认可自己。

有一天，私塾里举行了一场辩论会。学生们围绕着一个历史问题展开了激烈的辩论。李鸿章凭借着自己扎实的知识和敏捷的思维，在辩论中脱颖而出。他的观点深刻而独到，让其他学生们佩服不已。周菊看着李鸿章在辩论中的表现，心中充满了自豪。他知道，自己的学生已经逐渐成长为一个有济世之才的人。

随着时间的流逝，李鸿章在周菊的教导下，逐渐成长为一个才华横溢、胸怀大志的少年。他的名声也在庐州府传开了，许多人都知道了有一个名叫李鸿章的少年，有着非凡的才华和志向。

然而，李鸿章并没有因此而骄傲自满。他知道，自己还有很多不足之处，需要不断地学习和进步。在周菊的鼓励下，李鸿章决定参加科举考试，为自己的未来打下更加坚实的基础。

在备考的日子里，李鸿章更加刻苦地学习。他每天都沉浸在书籍的世界中，废寝忘食。周菊也经常给他指导和鼓励，让他保持信心和勇气。

1843年，道光二十三年，李鸿章在庐州府学被选为优贡。

这个消息传遍了庐州府，人们纷纷为李鸿章感到骄傲和自豪。李鸿章的父母也非常高兴，他们知道，自己的儿子终于迈出了成功的第一步。而周菊更是激动不已，他看着自己的学生取得了如此优异的成绩，心中充满了欣慰和自豪。

李鸿章考中秀才后，并没有停止前进的脚步。他继续努力学习，准备参加更高层次的科举考试。在这个过程中，周菊一直陪伴着他，给他提供了许多帮助和支持。

刻苦求学之路

在庐州府学被选为优贡之后，李鸿章离开了家乡，前往京城，准备参加来年的乡试。

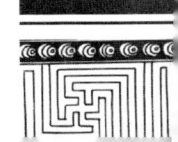

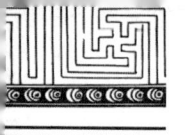

此时，清政府的形势岌岌可危，刚刚经历了鸦片战争的中国恍若病入膏肓的巨龙，死气沉沉，民众怨声载道。在那个动荡的年代，李鸿章敏锐地察觉到国家面临的困境，立志要为国家的富强贡献自己的力量。

在入京途中，他意气风发，作《入都》诗十首，抒发自己的胸怀壮志，其中"一万年来谁著史，三千里外欲封侯"一句更是为世所传诵。

《其一》

丈夫只手把吴钩，意气高于百尺楼。
一万年来谁著史？八千里外欲封侯。
定将捷足随途骥，哪有闲情逐野鸥？
笑指泸沟桥畔月，几人从此到瀛洲！

《其二》

频年伏枥向红尘，悔煞驹光二十春。
马是出群休恋栈，燕辞故垒更图新。
遍交海内知名士，去访京师有道人。
借此可求文字益，胡为抑郁老吾身？

《其三》

回思往事尽成尘，我亦东西南北身。
白下沉酣三度梦，青衫沦落十年人。
穷通有命何须卜，富贵何时乃济贫。
角逐名场今已久，依然一幅旧儒巾。

《其四》

局促真如虱处裈，思乘春浪到龙门。
许多同辈矜科第，已过华年逐水源。
两字功名添热血，半生知己有殊恩。
壮怀枨触闻鸡夜，记取秋风拭泪痕。

《其五》

桑干河上白云横，惟祝双亲旅舍平。
回首昔曾勤课读，负心今尚未成名。
六年宦海持清节，千里家书促远行。
直待春明花放日，人间乌鸟慰私情。

《其六》

一枕邯郸梦醒迟，蓬瀛虽远系人思。
出山志在登鳌顶，何日身才入凤池？
诗酒未除名士习，公卿须趁少年时。
碧鸡金马寻常事，总要生来福分宜。

《其七》

一入都门已到家，征人北上日西斜。
槐厅谬附明经选，桂苑犹虚及第花。
世路恩仇收短剑，人情冷暖验笼纱。
倘无驷马高车日，誓不重回故里车。

《其八》

黄河泰岱势连天，俯看中州一点烟。
此地尽能开眼界，远行半为好山川。
陆机入洛才名振，苏辙来游壮志坚。
多谢咿唔穷卷士，残年兀坐守遗篇。

《其九》

一肩行李又吟囊，检点诗书喜欲狂。
帆影波痕淮浦月，马蹄草色蓟门霜。
故人共赠纯仁麦，荆女同持陆贾装。
自愧长安居不易，翻教食指累高堂。

《其十》

骊歌缓缓度离筵，正与亲朋话别天。

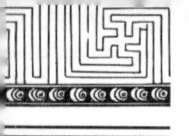

此去但教磨铁砚，再来惟望插金莲。

即今馆阁需才日，是我文章报国年。

揽辔苍苍犹未改，不应身世久迍邅。

在京城，他结识了许多志同道合的朋友，也接触到了更广阔的学术天地。这一年的经历，让他开阔了眼界，增长了见识，也更加坚定了他追求功名的决心。

1844年，道光二十四年，李鸿章参加乡试，后又参加顺天府乡试。这一年，他考中了第84名举人。

当时，出身徽商又为苏州世家的主考官潘世恩，以及作为李鸿章太老师的翁心存，在青年李鸿章任翰林院编修时，对其经世致用世界观的形成有一定启迪；而以潘、翁为领袖的苏南豪绅，对李鸿章后来组建淮军迅速崛起于江苏，也予以极大支持。

然而，李鸿章在初次会试落榜后的"乙丙之际"（即1845~1846年），以"年家子"身份投帖拜在湖南大儒曾国藩门下，学习经世之学，奠定了一生事业和思想的基础。

在曾国藩门下，李鸿章不仅与曾国藩"朝夕过从，讲求义理之学"，还受命按新的治学宗旨编校《经史百家杂钞》，曾国藩一再称其"才可大用"，并把他和门下同时中进士的郭嵩焘、陈鼐、帅远铎等一起，称为"丁未四君子"。

1847年，道光二十七年，李鸿章再次参加会试。题目是"使民以时"，他由题意入手，提出用民要择时，立教应及时。从"使民"入手，通过君主治理国家，要视民如子、用民审时的道理，引申出道德教化也应及时，童年时便要开始进行正确的教育，培养纯正品质，才能教导出公正无私、忠君爱国的人。他的独特见解使他在这次会试中取得了好成绩，列名二甲第36名进士。李鸿章中进士，列二甲第十三名，朝考后改翰林院庶吉士，同时，继续受业曾国藩门下，讲求经世之学。

道光薨逝，咸丰帝继位

1847年，道光二十七年，同样是在这一年里，紫禁城里的一位老人正手握御笔，定夺着一件关系天下百姓命运的大事。他脑中不停地思索着：四阿哥可为太子。先不说他是全皇后所生，又比六阿哥奕䜣年长；且说这次南苑校猎的发生的事情，让他看到了四阿哥宽厚仁爱、深知孝悌的品德。

公元1848年三月八日，道光皇帝来到永宁山下。这里是清代帝王陵寝，长眠于此的除了道光皇帝的曾祖父雍正皇帝、曾祖母孝圣宪皇后和父皇嘉庆皇帝，还有他的三位皇后孝穆成皇后钮祜禄氏、孝慎成皇后佟佳氏、孝全成皇后钮祜禄氏。

道光皇帝身后的四位阿哥奕詝、奕䜣、奕誴、奕譞以及文武百官，按照官职高低，都随他齐齐站在嘉庆皇帝陵寝前。面对自己的父亲，道光皇帝不免多做停留，在他老人家的陵寝前，说说自己的心里话。道光皇帝年事已高，更加明白身处封建阶级的最顶端，一言一行都关系着百姓，一举一动都关系着国家。眼下皇子们已经长大，而自己已经力不从心，但太子的位置却让他犹豫不决。他隐隐觉得，父亲会在这次拜祭之时，为他指出一个可以继承皇位之人。眼神就投向了这次带来的几个皇子。

只见四人齐齐跪下，拜祭皇祖。却不知从哪里飞来一只喜鹊，直冲六阿哥奕䜣而去。道光皇帝心领神会，方才的话父皇听到了，这是他来为自己解忧了，这只喜鹊就是来为自己报喜，为自己选太子的。还没来得及多想，只见喜鹊没有飞向奕䜣，却折了一下，从奕詝头上掠过。道光皇帝很是欢喜，这是天意，父皇和自己想到一起去了。

道光皇帝的目光聚集在奕詝身上的一霎，让他想起了很多往事。他自小聪颖、性情温和，可惜少年丧母，再加上几年前在南苑落马伤了腿，有些跛脚。奕詝的母亲是自己的最后一位皇后，孝全成皇后。

虽然道光皇帝爱屋及乌，这些年对奕䜣也是关爱有加，却也难以消除自己对他们母子俩的愧疚。

目光扫到旁边的六阿哥奕䜣。道光皇帝觉得，能与四阿哥相比的只有他了，奕䜣的母亲是总摄六宫的静皇贵妃，他的性格与四阿哥完全不同，能文能武，高傲坦率，脾气却有些暴躁；虽有帝王的风范，却少了仁爱之心。而这宽厚仁爱之心，正是道光皇帝所看重的。

来到慕陵前，皇子们依祖制行完礼，只有奕䛣跪在自己的母亲面前不肯起身，这陵寝本就使他感到哀伤。加之他早早失去母亲，不似六阿哥的母亲一般，一直陪在儿子身边。顿时哀伤、孤苦、委屈一齐涌上心头，唯有不停在母亲陵前叩首。这满心酸楚，使他随即又号啕大哭、泪流满面。

这引起了道光皇帝的一阵难以言表的悲痛之情，面对自己最爱的皇后和皇子，他所有的愧疚之情喷涌而出。只是在皇子和众人面前，作为一个皇帝，却只能是威严地看着这一切。心中对奕䛣更是多了几分怜爱和感慨。

离开陵寝，就来到了事情的发生地南苑。正是这里发生的一切，让现在的道光皇帝决定立四阿哥奕䛣为太子的。

此行的目的与之前的都不一样，毕竟大清朝是马背上打出的天下，这次不仅考验各位阿哥马背上的工夫，还要考验各位阿哥的品德。

三月天气自不必说，虽然还有些凉意，但是已经春回大地，万物复苏，草木迅速生长。

进入校猎状态，道光皇帝和阿哥们一扫之前阴霾的情绪，准备一展身手。大家穿上备好的猎装，马背之上越显雄姿英发，少年志气显露无疑。忽看这几位皇子，六阿哥奕䜣显得最为突出。

除了道光皇帝，奕䛣在马背上仔细观察着这一切。奕琮、奕譞暂且不说，只见人群中最为突出的六阿哥奕䜣一双傲气的眼神，向父皇处扫视，父皇会心一笑。父皇此时一定很得意吧，四阿哥心理这样想。六阿哥端坐在马背上，如离弦的箭一般，蓄势待发。肩宽体阔、手握弓箭、勒紧马匹，与校猎场上的六弟相比，自己没有生母的庇护已经孤苦，这身书生气更是略低了一筹，六弟显示出了王者的霸气。心中不禁暗暗地叹了一口气，独自在马背上悠闲望向远方，并不与其他皇子们一样兴奋。

道光皇帝只从这情景来看，见六阿哥最有王者气质。却无法揣测皇子们心中的所想，只能继续观察他们的举动。对于这位老人来讲，这最终也不是一场普通的校猎啊。

奕䜣早知道父皇的心思。奕誴过继给了惇王府，虽也是个好男儿，但毕竟是无法与自己的地位相比。奕譞如今才七岁，还没过当时母亲离开自己时候的年纪，机灵倒是有的，稚气未退也是无法继承大业。只有六弟可与自己抗衡，既然自己在校猎场上无法与六阿哥相比，倒不如听从师傅杜受田的建议，表现出自己不一样的一面才好。

道光皇帝一声令下，先前皇子们的满腹壮志瞬时迸发，一方面男儿血性使然，另一方面也想在父皇面前一显身手，表现的欲望愈加强烈。脚蹬马肚，手中缰绳一紧，大家都冲了出去，草场上立刻腾起尘雾。

奕䜣并未动身，他一早就知道自己要做的是什么。不与六弟相争，在这校猎时自然不用颇费心思。他暗中观察父皇的表情，从六阿哥骑上马，催促父皇为赶快下令，到开始骑马狩猎，父皇都再细心观察六阿哥的举动和言语。从父皇脸上不太满意的表情，奕䜣更加确定了自己的做法。他知道，父皇是忌讳六弟不够沉稳，以及暴躁的脾气。而奕䜣还没有意识到自己的问题出在哪里。那么要博得父皇的欢心，还需要想想怎样找到合适的机会，表明自己的心志。

道光皇帝也观察着他们二人的举动，太子最重要的特质，在他们身上都有所体现，要做出决定，必须要费一番功夫。

奕䜣自不必说，是一个将才，也有王者气质，校猎过程中，在这几个皇子之中显得最为突出和耀眼，他追赶着猎物，天上飞的，地上

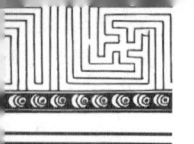

跑的，他都不放过。几乎箭箭都能命中，身旁的奴才收了一个又一个猎物，还不时地欢呼叫好，好不热闹。

奕䜣这边的情况却大相径庭，在马背上，没有丝毫紧张和兴奋，好似这场校猎与他毫无干系，这草场的大好风光似乎才是他的心仪之处。他一会儿看看其他皇子的狩猎情况，一会儿又望向远方，马蹄的速度却放得极缓慢，这哪里是在狩猎啊？道光皇帝心中疑惑，也有不小的失望。

于是上前关切地询问奕䜣的状况，谁知这个儿子既没有什么身体上的不舒服，也没有什么不高兴。道光皇帝也只能催促他赶快过去，与皇子们一起狩猎。

四阿哥迫于父皇的催促，也只好扬鞭而去。只是他的目标不是那猎物，而是草场上欣欣向荣的景色，所以只跑了不远，就逐渐放慢了速度，去欣赏着远近不同的风景，在春色中尽情留恋和感慨。

看见两位阿哥的表现，道光帝心中大为不悦，没想到奕䜣竟不是块好材料。这大好时光，在这校猎场上只知欣赏春色，他与这太子之位怕是无缘了。还没来得及多想，却见奕䜣正在追赶前方一只大羚羊。

老骥伏枥，志在千里。道光皇帝顾不得太多，一个纵身跳上马背，扬手追了过去，口中高喊：奕䜣躲开。

拉弓射箭，却是三箭都没射中。

眼看羚羊越跑越远，六阿哥此时一跃而上，一箭将羚羊射中。

本想在皇子们面前做个表率，自己从前射技精准，却没想到三箭没有射中。可见自己已经力不从心，要赶快定夺皇子之事才对。看到奕䜣如此的青出于蓝，他不仅骄傲，心中也安稳了许多，看来他以后可以担当太子重任。想着想着，原本唉声叹气，这时脸上露出了欣喜的神色。

这些微妙变化，都被奕䜣看在眼中。

几个时辰过去，众人都要收弓回去了。大家都心领神会，围绕在道光皇帝的身边，羡慕、谄媚的目光也都齐齐地聚集在六阿哥的身上。在大家心中，这场校猎的意义已经达到了，太子之位恐怕已成定局。

奕䜣心中更是窃喜，自己这次的表现极为出色，在众皇子中可谓脱颖而出。校猎成果最为丰富的也是他，这恐怕就可以决定自己之后的路了。想着想着，面露喜色，众人的眼光也使他更加骄傲，骑马来到父皇身边，他等待着显而易见的结果。

就在这时，一头母鹿轻快奔跑，出现在远处林中。众人纷纷将目光转向这只母鹿，皇子们刚刚收弓，余志未消，自然跃跃欲试。奴才们让出位置，等待皇子们的再一次一显身手。

奕琮、奕譞没有多想就扑了上去。谁知几箭过去并未射中，心中不免不快。

奕䜣此时再动，刚才的母鹿由于受到惊吓，已经开始乱跑，再迟几步，恐怕就要消失在前方的树林里了。他将满弓移至胸前，一箭出去，母鹿就倒下了。

这一幕委实精彩，这几位阿哥的能力，一下子更加直观的展现在众人面前。用不着多做分析观察，这谁更优秀也可一眼看出了。人群中立刻出现赞叹和欢呼声，场面一下子又沸腾起来。六阿哥再次成为众人的焦点，比起先前，更多了几分神奇与傲然。道光心中也有了一些定论，这两个皇子的较量今天便要结束了。只奕䛊心中不快，却也是另有打算，想着这次校猎对他来讲，其实还没有真正定出胜负。

奕䛊此时默不作声，反倒是略显不悦。道光皇帝想到这次校猎的结果，怕奕䛊心中不快引起兄弟间更大的隔阂，不由心生怜爱，便上前询问情况。

奕䛊就是在等这个机会，他心中暗喜，表面上却平静如初。不慌不忙地解释自己不悦的原因。自己并不是看到六阿哥比自己强，所以心中不悦，而是因为这是万物繁衍生息的季节，狩猎虽然可以展示皇子们的风姿，却也让动物们失去了生存的机会，上天自有好生之德，

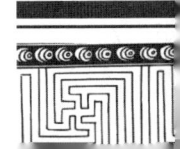

自己不愿意在此时杀生罢了。

这个解释，虽然没带任何霸道的词汇和语气，可是却体现着一个皇帝应有的宽厚仁爱的基本素质。这天下是百姓的天下，除了有武略，更要有文韬，最终要的是能够明白"水能载舟，亦能覆舟"的道理，心存仁爱之心，这天下百姓才可安居乐业。道光皇帝似乎一下子惊醒了，这才是他想要的继承皇位之人。

这一惊醒，让道光与奕䜣心灵相通。牵马漫步便和四阿哥并肩而行。夸赞欣慰更是少不了的，奕䜣的目的是达到了。

奕䜣本来以为自己煞费苦心，拼尽全力，表现的万无一失。眼看就要成功了，可是四阿哥什么都没做，几句轻描淡写的话，就让父皇大加赞赏。这所有的努力岂不就白费了？此时心中十分失落，也觉得奕䜣心机太深，隐藏了那么久，一张嘴就将自己比了下去。本来被众人举得高高的，此时一下子被冷落，他的苦楚的心境只有自己清楚啊，只好独自扬鞭而去。

这南苑校猎的完整经过就是这样了。

正是经过了这件事，一幕幕浮现在道光脑海中，他看到了奕䜣的宽厚仁慈，似乎也感觉到了奕䜣的不能容人。左思右想，才在这案头，想要选个黄道吉日，亲执御笔，就此立奕䜣为太子。

这时发生了一件事，让本来已成定局的事件，再次掀起了波澜。

事情的主要症结，是一个人，这个人就是奕䜣的舅舅，全皇后的弟弟，现在的一位国舅爷琦玉。

琦玉在全皇后离开后，仕途发展也没有受到道光的特殊照顾，时下官至四品，也对他的外甥有几分惦念。现今他二十四岁，一直想有机会，去找奕䜣。虽然两人相见次数寥寥无几，但是毕竟奕䜣现在是当今皇子，以后有可能成为太子。母亲早早离世，奕䜣心中不免孤苦，虽然不知道他是否还认识这个舅舅，但是去探探总是可以的，这位阿哥会跟他这个舅舅更加亲近呢。

皇宫里的人，关系错综复杂，想要办成一件事，只要用心，总能找到突破口。这位国舅爷心思机敏，很容易就和四阿哥的师傅攀上了关系。原来，杜受田的儿子杜翰与母舅琦玉是同窗好友，走得很近。

这天杜翰带着一个人进了上书房。杜受田见有人来，忙上去迎接。看到杜翰先是一惊，还没来的想是为何事，却看到了他身边的来人，正是玉琦。虽说不常见面，杜受田还是认得玉琦，知道他是全皇后的三弟，奕𬣞的亲舅舅。没有时间思考，他直接开口问玉琦此行的目的。玉琦还没答话，只是抬头看了一眼，眼圈竟然就红了，定定看着书桌前的奕𬣞，目光再也移不开。

奕𬣞本来在听师傅讲解《资治通鉴》，听到先前的问话，知道是来了一个人，却不知道此人是谁。现在突然安静下来，奕𬣞便向外看，这一看让自己吃了一惊。只觉得眼前这个人与自己有几分相像，却想不起了这是谁。隐约间，他觉得此人一定是与自己有着某种关系。

这并不奇怪，虽说是舅舅，但毕竟是外臣，进宫是很不容易的事情。这么多年，他也不过与这舅舅见过两三回，还都是小时候的事情。他哪里记得？

此时奕𬣞心中急切想知道答案，忙问来者是谁。师傅却是支支吾吾不肯告诉他。他不好质问，就不停追问师傅，杜受田只好告诉他，这人就是他的亲舅舅。

果然没错，奕𬣞本来自觉孤苦，母亲早走了，此时来了一个舅舅，心里一下子觉得自己有了一个亲人，倍感欣喜和激动。这些年来思念母亲的心，一下子转到了眼前这个人身上。忙拉了舅舅来，仿佛得到宝贝一般。絮絮叨叨的也才知道，这舅舅也只在自己生日的时候来过两次。

见到舅舅，只是感念旧情，相互倾诉，本来也生不出什么事端。可是奕𬣞对母亲的思念久久挥之不去，这个舅舅就格外让他想要照顾。为了让自己心安，他决定寻找机会，为这个舅舅做些事情。

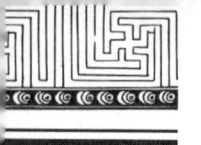

奕䜣见道光的机会倒是常有。于是他找了个合适的机会，就向父皇提起了这个舅舅。

道光皇帝被这突然的提及，有些不悦。他不知道这个孩子从哪里听说了这位舅舅，也不知道这位国舅到地有什么样的图谋，所以疑惑的同时，觉得这件事一定有蹊跷。所以并没有直接回答奕䜣的问题，而是找了一个理由，将他支会走了。

奕䜣看到父皇的反应，怕影响父皇的心情，引起他对自己的不满。知道自己的行为可能有些鲁莽，缺乏考虑。所以也只能不动声色，父皇说过之后，他也不敢再说下去，只得乖乖走了，思考自己的想法是不是错了。这件事也没敢再次提起。

这件事就是道光皇帝重新决定太子之位的关键。

经历了这件事之后，他不得不重新考虑皇子之位的人选。奕䜣虽然具备仁爱的潜质，但就是因为他的仁爱，让他很可能以后看不清楚状况，滥用同情心。以目前的情况来看，若自己没有能力监督之后，他任人唯亲，让类似于国舅爷的人物，玩弄权势，大清江山就毁于一旦了。道光帝还多次思考到底是那些人心怀叵测。从杜受田到静贵妃，他都仔细分析了一遍，却还是没有什么结果。

太子之位继续搁置也不是办法，道光帝这才再次想到奕䜣。

可是此次立奕䜣为太子，道光还是没能下定决心，这又是为什么呢？

道光决定立奕䜣为太子，封好密缄已经有些时日，他心中大事已定，便感到身上担子轻了很多。心情也变得很不错。此时贴身太监王海却急匆匆的跑跑到他的面前，告诉他有人得知了宫里的机密，正在三五一群的议论这什么事情。

道光心头一震，这刚刚决定了太子的事情，不会是有居心不良之人，心怀不轨吧。他立即让眼前的王海去查清此事。毕竟已经跟了自己二十多年，道光深知这个奴才的心性，他一定会将此事办妥。道光这才稍稍松了一口气，等待王海的消息。

事情很快就有了结果，原来是静贵妃一时心急，派人盯紧道光的一举一动，这才获悉了太子的秘密。

南苑校猎之后，静贵妃自然是焦急地想知道结果如何。待儿子将那天的事情讲完，她意识到，道光可能会在近期就决定太子之位的人选。作为母亲，她为自己儿子的前途着想，并不为过。想知道这太子究竟是不是自己的儿子，就成了她的一个心病。

于是日思夜想，静贵妃实在忍不住了，就派李根子的哥哥去打探消息了。李根子不是省油的灯，但是能探听到消息，才是她最关心的问题。

这个李根子本来在坤宁宫里做事，但由于此人总爱到处说闲话，对其他正经事又不是太上心，所以没几个人愿意和他接触。但是他的哥哥确实个老实人，他在皇帝面前做个御前太监，谨言慎行，又勤勉，做事得当，自然讨得皇帝的喜欢。让他来打探消息，是最合适不过的了。于是赏银给了李根子，在宫里的奴才大多生于贫苦家庭，有了银子，自然是欢喜的不得了，也就答应为静贵妃办这件事。

静贵妃也深知这奴才口风不紧，于是千叮咛万嘱咐，又许了他事后给两倍的赏银，这才放心地让他的哥哥去办这件事。

李顺子本来就是个老实人，所以他也不用做什么特别难的事情，只要观察皇上做了什么，特别是写了什么东西就可以了，得知了这些消息，就能大致分析出太子之位到底是谁的。得了这样一个差事，更加谨小慎微，皇上的一举一动都看的清清楚楚，一一记在脑子里。每当皇上提起御笔，他更是眼睛不敢眨一下，紧紧盯着皇上写了什么字。虽说他也不一定，但是看个大概也是可以的。

一个多月后的一天，道光皇帝来到南书房，让其他人都退下，只让李顺子留了下来。李顺子心中大喜，隐约觉得皇上可能要做什么重大决定了。因此站在旁边，心都提到了嗓子眼儿里，眼睛一刻也不敢歇息，只怕这件事办不好。眼睛紧紧盯着道光，生怕遗漏了道光写些什么。

这时候皇帝却要他去端一碗赤豆汤，悬着的心再次跳得厉害。他

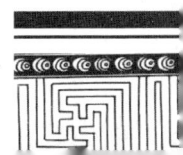

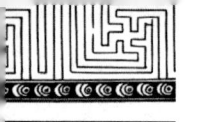

不知道这皇帝的葫芦里卖的什么要，只得乖乖去端了一碗汤过来。正巧看到皇帝在写着什么，心中窃喜，连忙迎上去将汤递过去。皇帝却抬手不喝了，可他的目的却达到了，他看到了皇上写的最后一笔。

静贵妃反复确认李顺子说的话，她不敢相信自己的耳朵。李根子说，皇帝的最后一笔拉的很长，并且他二哥眼力很好，绝对不会看错。这最后一笔很长，就只能是"䜣"字了。确认自己的儿子是太子，静贵妃立刻消除了几天以来疑惑的心情，转而大悦，赏银也高高兴兴给了这两兄弟。

道光皇帝听完了这件事情的来龙去脉，立刻下令处死了这李家两兄弟。本来已经定下的心，一下子又沉重起来。不仅因为这件事是静贵妃对自己的过分行为，更因为这件事情居然成为宫里的议论，让他威严扫地。

随即，刚刚立好的太子被道光否定了。他只有继续考虑，认真考量，到底哪个皇子更适合做太子。

皇帝决定的太子之位，关系江山社稷，不能轻视。

道光皇帝年近七旬，国事家事，事事烦心。很快地，他衰老下去。过了新年，也就是道光二十九年，八十四岁的老太后孝和睿皇后一病不起。

母亲病重，心憔力悴的道光皇帝旻宁难过极了，大清朝到他为止的十代帝王中，只有他是唯一的皇后嫡出，他的母亲十余岁便生下旻宁。旻宁即位后，晋封母亲为皇太后，母子感情一直很好。两年前，为了让皇太后早日康复，旻宁为儿子奕䜣纳了一嫡福晋，以求冲喜，可是，老太后的病情仍不见好转，反而一天天地加重。

不久，老太后撒手归天了。道光皇帝悲痛万分，他想想死去的皇额娘，还有自己的三位薄命皇后，又想想内忧外患的大清江山，心如刀割，痛心疾首，一下子又病倒了。

整整三天，道光皇帝都没有上朝了，他昏昏沉沉睡了几天，头还是很疼，像要炸开了一样。到了第四天早上，惇亲王绵恺进宫来看望病中的皇兄，他吞吞吐吐说的话很让道光皇帝忧心：云南上个月又发生了洪涝灾害、山东菏泽地区发生大地震、山西灾民暴动、沙俄侵犯乌苏里江地区……

真是内忧外患，令人焦虑。所以，今天一早，道光皇帝想挣扎着爬起来，上朝听政。可是，病魔苦苦地缠着他，他刚走几步，只觉得眼前一阵发黑，天旋地转，支撑不住。

"唉，不服老不行啊，上了年纪，这也不方便，那也不舒服．看来，天将收我。"

道光皇帝在心里默默地念叨着，他坐在软榻上，有气无力地说："传四阿哥。"

"传圣上口谕，宣四阿哥进养心殿。"

这一口谕如同一声炸雷，震得四阿哥奕𬣞丈二的金刚摸不着头脑。不知父皇为何突然宣他，心里未免有些忐忑不安的。

奕𬣞随王海到了养心殿，直奔东暖阁。这会儿，道光皇帝勉强喝了一碗燕窝粥，心里觉得好受多了。奕𬣞好几天没见道光皇帝了，见父皇面容憔悴不堪，他心里一阵酸楚，差一点没掉下泪来。

道光皇帝猛烈地咳嗽了一阵子，又喘了几口粗气，王海为他轻轻地拍了拍胸口，总算好受多了。

"阿哥，你都十九岁了，该为阿玛分担一些了。"

听到父皇的这句话，奕𬣞心中不禁大喜："难道说真的要有福运了？"

奕𬣞不敢多想，他仍然垂首低眉，洗耳恭听。

"阿玛身体一天不如一天，连批阅奏章的精力都没有了，从今日起，由你代阿玛上朝，批阅奏章，召见大臣，共商国事。"

奕𬣞努力使自己镇静下来，刚才听到父皇这句话时，他高兴得差一点没蹦起来："啊！盼了好多年，终于盼到了这一天，这是走向皇位的第一步，为了这第一步，自己付出了多么艰辛的努力！"

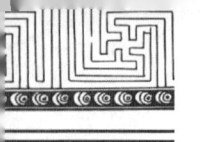

自从道光皇帝决定让奕詝代批奏章，奕詝每天上午必须上朝，代父皇听朝。只不过他只能坐在象征最高权力的那张龙椅的旁边，手扶皇位罢了。暂时，他还没有坐到皇位上。每天下午批阅奏章，处理军机大事，到了傍晚，他才有空去上书房，聆听师傅的教诲。

随着年龄的增长，奕詝越来越感到，他一天也离不开师傅。从杜师傅那儿，他不但学到广博的知识，更重要的是，他还学到了做人的道理、处世的哲学。特别是这个特殊的时期，奕詝更感到做人的艰辛。

代批奏章，是他梦寐以求的，这至少可以说明他在父皇心里的重要地位，但他也感到很为难。以前从未干过这事儿，究竟该如何把握分寸才能达到最佳的程度？要赢得父皇的信任和群臣的信服，将来才好顺利登上王位。

带着沉重的精神负担，奕詝来到了上书房。十几年来，每次见到师傅，奕詝总是规规矩矩行尊师礼。

"师傅好！"

杜受田望着一脸倦容的奕詝，心中有一些酸酸的。

"阿哥吉祥！"

这师徒二人总这么各守本分。奕詝坐在书桌前，温习前几天读的《资治通鉴》，这篇文章已经读好几天了，可是，他一句也背不出来。一翻开书页，他的头脑直发涨。他只好揉了揉太阳穴，又使劲儿挤了挤眼，还是无济于事。这一切，杜师傅全看在眼里了。

"阿哥，把书放下吧。"

听师傅那温和的语气，奕詝心里明白，师傅一点儿责备他的意思也没有。奕詝遵从师傅的意思，合上书本，轻轻地叹了一口气。杜师傅沉吟了片刻，开口道："很累吗？"

"嗯。师傅，处理朝政，原来如此艰难。"

奕詝在师傅面前无须遮掩什么，他说的是真心话，杜受田默默地点了点头，语重心长地说："阿哥，千斤的重担等着你去挑，你一定要咬紧牙关,挑起这副重担!"

"师傅,我觉得肩上的担子太重,一举一动都有很多人注视着。尤其是批阅奏折,很多烦心事,什么四川水灾、云南灾民闹事,还有什么外敌威逼。这些烦心事儿,究竟该如何处置呢?"

杜师傅轻轻地说:"处理朝政并非易事,上朝时,阿哥只管用心听取大臣们的上奏,退朝后再做仔细思量。"

奕䜣点了点头,他又问:"父皇那边如何呈报?"

这个问题最让奕䜣头疼。每天向父皇问安时,父皇那浑浊的眼睛总盯着自己的目光不放。这事儿很让他难处理,所以,此时又只好向师傅请教。

杜师傅本来也打算谈到这事儿,此时被奕䜣一提,他便说:"阿哥的确想得很周全。皇上正在病中,还不忘问及国事,实在感人。可是,毕竟皇上上了年纪,加上皇太后仙逝,他受到了很大的刺激,人在心憔力悴之际不可再受刺激。我建议阿哥谈及国事时应委婉相告。"

奕䜣赞同师傅的这一观点,可是在实际应用时,做到委婉一些实在很难。他进一步向师傅讨教:"那我究竟应该如何做呢?"

"阿哥,民间有句俗话.叫'少怕问闲,老怕问钱'。这就是说,年轻人怕人问他做什么,因为这时他有可能混得并不如意,而老年人则最怕别人,特别是他的儿女们问起他一生究竟积蓄了多少钱,他挣的钱到临终前一定会主动交给儿女的。他希望儿女们多关心他,关心他的身体,这能表明儿女们的孝心究竟有多少。"

师傅的一席话,使苦闷中的奕䜣茅塞顿开。病榻上的道光皇帝更需要的是至亲温情,奕䜣应扮演好病榻前孝子的角色。经过杜师傅指点迷津,奕䜣顿悟,他决心扮演好大孝子这一角色。

从上书房回来,奕䜣就在挖空心思想万全之策,既要让父皇信任自己,又要让父皇怜爱自己,这一切又不能露出破绽来,要演好这一出戏并非易事。目前,皇位传给谁,虽然人人都看得出来,奕䜣比奕

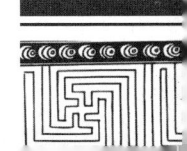

䜣占优势。但奕䜣也深得父皇垂爱，他为人精明能干，随时都有可能牵动父皇的心。于是，加紧攻势乃是上乘之策。

奕詝认为事不宜迟，应尽快表现自己的孝心，以挚爱亲情来打动父皇的心，使父皇下定决心，立自己为储。

奕詝又使劲儿揉了揉泪眼，好让眼皮更红肿一些，这才举步向道光皇帝的卧房走去。

"阿玛，阿玛。"

不知从何时起，叫了几年的"父皇"，又改称为"阿玛"。小的时候，记得当时亲额娘还在的时候，奕詝称道光皇帝为"阿玛"。后来长大后，大概是十二三岁的时候吧，"阿玛"改成了"父皇"，这个"父皇"称呼虽然很正统，但多少总有些显得生分。为了更能表达父子之情，奕詝又改称为"阿玛"。

听到儿子的轻轻呼唤声，昏昏沉沉的道光皇帝努力地睁开了眼。"阿哥，你的眼泡怎么这般红肿？"

做父亲的对儿子的关心与爱护，总是无微不至的。这小小的变化也能引起父皇的关心，奕詝打心眼里感受到父爱。他的鼻子一酸，落下泪来："阿玛。"

四阿哥说不出话来。道光皇帝爱怜地说："今日的朝政处理了吗？瞧，你都累瘦了许多。"

"阿玛，你安心养病，儿臣若能代你受罪儿臣宁愿躺在床上，换得阿玛好身体。"

一席话说得道光皇帝那浑浊的目光顿时变亮了许多。他想向上挪动一下身子，便用目光搜寻着宫女，希望她们能帮他一个忙，也真巧，此时身边一个宫女也没有。奕詝领会了父皇的意思，他连忙走近父皇，将道光皇帝扶坐起来。这时，宫女端了一碗燕窝粥进来，奕詝接过碗，对道光说："阿玛，喝点粥吧！"

道光皇帝摇了摇头，奕詝心疼似的说："不吃东西可怎么行，阿玛，喝了这碗燕窝粥，你的病便会好起来了。来，儿臣来喂您。"

道光皇帝也真心希望自己快快痊愈，希望儿子的话灵验。再者，病中的老人，由儿子亲手端着碗喝粥，是莫大的心灵安慰。他张开嘴，奕詝一口一口地喂着，他一口一口地吃着。

此时，道光皇帝心里安慰极了。"四阿哥如他母亲一样，宽厚、仁爱，将来登上皇位，一定是一个爱民如子的仁慈君王。"

吃了粥，道光皇帝觉得有些乏了，他又卧了下去。"王海，替朕捶捶肩，睡了这许多日，肩膀都睡酸了。"

王海应声上前，四阿哥奕詝却拦住了他："我来吧！"

奕詝抡起双拳，很有节奏地为父皇捶肩，不轻不重不紧不慢，捶得舒服极了。道光皇帝慢慢地闭上了眼睛，又发出了轻轻的鼾声。

一觉醒来，已是深夜。道光皇帝挪动了一下身子，他发现四阿哥正倚靠在一张椅子上睡着了。

"好个孝顺孩子。"道光皇帝心中有说不出的高兴。

第二天下午，道光皇帝的病情有所加重，他一会儿昏迷不醒一会儿又清醒一些，太医会诊，都流露出难看的神情。看来，道光皇帝已经望见了"奈何桥"。四阿哥、六阿哥、七阿哥及王公大臣们纷纷赶到圆明园慎德堂，全都在东暖阁候着，准备随时进见皇上。

道光皇帝昏昏沉沉地睡了约莫两个时辰，他又睁开了眼，瞟了一下跪在榻前的几个皇子，只见奕詝双眼又红又肿、奕䜣与奕譞眼边也湿润润的，好像刚才才哭过。

王海扶起皇上，让他半倚在龙榻上。突然间，道光皇帝觉得头也不晕了，身上也轻松多了。多日来，他的双眼总是看不清东西，可此时视力好极了，将近七十岁的老人连地上的一只蚂蚁都看得清清楚楚，而且嘴角也感觉不到麻木了。

见道光皇帝像过去一样，目光炯炯、容光焕发，太医连忙给他诊脉。

"恭喜皇上，皇上龙体已康复了。"

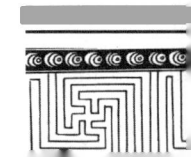

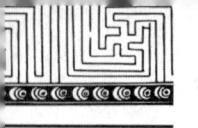

道光皇帝使劲地摇了摇头，他苦笑了一下，刚才诊脉后，他发现太医的脸上掠过一丝难以察觉的震惊，他马上明白了，这便是所谓的"回光返照"，是病人膏肓、无力回天的征兆。忽然，他又感到一阵眩晕，眼冒金花，他连忙又闭上了眼睛，告诫自己还有一项重大的工作没有完成，此时可不能撒手而去，国不可一日无君！

道光皇帝咬紧牙关，努力睁开眼睛，两行泪水潸然而下。几个皇子全都默默地低下了头，他看见四阿哥奕詝一直在流眼泪。又过了一会儿，道光皇帝强作欢颜，让皇子们走近一些，一一抚摸他们的脸颊。然后提出了一些治国安邦的问题，并限定皇子们以最精炼的语言进行回答。

还是六阿哥奕䜣先开了口："父皇，儿臣认为天子爱民如子乃本分，治国安邦乃天职。目前，外敌犯我大清，应击退之，万一击退不了，也应限制其再进犯内地。至于各地乱民，则应合力剿尽，以防后患。"

奕䜣讲得头头是道，道光皇帝满意地点了点头。他把目光投向四阿哥奕詝，希望奕詝也能发表一下见解，可是奕詝沉默不语，他跪在龙榻前，泪如泉涌、伤心至极，泪水打湿了前襟，后来几乎是泪雨了。道光皇帝见此情景，抽泣着说："皇儿快别哭了。"

奕詝依然是泪水如断了线的珍珠，直往下落，过了一会儿，他才断断续续地说："阿玛龙体欠安，儿臣日夜向上苍祈祷，唯愿父皇早日康复，此乃国家之大幸、万民之大幸、儿臣之大幸也！"

"阿哥。"

道光皇帝紧紧拉住奕詝的手，叫了一声"阿哥"，老泪再次如雨下，那情景十分动人。奕詝将头埋在父皇的臂弯里，呜咽得不成声，他的泪水、鼻涕把道光皇帝的衣衫都打湿了。道光皇帝撩起自己的衣角为儿子奕詝擦去泪水。又哭了一会儿，奕詝才抬起头来："阿玛，此时儿臣方寸已乱，实在无法虑及安国之事，恕儿无能，倘若阿玛有什么不测，儿愿伴驾西行，永伴阿玛身边。"

一番话，情真意切，句句动人，在场的其他几个皇子们也纷纷落泪，老太监王海哭成个泪人儿，养心殿的宫女们也泣不成声。眼见骨肉至亲就要永别，怎不让人痛心！

　　"阿玛，儿臣不孝，未能尽孝病榻之前，儿不能原谅自己，愿父皇赐儿随父而去。"

　　奕詝见父皇奄奄一息，的确也很悲痛，再加上他又突然想起师傅杜受田的教导："病榻前无孝子，若出了个大孝子，做父母的宁愿牺牲一切，也要给孝子大半个天。"

　　于是，奕詝说出了这句话。道光皇帝听来，奕詝的字字句句都是那么入耳、动听，心中不禁十分宽慰，人到临死之际，只求心理上的安慰了，他觉得有子如此也不枉此生了。他内心为自己两个月前确定立奕詝为太子感到无比欣慰。

　　奕訢虽然精明能干、胆识过人、博才多识，但作为人君，似乎少了些仁爱之心。而四阿哥奕詝，虽才识远远不及奕訢，但忠厚仁义，有仁君之气量，此乃天下百姓之福也。至于六阿哥奕訢，立他为恭亲王，辅佐朝政，也算对得起他了。

　　道光皇帝一手拉着奕詝，一手拉着奕訢，然后又把两个皇子的手放在一起，努力地微笑了一下，安心地闭上了眼睛…

　　"阿玛、阿玛。"奕詝失声痛哭。

　　"阿玛，阿玛。"奕訢潸然泪下。

　　奕琮与奕譞也悲声大放，哭声传出大殿。

　　无论皇子们怎样呼唤，道光皇帝再也听不见了，他走完了人生之路，坦然地上了黄泉路，寻他的父皇、祖皇去了。

　　国不可一日无君，道光皇帝殡天后，大臣们的热点话题是立谁为新君之事。一时间，紫禁城里空气紧张了起来。在这个特殊的过渡时期，几位亲王出来主持局面。惇亲王、郑亲王、怡亲王共同决定于先帝殡天后第三天上午，偕同诸位大臣，当着几位皇子的面，从乾清宫

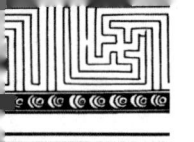

"正大光明"匾额后取下密缄，与一个月前先帝亲手交给何汝霖的那个密匣一同打开，取出两份密缄，遵遗旨拥戴新帝登基。

1850年，道光三十年，二月二十五日，诸皇子齐聚乾清官。

决定他们命运的关键时刻就要到了。奕詝与奕訢兄弟二人，从小手足情深，可此时彼此戒备，谁也不想多说什么。

只见惇亲王小心翼翼地开启两个一模一样的密匣。奕詝、奕訢两个人直盯着他的手，眼睛一眨也不眨。

取出来了，两个红锦密包，捧在惇亲王的手里，郑亲王、怡亲王、何汝霖、季芝昌、杜受田、祁寯藻、陈孚恩等大臣一同走上前。人们屏住呼吸。

惇亲王绵恺为道光皇帝御弟，资历最老，于是由他宣读遗旨。只见他双手捧起两张黄色御书，约有三寸宽、七寸长，四扣相折。

"皇四子奕詝著立为皇太子，皇六子奕訢封为亲王。道光二十六年六月十六日。"

半晌，无人出声。这遗旨既在人们的意料之中，又在人们的意料之外。大清人关以来，前几代君王皆立储，可从未有立储的同时，又封亲王。由此可见，先帝道光当时的矛盾心情，他生前生怕如此立储委屈了心爱的六阿哥，亲封奕訢为亲王，不能不说是用心良苦。

也有大臣心存疑问，但是，惇亲王绵恺从匣中又取出一份遗旨，一念之下，众人疑虑全消。后一道遗旨是这样写的："皇四子奕詝著立为皇太子，尔王大臣等何待朕言，其同心赞辅总以国计民生为重，无恤其他。"这份朱谕是道光三十年正月十四日道光帝临死前在圆明园慎德堂亲笔书写的，字迹潦草，但意思十分明确。天平终于倾向了奕詝这一边，皇六子奕訢虽深得父皇的宠爱，终因种种原因，被淘汰出局。聪明、机智的奕訢强忍着泪水，他敢肯定皇兄乱世登基，不久就会请他奕訢出场收拾残局。中国历史的发展，后来也证实了这一点，在晚清历史上，奕訢的确是一个不可多得的人才，但同时他也犯下过不可饶恕的过错。这些历史自有公论。

道光皇帝驾崩的第十五天，中国历史上，清朝第七代君王爱新觉罗·奕詝神采奕奕，登上了皇位。

年方十九岁的咸丰皇帝，英姿焕发、踌躇满志，他身穿黄色龙袍，外罩绣有日月星辰的团龙补褂，升至太和殿宝座。御前大臣、军机大臣、御前侍卫、乾清官侍卫等人正在殿外排班侍立。三声礼炮响后，群臣跪拜，齐呼："万岁，万岁，万万岁。"

与此同时，太和殿东西两廊鼓乐齐奏，"丹陛大乐"不绝于耳，震撼京城。紫禁城外，老百姓们争相传诵："新帝登基了。"

生活在社会底曾的人们把未来的希望全寄托在新帝身上了，幻想新帝登基后，不再有水旱之灾、瘟疫之难，洋人不再进犯，四海平安，人们安居乐业。

可是，中华民族并没有因十九岁的奕詝登基而改变苦难命运。

新帝登基，心情最复杂的是恭亲王奕䜣。他终因种种原因败阵下来，可是令他稍稍安慰的是先帝亲封他为亲王，这是大清史上不曾有过的。他又与奕詝是至亲兄弟，即使不坐龙椅他也还是一人之下，万人之上，堂堂正正的铁帽子王爷。

奕詝以翌年为咸丰元年，因此人们称他为咸丰皇帝。

咸丰皇帝十九岁登基，他血气方刚、风华正茂。登基之初，的确有过宏图大志。人所共知，咸丰皇帝从道光皇帝手上接过来的是个烂摊子，当时不但内忧外患，而且朝政弊端甚多。特别是鸦片战争以后，年迈的道光皇帝就像所有的老年人一样，贪图耳边清静、政治平静。他明知全国上下一片混乱，特别是官场黑暗，贪赃枉法者比比皆是，可是，他不愿意过问这些事。摸透了道光皇帝脾气的大臣们，也是报喜不报忧、掩饰真相，封杀言路，一时间朝廷上下没有真话可听。

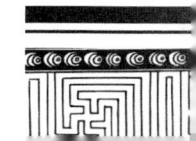

第二章 生逢乱世，崭露头角

屡次不第的洪秀全创立"太平天国"

帝王更替，使得古老的中华大地在腐朽的封建统治下，更加民不聊生。社会的不公、贫富的悬殊，如沉重的枷锁，压得人们喘不过气来。

彼时的乡村，田野荒芜，农民们在贫瘠的土地上辛勤劳作，却常常收获寥寥。破败的茅屋在风中摇摇欲坠，仿佛诉说着人们的苦难。天空常常是阴霾的，乌云似乎永远笼罩在这片大地之上。

洪秀全，一个出生于广东花县的贫苦农民家庭的青年。他自幼聪慧，勤奋好学，对知识充满了渴望。然而，在那个时代，科举制度成为了人们改变命运的唯一途径。洪秀全也怀揣着对未来的憧憬，踏上了科举之路。

早在十三岁那年，当时还叫洪仁坤的他就参加了科举考试，虽然通过了县试，但是却没通过府试。转眼间九年过去了，他二十二岁了，身体魁梧，五官端正，一眼看去，颇有几分君子风度。

这是他第二次到广州来参加应试。

这一次，他信心满满。毕竟在这九年之间，他勤学苦读，四书五经早已烂熟于心，八股文也写得得心应手，所以有很大的希望能够及第，被封个一官半职，也就能够光宗耀祖了。临行，父母兄妹看着他走出村外，没有嘱咐什么，但看着一双双急切的眼睛，他暗下决心，这一次一定要榜上题名，否则如何向家人交代。只要吃上皇粮，那全家就跟着享福了。

漫步在繁华的广州城大街上，洪仁坤心里踌躇满志。"十年寒窗无人知，一朝成名天下闻。"他幻想着金榜题名的喜悦，不禁对这大街上的布衣百姓产生了看一种优越感。

参加过科举考试，经过漫长的等待，科试结果出来了，洪仁坤又一次名落孙山。这是他没有想到的，虽然没有十成的把握，但是也有九成的把握，怎么就又失败了呢？

洪仁坤沮丧地想着，漫无目的地在大街上走着，不觉碰上了一个外国传教士和他旁边的翻译，对着路上的行人传教。他们手里还拿着一些小册子给听众，书名是《劝世良言》，洪仁坤经过的时候，也得到了一套。他此时已经神情呆然，回到客栈后，这些册子被他胡乱地塞进了行李包。

这本《劝世良言》的作者是梁发，他是广东高明县人，他是中国近代第二个基督教徒。一个偶然的机会，还是印刷工人的梁发给来到广州传教的外国人马礼逊当助手，耳濡目染之下，就接受了基督教的洗礼，成为了传教士，他非常热心地宣传基督教教义，而且把有关基督教的知识编写成适合中国人阅读的小册子，这就是《劝世良言》。

第二年，洪仁坤不死心，又一次来到广州参加应试，还是不中。这次的打击比上一次严重多了，他想着父亲、母亲期待的眼神，走回客栈的路上，一步一晃，一进店门，他就昏厥过去，怎么叫都叫不醒。

应考的伙伴凑钱雇了肩舆把他送回花县官禄老家。

回家后，洪仁坤心灰意冷，已经病得奄奄一息了，高烧久久不退，吓坏了父母。洪仁坤有时昏睡有时清醒。当他清醒的时候，心里感到无限地愧疚、颓废，他感到十分绝望，这已经是第三次落第，他真想死掉算了，前途一片黑暗……

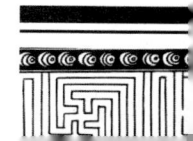

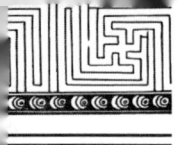

几天后，退烧了，家人总算松了一口气。就这样，洪仁坤昏迷了四十天，病总算好了，恢复了正常。

1814年1月1日，嘉庆十八年十二月初十，洪仁坤出生，乳名火秀，读书时，父亲洪镜扬给他取名"仁坤"。

洪仁坤一家原先在福水源，后来迁到芙蓉嶂附近的官禄。官禄位于花县县城西南，离广州府城也不远，只有一百里。

父亲洪镜扬是一个公正无私的人。他有才能，善搞人际关系，村民对他很是拥护，被推为"堡尊"。镜扬先后娶了两个妻子王氏和李氏。只有王氏生了三子二女，长子仁发，次子仁达，第三个儿子是仁坤，长女辛英和次女次女宣娇，分别为仁坤的姐妹。

洪镜扬一家是普通的农民，不富裕，但是也还吃得上饭。

洪仁坤七岁在本村私塾读书，读书之余还要做些农活，经常拾粪、放牛。他从小的时候学习就非常勤奋刻苦，记忆力强，能够熟诵《四书》、《五经》和《孝经》等。除此之外，他还阅读了大量的诗词文赋，后来写了很多诗词。他聪明好学，看过很多历史典籍，其中不乏稗官野史、故事传说、地理一类的杂书，并且还得到家族长辈和老师的称赞。

1827年，道光七年，洪仁坤只有十三岁，就参加了科举考试，但是落了第，后来三年之后，就当上了本村的塾师。

就这样，洪仁坤一边教书，一边学习。他的性格开朗、坦率，有很多朋友，常在朋友面前夸夸其谈。

参加第三次科试落第生病过后，洪仁坤仍然在私塾教书。

日子平平淡淡，但是外面的世界却风云跌宕：英国发动了鸦片战争，清政府签订《南京条约》……

洪仁坤和许多其他中国人一样，为民族的命运而担忧。

转眼间就到了1843年。

这年春天，二十九岁的洪仁坤第四次赴广州应试，结果又落第了。

这一次失败,洪仁坤心里非常愤怒,回乡后,他决定再也不参加科举考试了。

以后的日子,他继续教书。

一天下午,洪仁坤随便拿起书架上的那套七年前从外国传教士那儿得到的《劝世良言》读了起来,他越读越认真。

《劝世良言》一共有九册,约六万字。作者是梁发。这套书有的地方语言浅显易懂,但是许多地方语句颇为晦涩,很难搞懂,大概是直接翻译过来的文字。洪仁坤对书中所写的内容产生了浓厚的兴趣,从来没有看到儒、道、释三教被毫不留情地予以抨击。很多的神佛菩萨都被梁发说成是邪神,包括文昌魁星、招财童子、门神、灶君、土地这些被中国人所尊崇的神仙。而且关于学子对科举的痴迷,书中也有论述:

即如儒教亦有偏向虚妄也,所以把文昌、魁星二像立之为神而敬之,欲求其保庇睿智开广,才能快进,考试联捷高中之意。然中国之人,儒教读书者,亦必立此二像奉拜之,各人亦都求其保佑中举人、中进士、点翰林,出身做官治民矣。何故各人都系同拜此二神,而有些自少年读书考试,乃至七十、八十岁,尚不能进门为秀才呢?还讲什么高中乎?难道他不是年年亦拜这两个神吗?何故不保佑他高中啊?

洪仁坤就是痴迷科举考试的学子,他心想,幸亏及时地抽身,不再参与,梁发真是指出他人生谬误的第一人!

广大学子在这场科举考试里扮演着受害者的角色,清政府统治下的尘世也是乱糟糟的?到底为什么呢?梁发发表了见解:

现在之人遂生出无数的恶端,致世界大变,颠倒乾坤,变乱纲常,以恶为善,甚至把善反以为恶。因人之心,日夜歇息之间,所有思想图谋,言行举动,专在于奸淫邪恶,诡诈欺骗,强暴凌虐之事,满于胸中,行在世界之上矣。

是的,尘世间善恶不分,甚至颠倒。人心只想着奸淫邪恶,诡诈

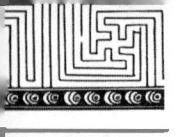

欺骗，世界一片污秽。所以要涤荡尘垢，清除妖魔，这样天下才能太平，百姓才能过上幸福安康的生活。梁发在书中描绘出一幅太平盛世的景象：

倘若全国之人，尊信而行者，贫者守份而心常安，富者慕善义，心亦常乐，上不违逆神天上帝之旨，下不干犯王章法度，不独贪慕世乐之欢，不空费光阴之宝，君正臣忠，父慈子孝，官清民乐，永享太平之福。

洪仁坤看完之后，衷心地认为写得精彩极了，就把《劝世良言》推荐给好友冯云山和洪仁玕。

二人看过之后，对《劝世良言》中所说的道理十分赞同，所以他们就聚在一起讨论关于基督教义。

这年夏天，洪仁坤和冯云山、洪仁玕跳进村里的石角河，模仿基督教的洗礼仪式净身，表示"去旧从新"。

为了表示自己的虔诚，洪仁坤决定改名，"仁"和"坤"都与中国古代的陈旧典籍有关，所以要舍弃。我的小名叫火秀，取秀字，有优秀、聪明的意思。还要加一个字，就用"全"字吧，它的意思是完备、周全。

从那以后，洪仁坤不但改名为洪秀全，而且连脾气都改了。他变得严肃谨慎，对人和蔼可亲。这期间，洪秀全和冯云山、洪仁玕天天见面，他们一直讨论《劝世良言》里的话题。

半年后，洪秀全、冯云山、洪仁玕都认为对基督教的教义了解地差不多了。

洪秀全最开始先向家里人讲解拜上帝的道理，父亲、哥哥和妹妹都表示赞同。于是洪秀全带领全家一起举行他所认为的洗礼仪式，在纸上用毛笔写下"爷火华"，贴到墙上去，在书案上把香烛点起来，然后带着全家人给爷火华磕头，每人报上自己的姓名，由洪秀全领诵，众人表示将会永远敬拜推崇天父皇上帝。

洪秀全认为自己的家里人能够这么快速接受，心里很高兴，于是就想走出去布道。

过了几天，洪秀全遇到了温秀才，认为这是一个好机会，就给他讲了耶稣基督的道理，温秀才还没听完，就对洪秀全说："洪先生，你看得什么书，得来这些谬论，害人不浅。"洪秀全气愤地离去。还没走多远，遇到洪仁玕朝这边跑来，只见他的袖子被扯破了，好像和谁打了一架。洪秀全赶忙问道："出了什么事？"

"叫我哥打出来了。"洪仁玕沮丧地说，"我对他讲拜上帝，他说比起孔圣人来，耶稣算个狗屁！"

两人一起来找冯云山，把遇到的问题对他讲了，才知道冯云山也和他们一样。

元宵节过后，洪秀全来到私塾教课。洪秀全首先就把书塾里供奉的"大成至圣先师孔子之位"的牌子踩烂了，还对学生大讲孔子是妖魔，动员学生信奉基督教。过了不久，书塾里的学生纷纷退学，家长们知道之后，把洪秀全给辞掉了。

冯云山、洪仁玕也丢掉了教学的饭碗。

现实把他们逼到了不得不另寻出路的道路上，最后他们一拍即合，要到外面寻找机会。

1844年4月2日，洪秀全、冯云山动身了。他们经英德、函江、阳山、白虎圩，来到南江排，渡过贺江，踏上了广西的土地。

5月21日，经过一个多月的奔波，洪秀全和冯云山来到了浔州贵县的赐谷村，在洪秀全的表兄王均盛家暂时住了下来。

赐谷村没有老师，王均盛热情地筹办了一处私塾，让洪秀全、冯云山教书。从此，两人白天教书，晚上就对村民传教，给他们讲拜上帝的道理。这种活动被当地的村民称为"拜会"。

赐谷村非常偏远、闭塞、贫穷，洋人从未到达过这里，所以老百姓比较容易接受拜上帝的道理，很快，参加拜会的听众达到数百人，

还有一百多人参加了洗礼。

一天晚上，二人讲完道理，洪秀全兴奋地对冯云山说："看来我们到广西来是对的，这里的人容易发动。"

冯云山颇有同感："到现在才明白，我们在家乡的传教活动，失败是必然的，广东是洋人的手脚最先插入的地方之一，《南京条约》签定以后，英国人在那里更是飞扬跋扈，无恶不作，当地百姓对洋人恨之入骨，而我们宣传的偏偏是洋教，大讲四海之内皆兄弟，人人平等，这就无怪乎人们对我们的教义反应冷淡了。"

"不过，我们将来终究还要布道于天下的，也包括广东。"洪秀全信心十足。

冯云山听了，大为振奋。他十分佩服洪秀全的胆量与气魄，也相信洪秀全具有相应的功力与才华。他情不自禁地举起手来在空中击掌两响，说道："好，太好了！没有内容丰富、系统连贯的教义，就很难具有永久性的感召力。古今建大事业者，必先有成竹在胸，方能疏导万民，挥斥四方。仁兄赶紧挥洒笔墨，著书立说，此功告成，你就是华夏这片土地上的最大教主！"

洪秀全的眼睛豁然一亮，洪秀全让冯云山和他一起回花县撰写教义，但冯云山没有同意。他认为，唤醒更多的民众百姓比构想完整的教义要实际得多。没有教义，会众就失去了统一的信仰，但是如果没有会众，教义也只能是一纸空文。

最后议定，洪秀全回广东编撰关于拜上帝的教义，冯云山留在广西继续发展会众。冯云山交了许多朋友比如杨秀清、韦昌辉、胡以晃等人，在他们当中发展了不少会员。

洪秀全重新回到了家乡花县，一边教书，一边研读基督教。经过他的不懈努力，终于写出了拜上帝教的教义，他决定创立一个新的宗教组织——拜上帝会。经过洪秀全、冯云山的大力发展，拜上帝会在广西紫荆山一带吸收了很多人加入。

1851年1月11日，洪秀全集合2万余人在广西金田村正式宣布起义，建号太平天国，起义军称太平军。

"我们都是上帝的子民，人人平等。那些贪官污吏、地主豪绅，他们的好日子到头了。"洪秀全对着一群衣衫褴褛的农民大声说道。

"我们要推翻这腐朽的封建统治，建立一个人人平等、没有压迫的天国。"洪秀全庄严地说道。

众人齐声高呼："推翻封建统治，建立天国！"

1853年，洪秀全带领着他的起义军，一路披荆斩棘，3月8日抵达南京城下，在城南善桥扎营。

南京原有守军不过五千人，城里由八旗驻防，约两千人，江南提督福珠洪阿率兵一千守城南雨花台，江守副都统霍隆武、徐州镇总兵程三光各率一千在城外防守。自太平军从武汉扬帆东下以来，清廷就调兵遣将，布置南京防务，调山东兵二千，命苏松太道吴健彰溯江而上，拦截太平军。太平军克安庆后，清廷又以祥厚为钦差大臣兼署两江总督，令向荣赶赴南京同时命两广总督叶名琛、广东巡抚柏贵调水师北上增援。

南京又称"金陵"，清代正式名称为"江宁"，位于长江南岸，东靠钟山，南临雨花台，城墙分两层：外城墙周长120余里，穿城40里，城门18座，内城又称"满城"、"皇城"，城门13座。城墙高而坚，易守难攻。经明代开国皇帝朱元璋的精心修筑，它更成为一座华夏名城，城里高楼鳞次栉比，道路四通八达，经济、文化均居江南之首。

太平军先锋部队赶到南京城下的第二天，李开芳就率军占领了雨花台，清兵的军械全部落入太平军手中。当晚，李开芳指挥天兵们将西天寺里的五百罗汉搬到雨花台山坡上，星罗棋布地排列起来，插旗数十面，悬灯点烛，然后让数百名天兵高声呐喊。守城清军以为太平军要趁夜攻城，急忙开炮，炮声彻夜不止。直到次日见城外并无动静，才停了下来。

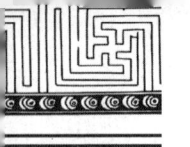

3月12日，太平军主力赶到，战船万只，自新洲戴胜关起，至下关七里洲，严密封锁了长江江面。陆路大军在城外筑垒24座，并控制了城外所有的高地。水陆连营，纵横六十余里，将金陵团团围住。

且说，日前太平军攻克岳州、武昌，顺江东下时，两江总督陆建瀛督师迎战，但屡战不利，最后于2月25日夜半只身逃回南京。一般豪绅富商闻讯，大为恐慌，纷纷迁徙出城。陆建瀛则从此避居内堂，足不出户，亦不见同僚。

竟不料这位钦差与太平军缘分难解，他前脚来，太平军后脚就到。看来躲是躲不过去了，听说太平军主力已逼近城下，只好带领众官登城观阵。谁知刚登上聚宝门，两腿顿觉酥软，站立不住，幸好从人急忙上前搀扶，才没有跌倒。城外尽是一望无际的红头人、迎风飘舞的黄色旌旗、寒光闪闪的刀枪，更令他气馁的是，太平军如此众多，却井然不乱……

"要抵挡这样的大军，无异于螳臂当车。"陆建瀛想。绝望之中，居然萌生出祈求神灵的念头，当即下令：城中人家一律焚香，每天三时跪地祝祷。弄得众官莫名其妙，面面相觑。

令陆建瀛大感不解的是，南京城里居然真的有神灵自天而降，不过这神灵助的不是陆建瀛而是太平军：次日清早，城里家家户户门墙上都写着"天"字或"洪"字，有几处还写着"洪从天降"、"太平天国"、"肃清妖氛"等字样。市民百姓三人一团，五人一伙，议论纷纷。又有人报说，各庙里神像的眼睛都被挖掉了……

原来杨秀清早在半个月以前就派了潘四狗带领三百名天兵扮作和尚混进了南京城作为内应。因太平军进入湖北后，焚烧庙宇，和尚四散，流入南京的也不少，守城官军不加怀疑，三百天兵得以顺利入城，而陆建瀛却蒙在鼓里。

又过了一天，太平军从城外四周将大量告示射进城里，告示写明：定1于3月19日（癸好三年二月十四日，农历二月初十）破城，劝人民闭户安居。

这一来，南京城的军心彻底瓦解了。

从 3 月 13 日开始，太平军连日攻打仪凤门（即中兴门）、水西门、旱西门、通济门、洪武门，200 尊大炮和一千支抬枪一齐开火，弹下如雨；同时在仪凤门外静海寺掘地道，直达城根……

3 月 19 日清晨，仪凤门地雷轰然爆炸，炸开城墙二丈多，守军皆散。天官副丞相林凤祥所部数百名天兵冲进北城。

"呜——呜——呜——"登城的天兵吹起了圣角。

在作内应的"和尚"的引领下，登城的天兵分成两股，一股冲向鼓楼，一股循金川门、神策门经成贤街直奔小营，这是外城的两个重要据点。

一则惊人的消息在清军中迅速传播开来：钦差大臣陆建瀛已被太平军斩杀。水西门、旱西门等处的守军闻风逃遁。

内应"和尚"动员了百姓搬走塞在各大城门的土袋，城门一个接一个地被打开。

太平军冲进了各个街巷……

陆建瀛没有死，他乘坐在一顶绿呢四人大轿里，以壮勇数十人为前导，直奔小营，恰好林凤祥所部太平军赶到，轿夫弃轿而逃，太平军一拥而上，将陆建瀛从轿中拖出，这位清廷派遣的第五个钦差大臣身受六创而死。

已革广西巡抚邹鸣鹤总办筹防局事务，城破后由公所逃至大功坊大街，正遇洪宣娇所率女兵，被当场杀死。

钦差大臣祥厚于外城失陷后，退入内城，巷战中马足被砍落地，身受数创而死。

副都统霍隆武在小营督战，被钩落马，死于乱刀之下。

提督福珠洪阿守仪凤门，城破，苦战于鼓楼北，又救南门，李开芳率天兵至，将其斩杀。

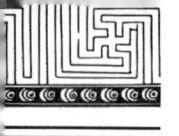

粮道陈克让守旱西门，城破，苏三娘率女兵登城，陈克让大叫："堂堂须眉岂能死于粉黛裙钗之手！"遂自坠城下而死。

江苏巡抚杨文定见事不妙，潜回苏州，又去了无锡，继而又赴江阴，江阴官绅不纳，再返回苏州。

太平军克复南京后，又一鼓作气，拿下了镇江、扬州等重地。

太平军永安突围那时节，赛尚阿被降级留任，向荣、乌兰泰被革职留任；太平军占领道州，湖南提督余万清被革职拿问；太平军克郴州，向荣被革职，发配新疆，太平军攻长沙，赛尚阿、骆秉章被革职拿问，向荣改为随军效力，徐广缙荣膺钦差大臣；太平军占领武汉，徐广缙被罢官，钦差大臣的头衔落到陆建瀛和向荣的头上，太平军打南京，祥厚成了钦差大臣，陆建瀛则又被革职，然而圣旨未到，陆建瀛已命归黄泉…

这一天是1853年3月29日。

水西门已经用红漆刷过，上绘龙凤图样，城门外的空地上花团锦簇，彩绸飘舞。诸王及百官早就等候在这里，迎接天王入城。

诸王的服装格外鲜亮耀眼。杨秀清头戴兜鍪式金冠，正中有"东王"两个金字，缀两龙一凤，凤翔云中，盔顶竖一缨枪，四周皆珠宝缨络；身上穿黄缎袍服，绣八龙；脚穿方头黄缎靴。韦昌辉的金冠与杨秀清的相同，只是顶部不是缨枪而是小黄盖，中写"北王"二金字，缀双龙单凤，凤栖山冈，身穿黄袍服，绣七龙，穿方头黄缎靴。石达开的金冠也相同，但冠额有别，两边各绣一蝶，上绣单凤，凤栖于牡丹花上，中缀"翼王"二金字，身穿黄缎袍服，绣六龙，穿方头黄靴。

文武百官亦锦绣衣装，翘首以待。

在水西门到总督府长达十里的街道上，簇拥着十万天兵和无数民众，他们都以急切的心情等待着，等待他们所敬仰、所崇拜的至高无上的天王从他们身边路过时，好一睹圣颜。他们小声交谈着，不断地踮起脚跟张望着：。

日上三竿的时候，鞭炮声、鼓乐声骤然响起，全体臣民的精神立即为之一振。

长长的仪仗队伍从水西门开始进发了。

走在最前边的是一百六十面金黄大旗，然后是十二日干和二十四节气正副侍卫，再后面是典天乐二百名，吹奏着笙管唢呐，击打着鼓锣铙钹。典天乐过后，就是天王洪秀全的黄缎轿舆，轿顶五鹤朝天，由十六名典天舆抬着，典天舆们均穿黄马褂，戴黄帽，个个精神抖擞。

轿舆里，洪秀全头戴一顶金冠，上绣满天星斗，下绣一统山河，中留空格，镶"天王"两个金字，缀双龙双凤，冠后翘立两扇金翅，身上穿一件黄缎袍服，绣九龙，脚穿方头黄缎靴，每只靴亦绣九龙。

洪秀全多次经历过万众敬拜的场面了，在金田古营盘、在永安、在武昌，但那几次都是在戎马倥偬的岁月里享受这种愉悦的，打江山的重任压在肩头，总觉得连呼吸都不能随心所欲，兵民的欢呼意味着要求他这个天王把他们带进"小天堂"。因此，在他听来，欢呼声既是颂赞，又是敦促。今天的情形却不一样了，我洪秀全果然不负众望，终于打开了半壁江山，为黎民百姓营造起一片人间天堂。我可以心安理得地接受人们的赞美和讴歌了。看着街道两旁跪着的人群，他想，是我把他们领到天堂里来的，他们无论怎样对我敬拜都回报不了我的恩情之万一。

当人生愿望达到的时候，那种乐趣是不可言喻的。"十年寒窗无人知，一举成名天下闻。"没有人能料到，当年广州街头失魂落魄的书生，如今已经成了名扬华夏的人物了。

在接下来的日子里，太平天国政权开始了紧张而有序的建设。洪秀全颁布了一系列法令，废除封建土地制度，实行平均分配土地；设立各级官职，选拔有才能的人为官；发展农业、手工业和商业，促进经济的繁荣。

百姓们对太平天国政权充满了期待，他们积极响应洪秀全的号

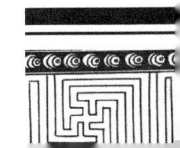

召,投入到生产建设中。南京城逐渐恢复了生机,呈现出一片繁荣的景象。

随着时间的推移,太平天国政权逐渐稳定下来。他们在南京建立了一个相对独立的政权体系,实行了一系列改革措施。

彼时的李鸿章虽然已是翰林院编修,但在当时是一个清贵但缺乏实权的职位,主要工作是书籍编纂,无法直接参与国家的军政事务决策和执行。这让心怀大志的李鸿章有点着急起来,他渴望在乱世中有所作为,通过建立功勋来实现自己的政治理想和人生价值。

书生带兵,专以浪战为能

1853年的洪秀全已有落脚之地,李鸿章刚刚在仕途上崭露头角。

3月,太平军如汹涌的潮水般大举涌入安徽。一个清晨,阳光洒在琉璃厂的街道上,李鸿章用完饭后正悠然地在这儿闲逛。偶然间,他遇到一位安徽同乡,从其口中得知了令人震惊的消息:省城安庆已然陷落,抚台蒋文庆不幸毙命,家乡眼看就要被太平军全面占领。李鸿章顿时心急如焚,毫不犹豫地径直奔向吕贤基的府邸。

吕贤基与李鸿章算是老乡,字鹤田,来自安徽旌德。他先前在翰林院任职,从编修一路转任御史,接着担任工部右侍郎,还兼署刑部左侍郎。当李鸿章在翰林院做编修时,常常为吕氏撰写文章。两人一见面,李鸿章便急切地陈述刚刚得知的所有情况,并强烈建议吕贤基赶紧向清政府请求迅速发兵救援安徽。吕贤基随口回应道:"那还是由你来写奏折吧,我负责呈上去就行。"

李鸿章立刻返回翰林院,奋笔疾书,很快就写好了一个奏折,连夜派人送给吕贤基。次日,咸丰帝下旨命吕贤基从原籍出发,与安徽巡抚共同负责办理团练防剿事宜。吕贤基无奈之下,只好奏请朝廷让李鸿章与自己一同回籍，声称李鸿章熟悉乡情。下朝回来后，他对着等候的李鸿章直言道："你让我上奏可把我害苦了，皇上让我去安徽帮办团练；我现在也害你一把，我上奏请求你和我一起去安徽。"不过，说到底，吕贤基选中李鸿章，主要还是因为他深知李鸿章才华出众，能在关键时刻助自己一臂之力。朝廷很快批准了吕贤基的请求。不过，要求李鸿章也跟随吕贤基回到家乡。

李鸿章本是书生出身，向来对团练之类的武事兴致寥寥。然而皇命难违，他别无选择。回到安徽后，李鸿章首先遭遇的便是安徽错综复杂的人际关系。官宦之间的倾轧与争斗，让长久沉浸在墨香书册和学问世界里的李鸿章有了全新的体会与教训。更让他苦恼的是，组织团练、指挥战役这些都是他从未接触过的全新领域。虽然历史上有不少投笔从戎成就一代名将的先例，但李鸿章从未想过自己也会成为这样一个"以儒生而起家军旅"的人。

李鸿章觉得，办理团练防剿工作只是暂时的，仅仅是因为大清国当前的局势所迫。他坚信，等到内患消除、国家安定后，自己还是能够回到京城的庙堂之中。可如果不能胜任眼下的工作，那自己能否回到京城就成了未知数。对于目前该如何开展工作、怎样实施战略计划，李鸿章的心里一片茫然。再者，李鸿章手中既无权柄、又无兵卒、更无粮饷，就连从何处着手都毫无头绪。尽管如此，李鸿章的心中依然燃烧着报效朝廷、保卫家乡的强烈渴望。

夕阳西下，余晖洒在古老的北京城墙上，映出一片金黄。李鸿章身着官服，站在城门口，望着远方的天空，心中充满了惆怅。这是他的机会，也是他的挑战。他深吸一口气，踏上了归乡的路途。一路上，战火纷飞，百姓流离失所，李鸿章的心情愈发沉重。

李鸿章坐在马车里，思绪万千。他想起了自己年轻时的志向，想要为国家的富强贡献自己的力量。如今，国家陷入了如此困境，他感到自己的责任重大。他暗暗发誓，一定要组织起一支强大的团练队

伍，为国家的安定和百姓的幸福而努力。

"大人，前面就是安徽地界了。"车夫的声音打断了李鸿章的思绪。"嗯，加快速度，我们尽快赶到老家。"李鸿章说道。

李鸿章的老家合肥，此时一片混乱。太平军的势力已经渗透到了周边地区，百姓们人心惶惶。李家大院里，李鸿章的父亲李文安正在召集家族成员，商议组织团练的事宜。大厅里灯火通明，气氛凝重。

李文安看着眼前的家族成员，心中充满了期待。他知道，李家在安徽地区有着深厚的根基和影响力，只要大家齐心协力，一定能够组织起一支强大的团练队伍。他看向李鸿章，眼中充满了信任和鼓励。

"吾儿，此次回乡组织团练，乃是家族的使命，也是国家的需要。你一定要尽心尽力，不可辜负朝廷和百姓的期望。"李文安严肃地说道。

"父亲放心，孩儿定当全力以赴。"李鸿章坚定地回答。

虽然应承下来，但李鸿章面临的第一个难题就是如何招募士兵。那时，百姓们对战争充满恐惧，大多不愿意加入团练。

集市上，人群熙熙攘攘，嘈杂声不绝于耳。李鸿章和他的兄弟们站在高台上，大声呼喊着招募团练的口号。他们的身后，挂着一面大大的旗帜，上面写着"保家卫国，抗击太平军"几个大字。

李鸿章看着台下的人群，心中有些焦急。虽然有一些人前来报名，但大多数人还是持观望态度。他知道，要想吸引更多的人加入团练，必须拿出一些实际的行动来。

"各位乡亲们，太平天国运动已经严重威胁到了我们的家园和生活。我们不能坐以待毙，必须拿起武器，保卫我们的家乡！"李鸿章大声说道。

"可是，我们没有武器，怎么打仗？"台下有人问道。

"大家放心，我们会想办法筹集武器，只要大家愿意加入团练，我们一定不会亏待大家。"李鸿章回答道。

李鸿章凭借着威望和满腔热情，好不容易才招募到了一些年轻力壮的村民。

然而，武器装备又成了另一个大问题。团练没有朝廷的正规军那样有充足的武器供应，李鸿章只能四处筹措。他派人去收购一些破旧的兵器，然后自己组织人进行修复和改造。同时，他还向当地的富绅求助，希望他们能出资购买一些武器。有些富绅出于对家乡的责任感，愿意提供一些资金支持，但也有不少人对李鸿章的团练持怀疑态度，不愿意出资。在这种艰难的情况下，李鸿章的团练终于艰难地起步了。

团练营地，烈日炎炎，士兵们正在进行艰苦的训练。他们穿着简陋的军装，手持着长矛和大刀，汗水湿透了衣衫。李鸿章站在一旁，看着士兵们的训练，心中既欣慰又担忧。

李鸿章知道，这些士兵们大多是农民出身，没有受过正规的军事训练。要想让他们成为一支强大的战斗力量，必须付出巨大的努力。他不断地思考着训练的方法和策略，希望能够尽快提高士兵们的战斗力。

"刘将军，你觉得我们的士兵们训练得怎么样？"李鸿章问身边的刘铭传。

"大人，士兵们都很努力，但他们的基础太差，还需要加强训练。"刘铭传回答道。

"嗯，我知道了。你要多费心，一定要把他们训练好。"李鸿章说道。

经过一段时间的训练，李鸿章的团练终于迎来了与太平军的初次交锋。

那是在一个寒冷的冬日，李鸿章得到情报，一小股太平军将经过他们所在的村庄。他立刻召集士兵，进行战前部署。由于士兵们大多没有实战经验，心中都充满了紧张和恐惧。李鸿章亲自为士兵们打气，告诉他们只要团结一致，就一定能够战胜敌人。

当太平军出现时，李鸿章的团练士兵们起初有些慌乱，但在李鸿章的指挥下，逐渐稳住了阵脚。他们利用村庄的地形优势，与太平军

展开了激烈的战斗。太平军虽然人数不多，但战斗力很强，他们奋勇作战，给李鸿章的团练造成了不小的压力。在战斗中，李鸿章始终身先士卒，他挥舞着长剑，冲在最前面，极大地鼓舞了士兵们的士气。经过几个小时的激战，太平军最终撤退，李鸿章的团练取得了第一次战斗的胜利。

这次胜利虽然规模不大，但对于李鸿章和他的团练来说，却是一个巨大的鼓舞。它让士兵们看到了自己的潜力，也让李鸿章更加坚定了继续与太平军战斗的信心。

在随后的几年里，李鸿章凭借着一腔热血和一定的军事才能，取得了一些小的胜利。

庐州是安徽的重要城市，也是李鸿章的家乡。当时庐州已经被太平军占领，李鸿章一直想收复这座城市。经过长时间的准备，他终于等到了一个机会。1854年，李鸿章得知太平军在庐州的防守出现了漏洞，于是决定趁机发动进攻。他与当地的清军将领商议后，制定了详细的作战计划。

战斗开始前，李鸿章对士兵们进行了动员，他告诉大家，庐州是我们的家乡，我们一定要收复它。士兵们士气高昂，纷纷表示愿意为收复庐州而战。在战斗中，李鸿章亲自指挥，他带领士兵们奋勇杀敌，与太平军展开了激烈的巷战。太平军虽然顽强抵抗，但在李鸿章的指挥下，团练和清军逐渐占据了上风。

经过几天的激战，李鸿章终于收复了庐州。这次胜利让他在安徽地区的名声大振，也得到了朝廷的嘉奖。朝廷任命他为道员，并赏赐他花翎礼服。

花翎是清朝官员的一种特殊荣誉象征，而李鸿章在其仕途生涯中多次因功获得花翎相关的赏赐。这次朝廷赏赐他花翎礼服，是他早期因军功获得的重要荣誉和认可，也让他善于用兵的名声逐渐显著。

1855年2月，春寒料峭，李鸿章率领部队成功占领含山，与太平军展开激烈战斗，杀死千余名太平军，由此获得清政府赏赐的知府衔。随后，李鸿章乘胜配合副都统忠泰攻打巢县的太平军，双方陷入僵持状态。就在这紧张的时刻，他突然接到父亲去世的噩耗。1855年7月，李文安在合肥离世。李文安于1854年回到安徽带领团练，在李氏父子的带领下，安徽庐州的团练整齐有序，成为团练的典范。李文安身体向来康健，平日里喜好饮酒，谁也没想到他在1855年7月竟酒后无疾而终。李鸿章得知父亲去世的消息后，悲痛如潮水般袭来，他急忙赶回去料理丧事。恰在此时，巢县的太平军发起猛烈进攻，副都统忠泰战死沙场，全军覆没，而李鸿章因不在军中侥幸逃过一劫。

李文安的离世，给李鸿章带来了沉重的思想打击。在李鸿章的诸多诗文中，都能看到他对父亲深深的思念与沉痛的悼念之情。

1855年10月，因率团练收复庐州之功，李鸿章"奉旨交军机处记名以道府用"，这无疑是对他前期努力的另一个肯定。一时间，李鸿章在安徽团练中声名鹊起。

然而，好景不长。随着太平天国运动的不断发展，太平军的主力部队开始频繁在安徽地区活动。面对陈玉成、李秀成等太平军将领率领的精锐之师，李鸿章的团练队伍逐渐显得力不从心。

1856年，尽管李鸿章随同福济等先后攻克巢县、和州等地，并叙功赏加按察使衔，但此时他的队伍已经开始遭受太平军的强大压力，谤言也随之四起。

那是在一个炎热的夏天，李鸿章接到情报，太平军的一支主力部队将经过一个山谷。他认为这是一个绝佳的伏击机会，于是带领团练士兵提前在山谷中设下了埋伏。但是，由于情报有误，太平军的兵力远远超过了李鸿章的预期。

当太平军进入山谷后，发现了李鸿章的埋伏，立刻展开了反击。太平军的战斗力很强，他们迅速突破了李鸿章的防线，将团练士兵打得节节败退。李鸿章虽然奋力指挥，但也无法挽回败局。最终，团练

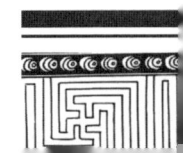

士兵损失惨重，李鸿章只能带领残部撤退。

这次兵败让李鸿章深受打击，他开始反思自己的作战策略和指挥能力。他意识到，自己在带兵打仗方面还有很多不足之处，需要不断地学习和提高。于是，他开始阅读一些兵书，向一些有经验的将领请教，不断地总结经验教训。经过这次失败的洗礼，李鸿章变得更加成熟和稳重，他的指挥能力也得到了很大的提高。

1858年，对于李鸿章来说是极其艰难的一年。这一年，太平军二破庐州，李鸿章的团练队伍在太平军的猛烈攻击下几乎全军覆没。此前李鸿章一直坚持与太平军正面作战，但在太平军的强大攻势下，他的策略未能奏效。

合肥周边的村寨纷纷被太平军攻破，李鸿章所居的村寨也未能幸免。这一仗，让李鸿章遭受了沉重的打击，他辛苦经营的团练队伍几乎毁于一旦，自己也陷入了山穷水尽的境地。无奈之下，李鸿章只好携带家眷出逃，辗转至南昌，结束了他在安徽为期五年多的团练生涯。

总的来说，李鸿章在安徽做团练的这段时间里，经历了初期的小胜到后期的大败。虽然他在一定程度上抵御了太平军对安徽部分地区的进攻，取得了一些阶段性的成果，如收复庐州、攻克巢县和和州等，但最终还是未能阻挡太平军在安徽的强大攻势。不过，这段经历也让李鸿章积累了宝贵的军事经验，为他日后加入湘军幕府，以及组建淮军、平叛太平天国和捻军等奠定了基础。

投身湘军幕府

团练的失败，让李鸿章看到了自身的不足，但他并没有就此消沉下去。

李鸿章的家乡安徽是太平天国运动的重要战场，战乱不断，百姓生活困苦。作为安徽人，李鸿章对家乡的局势深感忧虑，希望能够为家乡的安定和恢复做出贡献。当时，曾国藩组建的湘军异军突起，在与太平军的战斗中逐渐取得优势，成为清政府镇压太平天国的重要力量。湘军的崛起为能人志士提供了一个施展才能的平台，所以李鸿章也决定加入其中，为自己积累政治资本。

1859年1月，心境悲凉、自称"书剑飘零旧酒徒"的李鸿章，仿佛被命运之神轻轻拂过，从一个潦倒失意之人，一跃成为湘系首脑曾国藩的幕宾，自此，他的宦海生涯开启了全新的篇章。

彼时的李鸿章无家可归，只得匆匆收拾起简单的行囊，携着妻子儿女仓皇出逃。他一路辗转，来到南昌看望母亲。在哥哥李瀚章的帮助下，他前往建昌拜见了曾国藩。那时的曾国藩，处境也颇为艰难，正面临着三河惨败的困境。虽说湘军在曾国藩的带领下兵强马壮，有着朝廷之师的威武气象，但真正可用的人才却极为稀缺。曾国藩迫切需要一个得力助手，一个既有才华又善于变通、能够处理具体事务的干将。而此时，在李瀚章的安排下，曾国藩惊讶地发现，端坐面前的李鸿章言谈举止间尽显卓越超群。这次会面后，曾国藩果断决定将李鸿章留在身边。于是，李鸿章成为曾国藩的幕僚，从此开启了他们长达数十年的师生情谊。

1853年，曾国藩以在籍侍郎的身份，受命帮办湖南团练事宜。他敏锐地察觉到"兵伍不精"是清王朝的重大隐患之一，决心独辟蹊径，改弦更张，编练一支新式武装，以挽救清朝统治。1854年2月，他编成并督率湘军水陆两军，沿着湘江北上，抵御太平军。湘军与清朝常备军截然不同，它是汉族地主武装，"以招募易行伍，尽废官兵，使儒生领农民，各自成营"。曾国藩"在京官时，以程朱为依归，至出而办理团练军务，又变而为申韩"。他采取传统的"以上制下"战略方针，先肃清两湖，稳定后方，接着将军锋指向江西和安徽。1858年七八月间，曾国藩先后奉命驰赴浙、闽，进击分裂出走、放弃江西根

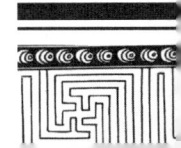

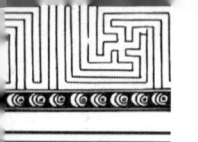

据地、在浙闽徘徊的石达开部太平军。10月，他率部到达建昌，还未入闽，石达开部便由闽入赣，转进湖南，锋芒大挫。此时江南军情渐缓，而江北却风云突变。面对江南、江北大营进逼天京，湘军围攻安庆、三河，威逼庐州的严峻形势，陈玉成、李秀成两支主力太平军联合作战，首先摧毁江北大营，解除天京北面威胁，接着在安徽三河全歼李续宾所部湘军精锐六千余人，击毙李续宾和曾国藩胞弟曾国华以及文武官员四百多人。包围安庆的湘军，见势不妙，慌忙逃窜，安庆之围不战而解。曾国藩因"江北军情变幻"而惊恐万分，哀嚎"呜呼恸哉！"12月奉命移师援皖。

在这样的形势下，李鸿章来到建昌拜访曾国藩。李瀚章是曾国藩与李鸿章结合的牵线人。李瀚章于1849年以拔贡朝考出自曾国藩门下，1853年署湖南善化知县，当时在衡阳带兵的曾国藩将他檄调来营，襄办粮台，遇有战阵，也督队指挥。曾国藩称赞他"内方正而外圆通，办事结实周详，甚属得力"。

1857年1月，湘军粮台裁撤，归并江西省局，瀚章回籍为其父守制，安徽巡抚福济奏留他办理团防捐务。1858年，曾国藩檄调瀚章赴江西总理粮台报销，瀚章遂奉母同住。曾国藩十分器重瀚章，而瀚章也把曾国藩视作靠山。瀚章既经常向曾国藩通报李鸿章在皖情况，有时甚至将其弟家书转呈曾国藩过目；又时常向李鸿章介绍曾国藩的宦海沉浮，吹捧其道德学问。瀚章在弟弟与曾国藩之间起着沟通情感、增进了解的重要作用。正值李鸿章到南昌看望老母，曾国藩便趁机通过瀚章邀请李鸿章前来会晤。他们有着相似的追求：扑灭太平天国烈火、维护清朝统治，以期封侯荫子、光宗耀祖；又有相互利用的必要，曾国藩希望借助李鸿章之才成就"大业"，李鸿章则企图依靠曾国藩的援引而立功名。

对于李鸿章的才识，曾国藩早有耳闻。然而，曾国藩觉得李鸿章性情不够沉稳，且妄自尊大，于是故意不见他。在那之后的一个多月里，李鸿章又托人从中说情。曾国藩缓缓说道："李鸿章身为翰林，志存高远，才华出众。但我这里不过是个小局面，犹如一条浅沟，实在容不下他这条大船。他为何不回京去供职呢？"经过众人反复说情，李鸿章终于在1859年1月进入曾国藩幕府，成为了曾的幕宾。实际上，曾国藩并非不想要李鸿章，只是想借此打压一下他的傲气，让他变得更加内敛沉稳，以便日后更好地为己所用。

所以初入湘军幕府，李鸿章便感受到了一种与以往不同的氛围。曾国藩以严谨的治军和治幕之道闻名，幕府中人才济济，充满了紧张而有序的气息。李鸿章被安排负责起草文书等工作，这对于有着深厚文学功底的他来说，并非难事。然而，他也深知，这仅仅是一个开始。

在湘军幕府中，李鸿章首先要适应的是曾国藩严格的作息时间和工作要求。曾国藩每日清晨必等幕僚到齐后方肯用餐，这让习惯了自由散漫的李鸿章颇感不适应。但他也明白，这是曾国藩对幕僚的一种约束和激励，只有严格要求自己，才能在这个充满挑战的环境中立足。

在湘军幕府的日子里，李鸿章与曾国藩之间时常发生思想的碰撞。曾国藩作为一代大儒，主张以儒家的道德规范和治世理念来治理国家和军队。他强调"诚""敬""静""谨""恒"等品德修养，认为只有具备这些品质的人，才能担当大任。

李鸿章初入幕府时，自恃才高，好讲虚夸大言以哗众取宠。曾国藩对此多次正言相诫，教导他待人要"诚"，做事要脚踏实地。在曾国藩的言传身教下，李鸿章逐渐认识到自己的不足，开始反思自己的行为和思想。

一次，李鸿章在起草一份公文时，为了显示自己的才华，故意使用了一些华丽的辞藻和夸张的表述。曾国藩看到后，严厉地批评了他，指出公文应以简洁明了、实事求是为原则，不可华而不实。李鸿章深受触动，从此在起草公文时更加注重内容的真实性和实用性。

除了在品德修养方面的教导，曾国藩还在军事战略和政治治理等

方面给予李鸿章很多启发。曾国藩主张"扎硬寨，打死仗"，即在战争中要注重防守，稳扎稳打，不可冒进。李鸿章在参与湘军的军事谋划中，逐渐领会到了这种战略的精髓。他开始认识到，战争不仅仅是武力的较量，更是智慧和谋略的比拼。

在政治治理方面，曾国藩强调"修身齐家治国平天下"，认为只有先做好自己，才能治理好国家。他注重培养人才，选拔有品德、有才能的人担任重要职务。李鸿章在曾国藩的影响下，也开始重视人才的培养和选拔，为他日后组建淮军和治理地方奠定了基础。

湘军幕府是一个充满智慧和谋略的地方，在这里，李鸿章积极参与了湘军的军事谋划。在与太平军的战斗中，他逐渐展现出了自己的军事才能。

在战略决策方面，李鸿章积极发表自己的见解。他认为，与太平军作战，不能仅仅依靠武力，还要注重政治和经济手段的运用。他主张在占领的地区实行"减赋"政策，以争取民心，稳定局势。这一主张得到了曾国藩的认可，并在一些地区得到了实施，取得了良好的效果。

在具体的战役指挥中，李鸿章也积累了丰富的经验。他跟随曾国藩参与了多次重要战役，如安庆之战、天京之战等。在这些战役中，他亲眼目睹了曾国藩的指挥艺术和湘军的顽强战斗力，也学到了很多军事战略和战术。

安庆之战是湘军与太平军之间的一场关键战役。在这场战役中，李鸿章积极参与了战前的谋划和准备工作。他提出了一些关于兵力部署和战术运用的建议，得到了曾国藩的采纳。在战役中，他跟随湘军主力部队，参与了激烈的战斗。最终，湘军成功攻克安庆，这一胜利为湘军进一步进攻天京奠定了基础。

天京之战是太平天国运动的最后一战。在这场战役中，李鸿章虽然没有直接参与前线的战斗，但他在后方为湘军提供了重要的后勤保障和战略支持。他积极组织物资运输,确保湘军的粮草和弹药供应充足。同时,他还参与了战后的善后处理工作,为稳定局势做出了贡献。

通过参与这些战役,李鸿章的军事才能得到了极大的提升。他不仅学会了如何制定战略决策,还学会了如何指挥战斗和处理战后事宜。这些经验为他日后组建淮军和领导军事行动奠定了坚实的基础。

在湘军幕府中,李鸿章结识了许多优秀的湘军将领,如曾国荃、彭玉麟、鲍超等。他们之间的交往,既充满了竞争和矛盾,也有着深厚的友谊和合作。

曾国荃是曾国藩的弟弟,也是湘军的重要将领之一。他性格豪爽,勇猛善战,但有时也过于鲁莽。李鸿章与曾国荃在一些问题上存在分歧,但他们也相互尊重,共同为湘军的胜利而努力。在安庆之战和天京之战中,李鸿章与曾国荃密切配合,共同完成了作战任务。

彭玉麟是湘军水师的统帅,他为人正直,廉洁奉公,深受曾国藩的器重。李鸿章与彭玉麟在军事战略和政治理念上有很多共同之处,他们经常一起讨论问题,交流心得。在湘军水师的建设和发展中,李鸿章也给予了彭玉麟很多支持和帮助。

鲍超是湘军的一员猛将,他作战勇敢,屡立战功。李鸿章对鲍超的勇猛和忠诚十分钦佩,他们在战场上也经常并肩作战。然而,鲍超有时也会因为性格急躁而与李鸿章发生冲突。但在曾国藩的调解下,他们总能化解矛盾,继续为湘军的事业而奋斗。

与这些湘军将领的交往,让李鸿章学到了很多东西。他从他们身上看到了忠诚、勇敢、智慧和担当,也看到了自己的不足和差距。这些交往不仅丰富了他的人生阅历,也为他日后组建淮军和领导军事行动提供了宝贵的经验和借鉴。

在湘军幕府中,李鸿章也经历了一些内部矛盾和挫折。其中,最著名的就是他与曾国藩在李元度事件上的分歧。

李元度是曾国藩的重要幕僚之一,他与曾国藩关系密切。在一次

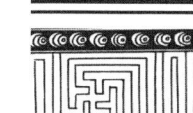

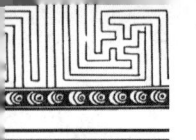

战役中，李元度违抗曾国藩的命令，擅自出兵，导致兵败。曾国藩决定严词纠参李元度，而李鸿章则认为曾国藩此举过于绝情，不愿拟稿并"率一幕人往争"。最终，李鸿章愤而离营。

这一事件对李鸿章的打击很大，他开始反思自己在湘军幕府中的地位和作用。他意识到，自己虽然有才华和抱负，但在处理人际关系和政治斗争方面还不够成熟。他决定离开湘军幕府，寻找新的发展机会。

然而，李鸿章并没有因此而放弃自己的理想和追求。他在离开湘军幕府后，继续关注着天下大势，等待着时机的到来。在这个过程中，他不断地学习和反思，努力提升自己的能力和素质。

殊不知，此时的朝堂也正发生着翻天覆地的变化。

火烧圆明园

圆明园位于北京西郊。康熙年间，康熙皇帝偶然间发现了这座明代留下的一个废园，他认为这里地理环境幽雅，只不过园子里长期不住人，有些显得荒草丛生、零乱不堪。只要稍加修缮，一旦有人住进去，它将会成为一座人间天堂。于是，康熙皇帝把它赐给了四皇子胤禛，即后来的雍正皇帝，并赐名圆明园。

四皇子胤禛住进了这园子，开始大兴土木，建成了圆明三园，即圆明园、长春园、万春园。此外，还有一些属园，如畅春园、清漪园、静明圆、静宜园以及近春园、熙春园等，形成了绵延十几里的人间大花园。此后，又历经了乾隆、嘉庆、道光、咸丰五位皇帝，他们每一朝都不断完善这里，到了咸丰年代，圆明园已成为皇帝避暑听政的人间胜境。

圆明园被人们誉为"万园之园"，它不仅是一处荟萃中外建筑艺术精华的富丽堂皇的园林，而且还是一个珍藏历代珍宝、典籍、文物的博物馆。是西方人心目中的东方明珠，它熠熠生辉、璀璨夺目，实为罕世之处。圆明园的建统融汇了东方与西方建筑艺术的精华。它的各大殿宇建筑规模宏大、气度非凡，"正大光明殿"朴素典雅；"弘德宫"、"秀山房"等寝宫珠光宝气、奢华无比。室内装饰豪华气派，乍一走进各宫，仿佛置身于天宫。也有的地方宁静、淡泊，如小家碧玉；有的地方风韵雅致，如多情的少妇。"湛翠轩"、"听雨亭"、"万安殿"各具特色、各领风骚，曲折多变、富有情趣。

室内间隔，也大多采用门罩、屏风、碧纱橱等挡断，曲折蜿蜒，富于变化。墙壁上有的挂着中国山水画，草木虫鱼、飞禽鸟兽、古代仕女、威风猛虎；也有的挂的是西洋画，汲取的土耳其少妇以及威尼斯风情，这里是中西合璧的经典之作。

有的楼阁是典型的东方建筑，四环曲折、飞檐廊角；有的楼阁则是西式建筑，呈几何对称形，在西洋楼阁之间，巧妙地设计塑立了几只山羊和十几只大白鹅。羊嘴与鹅头处都有喷水口，日夜细水长流，水池边依次排列着子、丑、寅、卯、辰、巳、午、未、申、酉、戌、亥十二星兽的人体兽头青铜像，每隔一个时辰，该一星兽就喷水，水柱达三、四尺高。每到正午，十二星兽同时喷水，水柱晶光耀眼，十分绚丽。

圆明园另一特色是园中有林，林中有园，圆与林高度和谐地统一在一起。从楼阁凭栏远望，举目所见皆是明山秀水；而山野佳景又以楼阁点缀。园中四十景，多仿江南名景，如"平湖秋月"、"苏堤"、"三潭印月"、"雷峰夕照"、"曲院风荷"。园中书房，有"杏花春"、"武陵春"、"牡丹春"、"安澜春"，院落之间溪水宛转、复谷环抱，水面上落英缤纷、水边杨柳依依。鸟儿啼叫，繁花似锦，林木葱郁，似一座仙山琼阁。

此外，圆明园还是罕世的文物馆。那儿有远古时期的甲骨、汉代

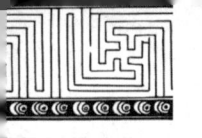

的彩陶、唐代的字画、宋代的织绣、明代的刻本。此外还有来自西欧的大自鸣钟、天体运行仪。文渊阁藏书三万多册，乾隆年代修纂的《四库全书》就藏于此，许多古代文献也集于文渊阁。

圆明园堪称人间第一宝库。

公元1860年7月，咸丰帝在圆明园庆贺自己三十岁的寿辰，眼前是一片莺歌燕舞的繁华，而背后却是行将逝去的一切。

在圆明园的正大光明殿，百官向皇帝机械地朝贺，随后皇帝率众臣前往同乐园，观看事先准备好的大戏，这戏一连演出了四天。

还没从寿宴的酒中苏醒过来，英法联军的炮火就打响了圆明园的天空，大沽口外列满了无数舰队。联军势如破竹，一路顺利异常，从北塘一路攻入北京。

10月，联军的炮台就出现在北京城外。

10月6日，朝阳门外，城墙根下，联军正密密麻麻的进入小关，清廷守将誓死抵抗，势力弱小的清军无奈败逃。英法联军如暴徒般狂喜，占领千年古都也不过是一转眼的事情，他们进都后头一件大事，便是扑向圆明园。

首先冲进来的一批洋兵，到处乱窜，他们的兴趣暂时不在财宝上，而是希望活捉大清的咸丰皇帝。可是，他们扑了个空，几个吓破了胆的太监哆哆嗦嗦地告诉他们，皇上早已"巡幸木兰"，躲到承德了，但皇上的弟弟恭亲王还在这里。洋人"哇哇"大叫，想活捉亲王回去领赏，但是全园搜遍了，不见恭亲王。

原来，十月五日夜里，恭亲王奕䜣以及桂良、文祥等人已从圆明园后门逃走了，他们本想逃到承德，但联军到处都有，他们不敢继续赶路，只好退至芦沟桥附近的长辛店一带。如惊弓之鸟的奕䜣决定立刻释放巴夏礼以及随行三十人，以保全自己的性命。

没找到大清皇帝，也没搜到亲王，侵略者们失望极了，他们叫嚣着，狂舞着，开始肆意抢夺财宝。一时间，不分官兵，捋起袖子，双手抓起珠宝，一个劲地往衣袋里装。衣袋装不下，干脆脱下外裤，把两个裤腿一扎，当成口袋还要装。一个士兵眼前一亮，他发现了稀世珍宝，一串晶莹剔透的蓝宝石项链，他像饿狼一样扑了上去。当他伸手取宝时，只觉得双肩被别人死死箝制，从他的背后传来他平日最惧怕的也是最熟悉的声音："大卫，这项链应该属于我。"

"上校，是我先看到的，应该属于我。"

"啪，啪"，二记耳光打在了名叫大卫的士兵的脸上，然后是歇斯底里的大叫："士兵服从长官，还要我来教你吗？"

那个大卫已经急红了眼，急于得到宝石项链，他哪里还顾得服从长官，一个扫堂腿，绊倒了上校，然后抓起项链便跑。倒在地上的上校急了，掏出手枪瞄准大卫，大卫应声倒下，一群强盗闻声赶来，上校从大卫手中夺过项链，狰狞地笑着："哈哈哈，回去送给我最亲爱的玛丽亚，她一定会很开心的。"

谐奇趣宫里，两个士兵正在争夺晋代王羲之的真品，也许他们也是个"中国通"，懂得这幅字画价值连城，他们在讨价还价。

"安德列，我给你五百英镑，你放开手。"

"不行，一千英镑，少一分也不行。"

"太不够朋友了吧，本来这字画是我先发现的，为何你要和我抢夺。"

"不错，的确是你先发现的，可它不属于你，快答应一千英镑，回去以后，它可能值一万英镑。"

"别梦想了，一分钱也不给你。"

两个人各不相让，只听得"嚓"地一声，字画被撕成了两半，接着又被撕得粉碎，一个士兵狂叫："这下公平了，谁也别想得到它。"

"哈哈哈，这就是大清皇上。"

又一阵狂笑传来，洋人纷纷循声望去，只见一个士兵身着咸丰皇帝的龙袍，怀中抱着几串朝珠，疯疯癫癫向人群中跑来，一个士兵高

举着景泰蓝官瓶，大叫："给我试一试龙袍，我就把这宝瓶送给你。"

"这是一副嵌宝石的金戒指，归你了，他试过以后，让我也试一试。"

"不行，不行，谁拿钻石来，我就脱下来，给谁穿。"

几个士兵像疯子一样追赶着"皇上"。又一处珍宝馆被打开了，人们向潮水一样向那边涌去。抢的抢，夺的夺，一个个饿狼一般的眼睛都抢红了眼。令人更可气的是，一些士兵手里拿着木棒，遇到可以携带的珍宝就装进衣袋里；遇到拿不动的，就狠命敲碎它。一天的掠夺，圆明园碎玉满地，瓷片多于瓦片。第二天、第三天，更疯狂的掠夺开始了，晚一些进园子的军队见前者已满载而归，给他们留下的是那些抬不动、拿不走的青铜鼎、大金缸等物，干脆，他们动手合力敲打金缸，无奈打不下一块大金子来，有人建议用匕首攫金子，果然有效，金块一块块被攫了下来。

"哈哈哈……纯金、纯金，我发财了。"

侵略者狰狞狂笑，圆明园几乎被抢劫一空。1860年10月10日，承德避暑山庄里的咸丰皇帝听到这些情景后，泪流满面，他悲愤交加，连发谕旨，发誓要惩治洋人，夺回圆明园。他谕令乐斌、成凯、文煜、英桂各路统帅带精兵驰赴京师，星夜兼程，不得有误。第二天，他又调遣西安马队一千多人，由乌兰带领，驻扎古北口，堵截有可能北上的联军。第三天，他听说守军僧格林沁毫不抵抗，龙颜大怒，谕旨革去他的爵职，并将瑞麟一同革职。

十月十五日，咸丰皇帝谕令胜保为钦差大臣，总领各省援兵，可惜太晚了，联军已占据大半个京城，胜保无力回天。英法公使照会恭亲王，要求清政府赔款。英国索赔白银三十万两，法国索赔白银二十万两；奕䜣深知答应了他们的这一无理要求，无法向朝廷交待，也无法向子孙后代交待。但又无可奈何，只要联军能撤出北京。奕䜣将这一情况上奏皇上，咸丰皇帝朱批："盖印画押，原定在城外，进城不过换约之一事。此时冒险进城，虽为顾惜大全，倘洋人不允复出，尚复成何事体？"

咸丰皇帝顾及国体，惹怒了疯狂掠夺的额尔金，他为了威逼清政府，也为了消赃灭迹，在英国首相巴麦斯顿的支持下，坚决对圆明园进行焚烧。十月十八日，圆明园遭到了联军的第二次抢劫，随后，冲天的大火烧毁了宫殿建筑。

联军纷纷撤退到离圆明园约一英里的地方，观看浓烟与烈火。烟雾逐渐加大，并且越来越浓密，仿佛是一片黑云，罩住了京城。殷红的火焰映在联军士兵的脸上，他们狰狞地说着、笑着，像恶魔一样。北京城里，老百姓惶惶不安，只看到西郊一片乌黑，他们以为是日蚀。有几个胆子大一些的小伙子抄近路悄悄地挨近"乌云"处，他们回来告诉人们，圆明园附近一片火海，不见天日。

狂妄的额尔金大叫："大清的皇帝．我烧了你的宫殿！我烧了你的宫殿！"

一群强盗应声附和："太棒了！太棒了！我们大英帝国胜利了！"

三天三夜，大火不息。中国人，上至皇帝，下至百姓，悲愤交加、热泪不止。千年国耻啊！中国人，难以咽下这口气，但又不得不咽这口气。

恭亲王奕䜣整整三天，滴水未进，他一言不发，任凭泪水横流。

"王爷，吃口饭吧，等一会儿还要与洋人签押，不吃饭怎么能撑得下去。"

他的一个侍卫几乎是哀求他了，三天以来，哀求他吃一点东西的人不止他一个。桂良来劝过、文祥来求过，身边的侍卫哭叫过，恭亲王自知愧对朝廷，怎能咽下一口饭。可是，今天非吃一点儿不可，几天不吃东西了，怎么与外国代表谈判。

恭亲王像嚼蜡一样，勉强咽下一小块萨其马，又喝了一碗豆浆，穿上官服，坐上马车，前往京城与外国人谈判。大炮口下的谈判，其

结果只能是弱者屈服。恭亲王奕䜣与额尔金、葛罗分别签订了《中英北京条约》和《中法北京条约》。在承认《天津条约》的基础上，又加上了以下几条：

开放天津为商埠；

准许外国人在中国拐卖华民出洋做苦工；

将九龙司地方并归英属香港界内；

交还没收的天主教堂财产，允许在各省传教、租地、建堂；

赔偿英、法军费各增到八百万两白银。

恭亲王奕䜣强忍悲痛，在条约上签了押，他将毛笔一甩，拂袖离去。背后传来额尔金的狂笑："葛罗先生，让我们举起酒杯，为英格兰和法兰西的辉煌胜利干杯！"

"干！额尔金先生，这可是地道的法国葡萄酒。"

一句句像针一样，直刺奕䜣的心，他在心中骂道："一群强盗！"

咸丰皇帝仓皇出逃，一路颠簸，饮食又极差，他那龙体怎承受得住。

咸丰帝托孤

作为一国之君，在敌人兵临城下之际，选择逃离京城，无疑是对国家尊严的一种伤害。但在当时的情况下，咸丰帝似乎也没有更好的选择。

浩浩荡荡的队伍离开了京城，向着热河进发。一路上，咸丰帝心情沉重，他望着身后渐行渐远的京城，心中充满了忧虑和不安。

热河行宫，这座曾经的避暑胜地，如今成为了咸丰帝的避难之所。在这里，他试图重新组织力量，抵御外敌的入侵。然而，现实却让他感到无比的绝望。

热河行宫，虽然风景秀丽，但此时却笼罩在一片阴霾之中。咸丰帝来到这里后，身体状况逐渐恶化。一方面，他精神上承受着巨大的压力；另一方面，逃亡的生活让他疲惫不堪，饮食起居也不如在京城时那么舒适。

在承德避暑山庄的咸丰，究竟在做些什么呢？为了家国设想出路，抑或是关心众生命运？

答案是这两者都没有。咸丰皇帝在逃奔热河后，沉醉于酒池肉林，贪恋女色，沉溺丝竹，并吸食鸦片。

关于贪恋女色，书中有所记录：奕詝置兵败于不顾，携妃嫔游行园中，寄情于声色，既聊以自娱，又自我麻醉。他将四位宠妃称为"四春"，分别为牡丹春、海棠春、杏花春、陀罗春。

除此之外，慈禧还是另一春，被称为"天地一家春"。另具野史记载，咸丰还有民间寡妇一名，在《野史叟闻》中就有切实的记录。

关于沉溺丝竹，咸丰不仅爱看他人的戏剧，有时还会亲自上阵。在热河时，他每日都要看戏、点戏。兴致高时，他还会亲自教太监表演，曾唱过《朱仙镇》、《青石山》、《平安如意》等戏剧。

他沉醉在戏剧中，在其中生活、幻想，他将宫廷戏班聚集在行宫，以备随时演出，还为戏剧亲自选角。他听戏的地方被称作烟波致爽殿，每天上午彩唱刚完，中午清唱还要进行。等到夏日来临，会在"如意洲"摆戏台，在那里设置的是水上戏台，倚栏听戏，别具一格。

在薛福成所著《庸盦笔记》中记录道，咸丰帝在热河时而观剧，时而涉猎，好不快活。"和议刚成，即召京师升平署人员，到热河行在唱戏，使咸丰帝乐不思蜀"。

关于在酒池肉林间游走，咸丰本身不胜酒力，酒品也十分恶劣，一旦酒醉身旁的侍从都将遭殃。民间野史记录道："文宗嗜饮，每醉必盛怒。每怒必有一二内侍或宫女遭殃，甚其则虽所宠爱者，亦遭戮辱。幸免于死者，及醒而悔，必宠爱有加，多所赏赐，以偿其苦痛。然未几而醉，则故态复萌矣。"

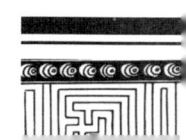

关于吸食鸦片，作为一代帝皇，咸丰也染上烟毒。为了替自己解脱，咸丰称其为"益寿如意膏"。逃奔热河后，京师陷落，他并未组织军队退击敌人，而是用鸦片麻醉自己，沉溺在烟雾缭绕的迷幻中。

正是因为皇帝的无能，致使国家遭受敌人践踏，所以说咸丰继任皇位，而非奕䜣即位，是清廷一大憾事。

在热河的日子里，空闲之余的咸丰帝也关心着国家大事。他不断地收到来自京城和各地的奏报，了解战争的进展和局势的变化。然而，坏消息却一个接着一个传来。英法联军在北京肆意劫掠，烧毁了圆明园，这让咸丰帝痛心疾首。太平天国运动也在继续发展，清军在战场上节节败退。面对这些打击，咸丰帝感到无比的绝望和无助。清朝的统治依然摇摇欲坠，国家的前途一片渺茫。

随着时间的推移，咸丰帝的病情越来越严重。他知道自己的时日无多，开始考虑后事。在热河行宫，他召集了身边的重臣。

虚弱的咸丰帝躺在病榻之上，面色苍白，眼神中透露出忧虑和不安。肃顺、载垣、端华等大臣恭敬地站在一旁。

"朕自登基以来，内忧外患不断，这天下何时才能太平？"咸丰帝望着下方的群臣，叹息道。

大臣们面面相觑，无人敢轻易发言。

咸丰帝气息微弱地说："朕自知时日无多，今日召你们前来，是为了托孤之事。朕的皇子尚幼，这大清的江山，朕放心不下啊。"

肃顺等一干人等慌忙跪地："皇上放心，臣等必当竭尽全力，辅佐幼主，保我大清江山稳固。"

载垣附和："皇上，臣等定不负皇上重托。"

端华也赶忙表态："皇上安心养病，臣等誓死效忠。"

咸丰帝微微点头："朕对你们寄予厚望。肃顺，你向来果敢，朕希望你能好好辅佐幼主，不可有二心。"

肃顺等人叩首道："臣肝脑涂地，绝无二心。"

咸丰帝看向载垣和端华："你们二人，与肃顺一同，要齐心协力，不可争权夺利。"

载垣、端华齐声答："臣等谨遵皇上旨意。"

故此，咸丰帝任命了以肃顺为首的八大臣为赞襄政务王大臣，辅佐幼主。这八个人分别是：

爱新觉罗·载垣：和硕怡亲王，时任宗人府宗令、领侍卫内大臣等职务。他是雍正年间十三王爷胤祥的五世孙，世袭爵位。

爱新觉罗·端华：和硕郑亲王，时任总理行营事务大臣、步军统领、御前大臣等职务。

富察·景寿：道光皇帝第六女寿恩固伦公主额驸，时任领侍卫内大臣等职务。他出身满洲大姓富察氏。

爱新觉罗·肃顺：郑亲王端华之弟，协办大学士、署领侍卫内大臣、管理理藩院事等职务。他在咸丰皇帝驾崩之前被任命为赞襄政务王大臣，是八大臣中比较有能力和影响力的人物。

托和络·穆荫：时任军机大臣、兵部尚书等职务。

匡源：时任军机大臣、吏部侍郎等职务。

杜翰：咸丰皇帝老师杜受田之子，时任军机大臣、工部侍郎等职务。

焦佑瀛：时任军机处学习行走大臣、太常寺少卿等职务。当时皇帝的诏书大多出自其手。

刚安排妥当，皇后和懿贵妃慌忙地走进寝宫。

皇后关切地看着咸丰帝："皇上，您要保重龙体啊。"

咸丰帝握住皇后的手："皇后，朕放心不下这江山，也放心不下我们的皇子。"

皇后听罢，泪眼婆娑地说："皇上，臣妾定会好好照顾皇子，辅佐他长大成人。"

懿贵妃也跪在地上，痛哭流涕："皇上，臣妾也愿为皇上分忧，辅

佐幼主。"

咸丰帝看着懿贵妃道："你心思聪慧，可多帮皇后分忧，但不可擅权。朕会留下遗诏，若你们有不轨之心，必遭天谴。"

懿贵妃惶恐地说："臣妾不敢，臣妾定当尽心尽力辅佐幼主。"

咸丰帝泯然，用尽力气平息着剧烈的咳嗽，对众人说："朕希望你们能和睦相处，共同为大清的江山社稷努力。若有争斗，必致国家动荡。"

肃顺等人再次叩首："皇上放心，臣等定当以国家为重，不敢有私。"

皇后看着大臣们，端肃说道："你们要牢记皇上的嘱托，不可辜负皇上的信任。"

咸丰帝虚弱地闭上眼睛："朕累了，你们都退下吧。好好商议托孤之事，务必确保幼主顺利继位。"

众人退出寝宫，又来到偏殿商议。

肃顺严肃地说："皇上托孤于我们，我们当尽心尽力。如今局势复杂，外有列强虎视眈眈，内有太平天国作乱，我们必须稳定局势，辅佐幼主。"

载垣点头道："肃大人所言极是。我们要加强军备，镇压太平天国，抵御侵略。"

端华忧虑地说："但如今朝廷财政困难，如何筹集军费？"

肃顺思考片刻道："可增加赋税，削减开支。同时，整顿吏治，打击贪污腐败。"

载垣担忧地说："增加赋税恐会引起民怨。"

肃顺果断地说："如今形势危急，顾不得那么多了。只要我们能稳定局势，百姓自然会理解。"

端华看向皇后和懿贵妃寝宫的方向："那两位那边，我们该如何应对？"

肃顺皱眉道："后宫不可干政，但我们也要尊重她们的地位。若有大事，可与她们商议，但最终决策还需我们来定。"

载垣犹豫地说："可那懿贵妃心思聪慧，恐有野心。"

肃顺冷笑道："若她敢有不轨之心，我们定不轻饶。"

这时，皇后和懿贵妃走进偏殿，眼见她们脸上还有泪痕。

皇后平静地说："听闻大家在商议托孤之事，我们也来听听。"

肃顺恭敬地说："皇后，臣等正在商议如何辅佐幼主，稳定局势。"

懿贵妃微笑着说："肃大人有何良策？"

肃顺心中不喜，果然这位懿贵妃心思不小，他不卑不亢地答："回懿贵妃，臣等认为当务之急是加强军备，镇压太平天国，抵御列强侵略。同时，整顿吏治，增加赋税，筹集军费。"

懿贵妃微微皱眉："增加赋税恐会引起民怨。"

肃顺坚定地说："如今局势危急，顾不得那么多了。只要我们能稳定局势，百姓自然会理解。"

皇后点头："肃大人所言有理。但我们也要考虑百姓的疾苦，不可过于苛刻。"

肃顺拱手道："太后教训的是。臣等会谨慎行事。"

懿贵妃看着大臣们道："那你们打算如何辅佐幼主？"

肃顺严肃地说："臣等会尽心尽力教导幼主，让他成为一位贤明的君主。同时，我们会处理好朝政，确保国家稳定。"

载垣与端华附和："臣等定当不负太后期望。"

皇后看着众人，语重心长地说："你们要牢记皇上的嘱托，不可有二心。若有不轨之人，必遭天谴。"

众人："臣等谨遵太后旨意。"

此后，咸丰帝的病情日益加重，托孤之事成为朝廷上下关注的焦点。肃顺等大臣积极筹备幼主继位事宜，而皇后和懿贵妃也在暗中关注着局势的发展。在这个关键时刻，各方势力都在为自己的未来谋划

着……

日子一天天过去，咸丰帝的病情越来越严重。他躺在病床上，已经无法起身。太监们和宫女们忙碌地照顾着他，但却无法挽回他逐渐消逝的生命。

终于，在一个寂静的夜晚，咸丰帝闭上了眼睛，永远地离开了这个世界。消息传出，热河行宫一片悲恸。大臣们和太监们纷纷跪地痛哭，为这位年轻的皇帝送行。

"皇上驾崩了！"这个消息迅速传遍了整个帝国。京城的百姓们也陷入了悲痛之中，他们知道，这个国家又将面临着新的挑战。

咸丰帝驾崩后，皇位由皇长子载淳继承，即同治帝。

咸丰下诏书命令，由顾命八大臣处理朝政。如果要下谕旨还要加盖两太后图章，方才可以发布，这就确定了顾命大臣与皇太后共同辅政的政治体制。

虽然，这样的做法在一定程度上保全了皇权的集中，但是同样也存在着很大的弊端。它忽视了另外一个政治集团就是恭亲王奕䜣集团。

奕䜣是洋务派的领头羊，他在咸丰当政时期并不受重视，长期被闲置不用。不过，奕䜣与那些纨绔子弟不同，他是一个拥有谋略和见识的人，他虽然表面上无所事事，但是私底下却在积极培植自己的势力。

咸丰帝逃往热河行宫时，他刚好被留守京师，处理议和善后的事宜。咸丰病逝以后，辅政大臣中虽然没有奕䜣，他也感到非常气愤，可是理智战胜冲动，他必须要改变眼下的局面。

辛酉政变

京城的天空阴沉沉的，仿佛预示着即将到来的风暴。紫禁城内，气氛紧张而压抑。

咸丰帝驾崩后，留下了年幼的同治帝和复杂的政治局面。以肃顺为首的八大臣掌握着朝政大权，他们自恃先帝托孤，行事专横，引起了众多人的不满。

在皇宫的一处偏殿内，慈禧太后静静地坐着，她的眼神中透露出沉思与忧虑。身旁的太监安德海小心翼翼地站着，大气也不敢出。

"安德海，如今这局势，你怎么看？"慈禧太后缓缓开口。

安德海连忙跪下，恭敬地回答道："太后，八大臣如今权势滔天，恐对太后和皇上不利啊。"

慈禧太后微微点头，"他们以为掌控了朝政，就可以为所欲为了。哼，本宫绝不会坐视不管。"

与此同时，在京城的另一处府邸，恭亲王奕䜣也在思索着当前的局势。他来回踱步，心中充满了担忧。

"这八大臣如此专权，大清的江山岂能任由他们胡来。"奕䜣自言自语道。

他的谋士在一旁说道："王爷，如今之计，必须寻找盟友，共同对抗八大臣。"

奕䜣停下脚步，"你说得对，可谁能成为我们的盟友呢？"

谋士微微低头，"太后对八大臣也心存不满，或许可以与慈禧太后联手。"

于是，在一个幽静的宫殿内，两人见面了。

慈禧太后看着奕䜣，眼神坚定："王爷，如今八大臣专权，国家危在旦夕。我们必须联手，推翻他们，恢复朝廷的稳定。"

奕䜣恭敬地行礼："太后所言极是，臣愿为太后效命。但八大臣势力强大，我们需谨慎行事。"

两人开始商议具体的行动计划。他们决定先在朝廷中拉拢一些支持他们的大臣，然后寻找合适的时机发动政变。

"我们要小心行事，不能让八大臣察觉我们的计划。"慈禧太后叮

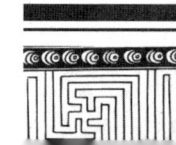

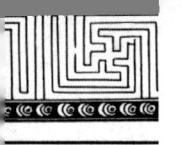

嘱道。

奕䜣点头表示同意："太后放心，臣会暗中联络可靠之人，共同谋划此事。"

在接下来的日子里，慈禧太后和奕䜣秘密地进行着准备工作。他们小心翼翼地与一些大臣接触，试图争取他们的支持。而八大臣却浑然不知，依然沉浸在权力的欲望中。

日子一天天过去，八大臣对慈禧太后和奕䜣的行动毫无察觉。他们继续在朝廷中发号施令，专横跋扈。

然而，一场意外的事件打破了这种平静。八大臣中的一位大臣在朝廷上与慈禧太后发生了激烈的争吵。这位大臣言辞激烈，对慈禧太后不敬，引起了慈禧太后的极大愤怒。

"大胆！竟敢对太后不敬！"安德海怒斥道。

这位大臣毫不畏惧："我等是先帝托孤之臣，有权决定朝政。太后不得干预。"

慈禧太后脸色铁青，她知道，这是一个机会。她决定利用这个机会，发动政变。

慈禧太后秘密召见了奕䜣，告诉他时机已经成熟。奕䜣立刻行动起来，他召集了自己的亲信部队，准备随时行动。

在一个深夜，京城的街道上一片寂静。突然，一队队士兵悄悄地行动起来，他们迅速包围了八大臣的府邸。

八大臣被这突如其来的变故惊呆了。他们还没来得及反应，就被士兵们控制住了。

慈禧太后和奕䜣出现在皇宫之中，他们宣布八大臣专权乱政，罪不可赦。随后，他们迅速掌控了朝政大权。

"从今日起，朝廷由我等掌控。八大臣将受到应有的惩罚。"慈禧太后威严地说道。

朝廷中的大臣们纷纷表示支持慈禧太后和奕䜣的行动。他们知道，这场政变是为了恢复朝廷的稳定，保护国家的利益。

公元1862年，载淳登基，改年号为"同治元年"。那拉氏、钮祜禄氏两太后共同垂帘听政。因慈安久居于东宫缓履殿故称东太后；慈禧恒位于西宫平安室故称西太后。讷辛酉政变成功后，慈禧终于实现了她的政治愿望，她与慈安一同垂帘听政，更加的接近了清朝的权力中心。可是即便如此，也并不能说明她们是一个合格的政客。虽然，她们手里有了一些权利，可是毕竟她们长期处在后宫之中，所接触到的也无非时一些后宫女人们的争斗，再大了说也就是朝堂上的芝麻蒜皮的事情，真正的走到政治核心后，她们发现自身都非常缺乏政治经验。

她们面对清政府的内忧外患，心有余而力不足。不过，好在两人还能够齐心协力，同心同德的共同治理国家。两人比较起来，慈禧显然要比慈安更具有政治家的特质，慈禧虽然没有上过学，但她才思敏捷，对一切问题常常有自己的独到看法。在与大臣们商讨政务时，也能够侃侃而谈，杀伐果断。看到慈禧的表现，一心想过安静日子的慈安就主动把所有的事情都推给了慈禧一人主持，自己乐得清闲自在。

随着时间的推移，慈禧太后和奕䜣面临着新的挑战。西方列强的侵略不断加剧，国内的社会矛盾也日益尖锐。慈禧太后深知，要想保住国家的利益，必须采取有效的措施。她开始推行一些改革措施，试图增强国家的实力。

"我们要学习西方的先进技术，改革我们的政治制度。只有这样，我们才能抵御列强的侵略。"慈禧太后说道。

奕䜣表示支持："太后所言极是，我们必须与时俱进，才能在这个动荡的时代中生存下去。"

然而，改革之路充满了艰难险阻。保守势力的反对，资金的短缺，以及西方列强的压力，都让慈禧太后和奕䜣感到力不从心。

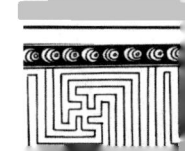

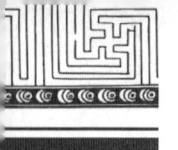

负气出走又回归

太平天国"上下夹攻，南北合击"的战略决策，犹如一把利剑高悬在清政府的头顶，让其头疼不已。

1860年初，大地笼罩在一片紧张的氛围之中。清政府根据当前战事，下达了命令：江南大营和湘军分别围困天京和"进攻安庆，分捣桐城"。而太平军则审时度势，采取了先救天京、后保安庆的方针。

那是一个阳光炽热的五月，战场上硝烟弥漫。李秀成、陈玉成联军如猛虎下山一般，一举击溃江南大营。随后，他们挥军东指，挺进苏杭。那浩荡的队伍在大地上行进，旗帜飘扬，喊杀声震天。江南北大营，本就是咸丰与曾国藩矛盾的产物。在那金碧辉煌的宫殿中，咸丰帝打着自己的如意算盘：既要依靠曾国藩对抗太平军，又不肯给他以军政实权。咸丰的计划是让湘军在前线拼命出力，而江南北大营收功。然而，江南北大营的相继覆灭，如同晴天霹雳，使咸丰的幻想彻底落空。

无奈之下，咸丰不得不全力依靠曾国藩来支撑危局。在六月初，授予曾国藩兵部尚书衔、署理两江总督的军政实权。八月，又实授两江总督。此间，曾国藩曾奏保李鸿章为两淮盐运使，黄翼升为淮扬镇总兵，筹办淮扬水师。

曾国藩的书房中，灯光摇曳。他坐在书桌前，神情凝重地写下这份奏请，心中对李鸿章寄予厚望。然而，清政府并没有全部恩准这份奏请，只任命黄翼升为淮扬镇总兵，没有授予李鸿章两淮盐运使一职。

李鸿章得知这个消息后，心中满是失落。他独自站在庭院中，望着天空，暗自嗟叹。庭院里的花草在微风中轻轻摇曳，仿佛也在为他的境遇感到惋惜。而此时，太平军为了挽救安庆，展开了一场声势浩大的攻势。

战场上，硝烟弥漫，喊杀声震天。太平军分兵南北两路，沿江西上,"合取湖北",准备在武汉会师。这一策略犹如一把利剑,直刺曾国藩的要害。当时,在安庆及其周围地区,集结着曾国藩的湘军主力,而以武汉为中心的湖北防务却极为空虚。湖北,乃是湘军的战略基地,武汉更是全局根本。太平军的这一行动,避敌主力,打其虚弱,攻其必救,既可解安庆之围,又能歼灭湘军主力,让曾国藩胆战心惊。

曾国藩立即采取应变之策,决意不撤皖围之兵以援鄂,反而督军猛攻安庆,把旋转乾坤的赌注全押在安庆围点打援之上。南路西征太平军路经皖南时,攻占了宁国、徽州等地,并"环绕祁门作大围包抄之势"。祁门之地,山峦起伏,此时的曾国藩坐困其中,犹如困兽。他每日都处于"惊涛骇浪之中",局势万分危急。

这时的曾国藩,除了遭受太平军的环攻外,还面临着北上"勤王"和祁门内讧两个棘手问题。1856年,英法联军发动侵华战争,即第二次鸦片战争。

1860年9月,英法联军攻占天津,直逼北京城下。咸丰皇帝在逃往热河途中,命孤驻祁门的曾国藩派湘军精锐鲍超部北上救援。曾国藩接到命令后,陷入了左右为难的困境。夜晚,曾国藩的营帐中,灯火摇曳。他来回踱步,举棋不定。北上"勤王"责无旁贷,但他又想留下鲍超所部对抗太平军;如不北上护主,将被责为天下罪人。而此时,正值徽州失守、祁门危急之时。曾国藩急得几个晚上不能入眠,于是令下属每人提一种方案。结果,几乎所有人都主张北上"勤王",唯有李鸿章力排众议,不同意调兵北上。

李鸿章认为,英法联军已在北京城下,破城而入只是朝夕之事,调兵北上保卫京城已毫无意义。而且,英法联军侵略最终将"金帛议和"了事,危及大清社稷的不是英法联军,而是造反的太平军。李鸿章的眼光确实非寻常人可比,他比清政府更早看出这一点。他进一步论述湘军镇压太平军是关系"天下安危"之事,对北上驰援应"按兵请旨",静观局势变化。经过仔细权衡,曾国藩认为李说的确有道理,

于是采用此议。他上疏朝廷表示愿意北上，但提出鲍超人生地不熟"断不能至"，所以请朝廷在胡林翼和自己之间"酌派一人进京护卫根本"，其实是在拖延时间。果然，不久就接到"和议"已成，不必北援的命令。此事使曾国藩对李鸿章更加器重。

李鸿章对曾国藩虽以师相待，但他毕竟是极有主见之人，经常因固执己见而与曾国藩时有冲突。

1860年，曾国藩升任两江总督，并决定将大营迁往安徽祁门。祁门之地，地势险要，四周山峦环绕。李鸿章认为祁门地势如同"釜底"，没有进退余地，从战略上看，移营至此十分危险。在太平军的攻击下，险情不断。李鸿章等人一再要求移师他处，但曾国藩坚持己见，甚至对李鸿章等人说："诸君如胆怯，可各散去。"

不久，双方又因李元度事件矛盾再起，更加尖锐，终导致李鸿章负气出走。

李元度，字次青，是曾国藩"辛苦久从之将"。在曾国藩靖港、九江和樟树镇败绩后的艰难岁月中，曾经得到李元度的有力支持。曾国藩自称与李元度的"情谊之厚始终不渝"。李元度擅长文学而不知兵，只因曾国藩私情荐举，才升任徽宁池太广道，领兵驻防徽州。当太平军李侍贤部来攻时，李元度违反曾国藩坚壁自守的指令，出城接仗，一触即溃，徽州易手。李元度徘徊浙赣边境，经久不归，后来虽然回到祁门，但不久又私自离去。曾国藩悔恨交加，决定具疏劾之，以申军纪。曾国藩此举本来无可厚非，但文武参佐却群起反对，指责他忘恩负义。李鸿章"乃率一幕人往争"，声称"果必奏劾，门生不敢拟稿。"曾国藩说："我自属稿。"李鸿章表示："若此则门生亦将告辞，不能留侍矣。"曾国藩生气地说："听君之便。"10月25日，曾国藩在日记中写道："日内因徽州之败，深恶次青，而又见同人多不明大义，不达事理，抑郁不平，遂不能作一事。"从曾国藩手书日记原稿看，曾国藩在"而"与"又见"之间圈掉"少荃"二字，他的原意可能要写

"少荃不明大义，不达事理"。

李鸿章一怒之下愤然离开曾国藩幕府，回到南昌他哥哥家中闲住了一年之久。此事使曾国藩大为恼火，认为李鸿章不明大义，不达事理，在自己困难时借故离去，得出"此君难与共患难"之结论。此事也使李鸿章愤怒异常，他对人说自己原认为曾国藩为豪杰之士，能容纳不同意见、各种人物，"今乃知非也"。

李鸿章回到老家之后，局势恶劣，他发现自己竟然走投无路。他想去福建补缺，可他在福建的朋友沈葆桢劝他不要去，说福建政事"糜烂"。此时的大地，仿佛也笼罩在一片迷茫之中。李鸿章走后，曾、李二人并没有中断友情，仍有书信往来。胡林翼在二人之间做了很多调解的工作。曾国藩切实地感到身边少了李鸿章，犹如少了左膀右臂，不禁又想起李鸿章的种种好处来。特别是祁门果然遇到了大麻烦。身为曾、李二人好友的郭嵩焘闻知李鸿章出走，给李鸿章写信说：当今之下，能依靠个人力量崛起是非常艰难的，只有依靠可以信赖的人。你应当心胸宽阔，以功名为重，还是重新回到曾国藩身边为好。

李鸿章本来就很后悔自己的负气行为，看到好友如此劝说，不觉感叹郭嵩焘的远见卓识。在李鸿章成为显赫的大人物之后，唯有和郭嵩焘之间的友情最是真正的"君子之交"。郭嵩焘没有派系成见，独往独来，眼光深远，"能言他人所不能、所不敢、所不知之言"。一身兼具新学和旧学的两大本领，却长期背负着"独醒之累"，犹如楚大夫屈原，很难得到世人的理解和认识，是一个孤独的前行者。

此时，曾国藩也给李鸿章写信，恳切邀请他回来。1861年7月，阳光洒在大地上，李鸿章又回到曾国藩的大营，二人又开始了密切的合作。

从此以后，李鸿章忠心师事曾国藩，在老师的言传身教下，在个人修养及政治上都得到了曾国藩的着意栽培和极尽熏陶。

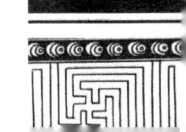

第三章 平内忧，决外患

李鸿章组建淮军

1861年，慈禧太后正在忙着稳固政权的时候，太平天国忠王李秀成率领大军进攻上海。上海是当时中国最繁华的商业城市之一，也是西方列强在中国的重要据点。上海的官绅和富商们惊恐万分，他们纷纷向清政府求援。

曾国藩的总督府内，烛火摇曳，李鸿章恭敬地站在曾国藩面前。

李鸿章微微躬身，说道："老师，如今局势变幻莫测，学生心中尚有诸多疑惑，望老师指点。"

曾国藩坐在案前，手抚胡须，眼神深邃地看着李鸿章，缓缓说道："少荃啊，如今太平军势力依旧强大，上海局势危急，朝廷急盼援兵。这，便是你我之机遇。"

李鸿章若有所思地点点头，"老师的意思是，让学生去组建一支军队，支援上海？"

曾国藩微微颔首，"不错，上海乃东南富庶之地，财税充足。若能掌控上海，于你于我，于朝廷，皆有大利。且你曾在安徽办过团练，有一定的基础，此时组建淮军，正当其时。"

李鸿章皱起眉头，"学生虽有办团练的经历，但毕竟经验尚浅，这淮军组建之事，怕是困难重重啊。"

曾国藩笑了笑，"少荃不必担忧，为师自会助你。你可在安徽招募兵勇，以庐州一带的旧有团练为基础，加以改编训练。"

李鸿章领命后，马不停蹄地赶回了安徽合肥。在合肥的一处宅院内，他召集了当地的一些士绅和旧部。

李鸿章站在堂前，神色严肃地说道："诸位，如今太平军肆虐，国家危在旦夕。我奉曾大帅之命，组建淮军，保卫家乡，报效朝廷。望诸位能助我一臂之力！"

一位士绅犹豫地说道："李大人，这组建军队可不是易事啊，兵源、军饷、武器装备，样样都需操心。"

李鸿章坚定地说道："兵源方面，庐州一带的旧有团练皆可招募。军饷之事，我自会想办法向上海方面争取。至于武器装备，日后也可逐步解决。"

另一位旧部说道："大人，这庐州团练虽有一定战力，但毕竟未经正规训练，恐难以与太平军抗衡啊。"

李鸿章摆摆手，"无妨，我会请曾大帅派些湘军教官前来，对他们进行训练。只要我们齐心协力，定能打造出一支精锐之师。"

说罢，李鸿章便开始着手招募事宜。他亲自走访各个乡镇，劝说那些有武艺、有胆识的年轻人加入淮军。

在一个小村庄里，李鸿章遇到了一个名叫张树声的年轻人。张树声身材魁梧，眼神坚毅，一看便是个练武之人。

李鸿章上前问道："年轻人，可愿加入淮军，为国家效力？"

张树声抱拳行礼，"大人，我早有此意！我愿跟随大人，杀贼报国！"

李鸿章满意地笑道："好！好！有你这样的热血青年加入，淮军定能强大起来。"

经过数月的努力，李鸿章终于招募到了一批兵勇。他将这些人带

回了安庆，进行整训。

曾国藩也如约派来了一些湘军教官，对淮军进行严格的训练。操场上，士兵们喊着响亮的口号，进行着队列训练、体能训练和武器使用训练。

李鸿章站在一旁，看着士兵们逐渐有了军人的模样，心中甚是欣慰。

一天训练结束后，李鸿章对身边的将领刘铭传说道："铭传啊，这些士兵们进步很快，假以时日，必能成为一支劲旅。"

刘铭传点头道："大人所言极是，不过我们还需加强武器装备的配备，方能在战场上与太平军抗衡。"

李鸿章皱起眉头，"这武器装备确实是个难题，我已派人去上海联系当地的富商和官员，希望他们能给予支持。"

不久后，上海方面传来消息，愿意提供一部分军饷和武器装备。李鸿章大喜过望，连忙派人去上海接收。

经过一段时间的准备，淮军终于准备出征上海。出发前，李鸿章在安庆城举行了盛大的出征仪式。

李鸿章站在高台上，对着台下的士兵们喊道："兄弟们，今日我们就要出征上海，去保卫那片繁华之地。我们要奋勇杀敌，为国家、为百姓、为我们自己，争得荣誉！"

士兵们齐声高呼："奋勇杀敌！保卫上海！"

随后，李鸿章率领着淮军，乘坐着船只，向上海进发。一路上，士兵们士气高昂，对未来充满了信心。

当船队抵达上海时，上海的官员和富商们早已在码头等候。他们看到淮军的到来，纷纷松了一口气。

一位富商上前说道："李大人，您可算来了。上海百姓盼您已久啊！"

李鸿章抱拳行礼，"诸位放心，我淮军定不辜负大家的期望。"

李鸿章来到上海后，承担起了"借师助剿"的重要任务。而曾国藩，作为李鸿章的老师和重要的指导者，在这个关键问题上，通过一封封密信，向李鸿章传递着自强自立的思想。

1862年，同治元年三月三十日，曾国藩坐在书房中，提起笔，思索片刻后，在信纸上写下了对李鸿章的谆谆教诲。

"洋人缠蟦颇难处置，尊处只宜以两言决之曰：会防上海则可，会剿他处则不可。近而嘉定、金南，远而苏、常、金陵，皆他处也，皆腹地也。词气宜和婉，意思宜朒诚，切不可露傲惰之象。"曾国藩放下笔，微微叹气，心中担忧着李鸿章与洋人的相处。

此时的李鸿章，在上海正面临着复杂的局势。他收到曾国藩的信后，认真阅读，陷入沉思。

"老师所言极是，与洋人相处，确需谨慎。"李鸿章自言自语道。

曾国藩继续在信中告诫李鸿章："阁下向与敌以下交接颇近傲慢，一居高位，则宜时时检点。与外国人相交际，尤宜和顺，不可误认简傲为风骨。风骨者，内足自立，外无所求之谓，非傲慢之谓也。"

李鸿章回想起自己以往与他人的交往，意识到自己确实需要改变态度。

"薛公各营挑两三千人随同夷兵操练、驻扎一说，亦断断不可。明知薛营为洋人所鄙弃，而以此愚弄之，可乎？阁下只认定'会防不会剿'五字，自非贼匪逼扑沪城，我与英、法可毫无交涉也。"曾国藩的话语坚定而明确，为李鸿章指明了方向。

李鸿章深知老师的用心良苦，他决定按照曾国藩的教导去做。

在接下来的三个月内，曾国藩接连写了四五封信，进一步教导李鸿章自强之道和与洋人相处之法。

"务求我之兵力足以自立，先独剿一、二处，果其严肃奋勇，不为洋人所笑，然后与洋人相亲，尚不为晚。"曾国藩在信中强调了自立的重要性。

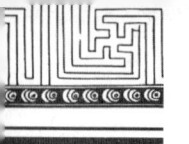

李鸿章在上海积极整顿军队，加强训练。他对部下说："我们必须让自己的兵力强大起来，做到自立自强，不能让洋人小看了我们。"

"吾军足以自立，固可使远人服……愿阁下谦怀抑抑以待洋人，并遍嘱全军勇夫，切勿自夸兵精，不稀罕洋人帮助云云。吾辈心中有一分矜气，勇夫口中便有十分嚣张，不可不察。"曾国藩提醒李鸿章要保持谦虚的态度。

李鸿章对将士们说："我们不可骄傲自满，要以谦虚的态度与洋人相处，切不可因自夸而引起不必要的麻烦。"

"与洋人交际，孔子忠敬以行蛮貊、勾践卑逊以骄吴人二义，均不可少。形迹总以疏淡为妙。我疏淡而足以自立，则彼必愈求亲昵。此一定之情态也。"曾国藩以古人的智慧教导李鸿章与洋人交往的原则。

李鸿章牢记老师的教导，在与洋人交往中，既保持着一定的距离，又不失尊重。

由于曾国藩的反复告诫，朝廷也认识到了"借师助剿"问题的复杂性。在朝堂上，大臣们议论纷纷。

"曾大人所言有理，借师收复苏、常，恐有诸多弊端。"一位大臣说道。

"是啊，应把借兵助剿限于通商口岸的上海和宁波两处。"另一位大臣附和道。

于是，朝廷打消了借师收复苏、常的念头，把借兵助剿限于通商口岸的上海和宁波两处。

李鸿章作为执行者，严格按照曾国藩的教导去做。他深知洋人的力量不可不用，但却要尽量加以限制。

在上海，李鸿章与洋人频繁接触。他面带微笑，语气和婉地与洋人交流。

"我们共同保卫上海，但在其他地方，还请各位不要插手。"李鸿章坚定地表达着自己的立场。

由于李鸿章在上海站稳了脚跟，成为太平军的真正对手，列强对他也不敢轻视。而李鸿章也得以利用洋兵的力量来达到自己的目的。

"我们要曲意笼络，俾为我用，而不是为人所用。"李鸿章对部下说道。

即使是华尔和戈登指挥的洋枪队，也在李鸿章的牢牢控制下。镇压太平军后，李鸿章果断地解散了洋枪队，把其中精锐纳入了淮军，完全解除了后顾之忧。

他以自己为出发点，利用了洋人的力量，却避免了受制于人的结局，正是曾国藩自强思想指导的结果。

与此同时，曾国藩认识到，真正实现自强，必须要学会洋人的长处，发展自我。

曾国藩再次写信给李鸿章："吾辈当思自强之道，学习洋人之长，以发展自我。"

李鸿章深受启发，他在后来的洋务运动中，积极引进西方技术，创办工厂，发展近代工业。

在那个动荡的时代，曾国藩和李鸿章师徒二人，以他们的智慧和勇气，在"借师助剿"的复杂局势中，坚守着自强自立的原则，为中国的近代化进程迈出了重要的一步。

惜才爱才，招募冯桂芬

作为领导，李鸿章深谙用人之道，他时刻都在为自己的幕府招揽人才，而当他来到上海后，更是积极地为淮军幕府网罗各方贤能之士。

在安庆的时候，李鸿章就听闻了冯桂芬在上海的消息。那封至关重要的乞师信正是出自冯桂芬之手。说起李鸿章与冯桂芬的渊源，那可要追溯到十几年前。冯桂芬，道光二十年的榜眼，曾入江苏任巡抚

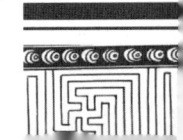

林则徐幕府，后又在翰林院与姚莹等人潜心研究经世之学。而李鸿章考中进士后也进入了翰林院，那时的他，就对冯桂芬的学识钦佩不已。

一日，阳光洒在上海的街头巷尾，李鸿章决定亲自登门拜访冯桂芬。他身着官服，带着几个随从，来到了冯桂芬的家门前。门庭虽不奢华，但却透着一股儒雅之气。

李鸿章上前敲门，不一会儿，门开了，冯桂芬看到李鸿章，满脸惊讶。"哎呀，李大人军务繁忙，今天怎么有空到我这个闲人家里来了？"冯桂芬连忙迎上前去。

李鸿章哈哈一笑，说道："景亭兄难道不欢迎吗？不是你出的主意把我从安庆诳到上海来的吗？今天我来看看十几年未见的老兄台，难道不行吗？"

冯桂芬被他说得有些尴尬，赶忙说道："岂敢岂敢，李抚军百忙之中来到寒舍，肯定是无事不登三宝殿吧？"

李鸿章收起笑容，转入正题："开玩笑了兄台，今天我是特意来拜望你的。要不是你那封写给曾帅的《公启曾协樱》，我哪能到上海来见世面呢？那封信我是拜读过多遍的啊，洋洋洒洒数千言，曾帅看了也为之动容啊。尤其是听说你还策划了哭请的法子，派钱鼎铭、华翼纶到安庆那里一番哭诉，要不曾帅怎么能这么快派我出兵上海呢？还是你高啊。"

冯桂芬听了李鸿章的夸赞，心中虽有些得意，但也觉得不好意思。"李大人过奖了，当时也是形势所迫，为了拯救家乡，不得已而为之啊。"

自从太平天国起义爆发后，冯桂芬就奉旨回乡办团练。太平军攻破江南大营，他举家逃往上海，处境一直很艰难。他虽胸有无数经世致用的报国愿望，却苦于无处施展。时常感慨自己已年过半百，却一无所成。

李鸿章看出冯桂芬的心思，加紧了攻势："兄台应该长我14岁吧，小弟我不才刚从曾帅幕府出师，在上海是初来乍到，一切还得仰仗兄台指点迷津啊。我知道冯兄一生醉心经世致用之学，兄弟我也是好学之人，还望兄台今后能不吝赐教。"

冯桂芬虽然觉得李鸿章比自己年龄小，资历浅，但毕竟此时他是领导，却能如此礼贤下士，心中确实有些感动。不过，他对李鸿章还不是很了解，所以答道："抚军大人过誉了，我冯某一介老朽，岂敢承受大人的厚爱。我虽有一些浅见，但恐怕也不一定合阁下的心意啊。"

李鸿章一看冯桂芬还有些迟疑，忙抛出定心丸："兄台过虑了，难道还真的要我三顾茅庐不成？我李某人是不讲俗套的，在我淮军幕府里面，既有文人雅士，也有先前为鸡鸣狗盗之辈，只要有真才实学，我都待若上宾。冯兄如不嫌弃，不妨先屈就几日，看看我说的可是事实。"

这时，与李鸿章同去的程学启趁势说话了："李大人所说乃发自真心，如我程某人本为一介草莽，蒙李大人不弃，才随军来到上海效力。冯大人乃经世高才，何不趁此乱世一展身手呢，还请三思啊。"

冯桂芬一看他们说得真切，也就不好再推辞了："既然李大人如此厚爱，那我冯某就却之不恭了，今后要是有用得着的地方，抚军大人尽管吩咐就是。"

冯桂芬出生于江苏吴县的名门望族，年轻时便得到林则徐的赏识。他比李鸿章大14岁，是一位名播四方、孤傲清高且才华横溢之人。他甘愿进入李鸿章的幕府，这与李鸿章礼贤下士、求贤若渴的人才战略密不可分。

冯桂芬博学多才，除了精通经史掌故之外，对天文、地理、算学、水利、农田以及河漕、军事、盐铁等问题都颇有研究。而且，他早年就接受了西方资本主义先进理念的影响，主张"采西学"、"制洋器"，以中国传统学问为根本，外国富强之术为辅助。

1863年的一天，李鸿章在书房中与冯桂芬商议事务。

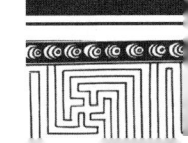

李鸿章说道:"景亭兄,如今局势变幻莫测,我们需广纳人才,学习西方之长,以振兴国家。"

冯桂芬点头赞同:"李大人所言极是,我认为可在上海筹建一所'外国语言文字学馆',培养精通外语和西方知识的人才。"

李鸿章眼睛一亮:"此计甚好,奏折就由兄台草拟吧。"

很快,奏折得到了批准,这就是后来的同文学馆、广方言馆,一所近代新式学堂诞生了。冯桂芬著有《校邠庐抗议》一书,其政治观点及洋务主张尽在其中,对洋务派产生了很大影响,后又被改良派奉为先导。

李鸿章后来的许多政治、洋务、外交思想和行动,在很大程度上都受到了冯桂芬的影响。比如他在著名的《筹议海防折》里的名言:中国正经历"数千年未有之变局",这正是《校邠庐抗议》里面的观点。

随着时间的推移,李鸿章北上镇压捻军。冯桂芬因年老多病,就没有继续帮助他了。后来有人保荐他再次出山,朝廷就此咨询李鸿章。

李鸿章在给朝廷的奏折中写道:"冯桂芬学识渊博,品德高尚,对国家忠心耿耿。虽年事已高,但仍心系天下。臣恳请朝廷重用此人。"

虽然冯桂芬始终以年老多病为由不肯赴京出仕,但是朝廷最后还是给他赏加了四品卿衔。

1870年,李鸿章在湖广总督任上又给朝廷上奏折,说冯桂芬在家讲学著书,对东南诸省影响很大,希望朝廷再赏他三品卿衔,不过被吏部驳回。这一年,李鸿章接替曾国藩出任直隶总督,成为首屈一指的总督。他再次奏请嘉赏冯桂芬,这次终于获得了批准。

隐退后的冯桂芬在上海全心主持纂修《苏州府志》,但与李鸿章的联系不断。

有一次,李鸿章为治理河道之事烦恼不已。他派人去请冯桂芬前来商议。

冯桂芬来到李鸿章的府上,仔细分析了河道的情况,说道:"大人，治理河道需综合考虑水流、地形等因素，不可盲目行动。"

李鸿章认真听取冯桂芬的建议，对治河之事有了新的思路。

1874年，冯桂芬去世。李鸿章得知消息后，深感痛惜。

他在书房中踱步，叹息道："景亭兄一生才华横溢，为国家做出了巨大贡献。如今他离世，实乃国家之损失。"

为此，李鸿章专门上疏，请求在江苏吴县老家为冯桂芬建立专祠纪念，得到了清政府的批准。

荣升江苏巡抚

1862年4月，李鸿章抵达上海后不到一个月，便受命署理江苏巡抚一职。至年底，他正式出任江苏巡抚。在李鸿章的政治生涯中，这是他首次担任地方长官。

那时的上海，繁华富庶，是各方势力交汇之地。李鸿章刚到任，作为一省的最高行政长官，按照官场规矩，地方士绅以及下级官吏纷纷前来拜贺。彼时的李鸿章正值虚龄四十岁，他的府上热闹非凡，前来祝寿的人络绎不绝，真可谓是踏破了门槛。上海的富裕使得带来的寿礼极为可观。

然而，李鸿章来到上海可不是为了享受这些荣华富贵，他怀揣着干一番事业的雄心壮志。他深知上海鱼龙混杂，要在这里站稳脚跟，必须洁身自好。倘若轻易被拉下水，那未来又能有何作为呢？他清晰地记得临行前老师曾国藩对他的叮嘱："要小心从事。"

为此，李鸿章绞尽脑汁，想出了一个办法。他命人写了两个通知，一张贴在衙门前面的照壁上，另一张贴在淮军的大营辕门外面。通知上赫然写着："本抚台今年不做寿，不收礼，不请客，不摆酒，但欢迎本地士绅人才及外国朋友前来交流时务。"对于先前已经收到的贺

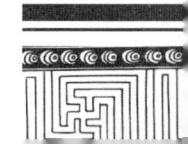

礼，李鸿章果断地派手下——原封不动地退回原主。

在巡抚衙门内，李鸿章对手下吩咐道："务必将这些贺礼全部退回，不能有丝毫差错。我们来到上海是为了办大事，不能被这些俗礼所牵绊。"

手下人虽有些犹豫，但还是遵命行事。经过这番举动，送礼攀附的风气总算被刹住了。

次年3月，李鸿章兼任南洋通商大臣。而这一切，皆得益于曾国藩的举荐。曾国藩在奏折中对李鸿章赞誉有加，称其"劲气内敛，才大心细"。

人至中年的李鸿章，此时已然手握兵权、政权与财权，成为一方封疆大吏。自此，他的仕途"一路攀升"，开启了在晚清政坛纵横四十年的政治生涯。

初到上海的李鸿章，即刻面临太平军对上海的第二次攻打。他深知，倘若失去上海，自己拥有的一切都将化为乌有。同时，他也明白有众多目光聚焦在自己身上，因而丝毫不敢懈怠。他为自己立下"不要钱、不怕死"的六字准则，时刻以此提醒和鞭策自己。由于淮军中大部分成员为农民，他们初抵上海时，上海的官员、商绅以及外国人看到这支脚穿芒鞋、以布帕包头、土气十足的队伍，皆忍不住哄笑。他们对这样一支队伍能否承担起保卫上海的重任心存疑虑。为了自己以及这支新组建队伍的未来命运，李鸿章始终对淮军严格管理，加大训练强度，整顿军中纪律。

在训练内容方面，主要包括阵法操练和扎筑营盘。淮军每日在营房四周构筑防御工事，筑起高八尺、厚一丈的墙，用土块和草袋垒在外侧，内部为实土。墙上还有四尺高的子墙，设有枪眼，士兵驻守在子墙之上。墙外挖掘壕沟，并配合设置绊马桩、梅花坑、铁蒺藜等障碍物。此外，淮军还进行严格的体能训练，例如要求士兵能跃上一丈高的房屋，越过一丈宽的壕沟抛火球达二十丈远，腿绑沙袋一天行走一百里。

在纪律整顿方面，每天中午和晚上各点名一次，严禁士兵擅自出营，且绝对不允许吸食鸦片。李鸿章还不断设法鼓舞士气，使得士兵精神状态良好，都渴望尽快开战，一试身手。

当李秀成率领十万大军对上海进行第二次围攻时，上海的英法联军多次要求淮军协同作战，但李鸿章不予理会，决意带领淮军进行独立战斗。1862年6月，上海流行瘟疫，太平军许多人染病，李秀成决定撤离上海。在撤退之前，李秀成先围攻虹桥的程学启部。李鸿章率领队伍前往救援。

这是淮军与太平军的首次交战，当时李鸿章带来了树字营、春字营等。春字营很快便抵挡不住，往桥边逃跑。李鸿章正坐在虹桥桥头督战，他一把抓住带队的张遇春，向士兵下令："拿刀来，把他的头砍了！"张遇春只得又带人往回冲。张遇春是李鸿章的旧部，也是他极为信任的人。但在大敌当前之际，李鸿章毫不留情。经过虹桥、北新泾、四江口三场战役，李鸿章率领淮军成功守住了上海，使得那些最初嘲笑淮军为"乞丐兵"的人开始对淮军另眼相看。

站稳脚跟后，李鸿章着手整顿江苏省的吏治。他罢黜了一批官员，启用了一批务实肯干、能力出众的人才，如郭嵩焘、丁日昌等人。与此同时，李鸿章开始组建自己的幕府，幕府中很快聚集了一大批各有所长的人才。其中有精通数学、天文、机器制造的科学家；有熟知会计、钱谷之事的经济学人才；有熟悉兵法、懂得机谋的军事人才等等。李鸿章用人从实际需求出发，做到人尽其才，充分调动幕僚们的积极性和能力。他还善于发现人才，上海的钱鼎铭也被他收至麾下，为淮军办理营务。这些人在李鸿章的召集下，齐心协力处理江苏的事务、淮军的事务以及李鸿章交办的事情。

李鸿章做的另一件大事，便是征集军饷。他将关税和厘金分开使用，用关税支付"常胜军"、中外会防局和镇江绿营的费用，用厘金

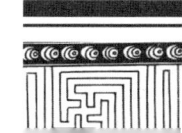

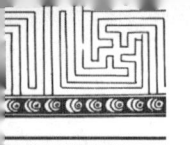

承担湘军和淮军的军费。当时上海的厘金收取额度为全国最高。厘金的税额按照商品价格的百分比收取，值百抽一，即百分之一为一厘。李鸿章认为，从商人手中多收钱，胜过从农民身上征税。厘金的用途是"取之于民用之于民"，比从民间收税更为便捷。在李鸿章的多方筹措下，大量厘金流入湘军和淮军的银库。然而，曾国藩仍不满足，期望李鸿章能筹集更多军饷。李鸿章对曾国藩的推举一直心怀感激，所以对于曾国藩交办的事情尽心尽力去做，并未因自己得势而背离曾国藩。相反，他比当幕僚时更加服从曾国藩，体现了其顾全大局的一贯作风。在上海半年，李鸿章就为曾国藩筹集到军饷九万两。此外，他还送给曾氏兄弟大批武器，支持他们的军需装备。

当时，江苏的吏治极为败坏，以前江苏布政使王有龄堪称罪魁祸首。王有龄提拔的几个官员，如苏松太道吴煦、苏州知府吴云、苏松粮道杨坊等皆是贪污腐化之人。经过一番深入调查后，李鸿章开始采取行动。他让吴煦管理关税，以前由吴煦管理的厘金改由幕僚薛书常管理。接着要求吴煦做出明确账目并定期汇报，吴煦只好制作假账，企图蒙混过关。

有一天，李鸿章饮酒后，来到吴煦家中。对吴煦说："有人说你账目不清，现在总理衙门正要查你呢。你跟我说实话，你的账目有没有问题？如果你真有问题，那我想办法帮你找人疏通一下。"吴煦见李鸿章喝多了，心中毫无怀疑，便拿出账本交给李鸿章，说："你看看吧。"李鸿章看了一会儿说："我今天喝酒喝得头疼，看不清楚。我回去好好帮你看看账面怎么样？"吴煦就这样将自己的罪证交给了李鸿章。李鸿章回去后，立刻找了几个精通会计的幕僚仔细审核，发现了账目中的诸多问题。第二天，李鸿章轻而易举地处置了吴煦，改派黄芳和刘郇膏掌管海关和布政使司。刘郇膏以前在上海当县令时声誉良好，被百姓称为"刘青天"。他还是李鸿章的同年，李鸿章对他比较了解。杨坊看到李鸿章处置了吴煦，吓得主动辞去了苏松粮道的职务。李鸿章将这个职务交给了自己的老同学郭嵩焘。

虽然李鸿章任用一些被他称为"君子"的人管理财政机构，但出于策略需要，他也任用了像金鸿保这样声名狼藉的人物为他做事，因为金鸿保与地方上的各种要人都有广泛联系。李鸿章需要借助这些关系来维持和壮大自己在江苏地区的势力。此时，作为地方行政最高长官，李鸿章注意到一个问题，即地方经济建设问题。由于连年战争，百姓生活困苦，还有大量无家可归的流民。李鸿章首先在战后地区恢复农业经济，减免田赋，还给农民发放耕牛和种子，给饥民发放米钱。在未直接受战争影响的地区，向地主官绅征收新税，用这些税金补贴农业费用开支。

李鸿章还向朝廷提出举措，指出大户和小户之间的税率差别必须改正，建议取消对大户的一些优惠政策。李鸿章在财政管理上一直倾向于从商人、地主、豪绅手中获取钱财。他的这些措施在一定程度上减轻了当地百姓的负担，使人民生活状况有所改善。然而，在整个经济建设过程中，仍存在许多问题。例如大户抗税，一些贪官污吏趁机横征暴敛，还有许多无法得到保障的百姓依旧生活在颠沛流离之中。

李鸿章还让科举制度重新焕发生机，他增加上海及临近地区的乡试名额，并在苏州设立新科。他还在苏州重建了两个书院。1861年之后，忙于政事军务的李鸿章已很少写诗，也放弃了收藏书法作品的爱好，而是将更多精力投入到实际工作中，投入到那些似乎永远也处理不完的事情上。在后来的洋务运动时期，李鸿章在给朝廷的一封信中说了这样几句话：中国的士大夫每天沉醉于文章的词句和练习写小楷字，而武将多半是粗俗愚蠢之人。由此可见，在这个时期，李鸿章已经看出：一个永远把精力放在练习写小楷字上的民族是不可能强大起来的。

苏州杀降并解散"常胜军"

安庆城中，李鸿章早早便接触到了外国人的洋枪洋炮，还有那威力惊人的远洋战舰与船队。当他来到上海，更是惊讶地发现，堂堂大清的上海防卫力量，竟是由英国人、印度人、法国人组成的一支三千人的洋人军队。这支军队由上海的商人和绅士出资供养，是外国雇佣军。1860年正式组建，由美国浪人华尔担任指挥。1862年，被清政府命名为"常胜军"。这个华尔，后来还娶了杨坊的女儿，加入了中国国籍。

上海的街头，人来人往，热闹非凡。李鸿章站在一处高地，望着那支装备精良的"常胜军"，眼神中满是惊叹。他心中暗自思忖：这些硬邦邦、冷冰冰的"利器"，竟有如此神奇的力量。

"常胜军"的武器皆是西式的来复枪和榴弹炮。李鸿章看着这些先进的武器，不禁心生向往。为了更深入地了解这些"利器"，他甚至化妆成普通百姓，悄悄登上了上海的外国军舰。站在军舰的甲板上，李鸿章望着那一排排整齐的大炮，心中感慨万千。他在文章中写道："我观察我们中华民族和外国人的种种，包括历史、制度和文字等等方面，外国人唯一比我们强的就是他们先进的武器装备。如果我们中国人将来也有自己的先进武器，那我们就再也不用害怕外国人了。"

阳光洒在上海的城墙上，古老的城墙仿佛在诉说着过去的辉煌与沧桑。由华尔所率领的"常胜军"连连挫败雄风依旧的太平军，这一事实让李鸿章深深地感受到了洋枪洋炮的巨大威慑力，同时也生出了空前的危机感。

李鸿章对着身边的幕僚说道："如今，大清的大患是太平军，但将来更长久的大患必是洋人无疑。所以我们的军队不能依靠洋人，一定要'自强'，而最初的自强之道，就是所谓'讲求洋器'。"

当李鸿章着手以"洋器"装备淮军时，遭到了曾国藩的反对。曾国藩一向认为，用兵在人不在器，而且对洋枪洋炮的作用是否有李鸿章说的那么厉害表示怀疑。李鸿章不便强烈回驳自己的恩师和统帅，只得在回信中委婉地说道："恩师，学生只是想学习洋人的一点儿'密法'，希望能增强淮军的战斗力。"

1862年5月，在给曾国藩的信中，李鸿章谈到世界历史时说："以前俄罗斯和日本因为不知道大炮的厉害，所以国力日益衰退，自从他们从英法学到武器的制造术后，便逐渐能和英法比高下。"除此之外，李鸿章日益感到淮军势单力薄。他看着窗外的繁华街市，心中忧虑重重。"从老家招兵实在不方便，所以除了在当地招募一些新兵之外，把淮军主要来源放在改良以前的防军上吧。还可以收编一批太平军的人马，用以扩大和充实淮军力量。"而且，收编的降军力量远远超过改编的防军。这是李鸿章有意采取的"以毒攻毒"之策。

此时的上海港口，船只来来往往，海风吹拂着人们的脸庞。李鸿章开始组建自己的水师。最早的淮军水师起建于安庆时期，那时候有五只大船。到达上海之后，李鸿章改编了上海旧的水师防军和苏嘉地区的部分船队，还有其他一些零散的力量。他还统率着淮阳水师和太湖水师。就这样，李鸿章的淮军达到了水军4万人，陆军7万人的规模。

最初，李鸿章训练淮军，基本上也是按照以前训练湘军的办法，特别是每天要带领士兵唱"爱民歌"，这都是曾国藩的创意。湘军虽然拥有洋枪洋炮，但是很少使用。李鸿章则请洋军官进入淮军大营，帮助实际操练，让士兵学习洋枪洋炮的使用方法。

在淮军的训练场上，阳光炽热，士兵们汗流浃背。李鸿章对着士兵们大声说道："从今日起，你们要好好跟洋军官学习，掌握洋枪洋炮的使用方法，增强我们淮军的战斗力！"

从此以后，淮军这支湘军中最早的分支部队，开始和湘军有了诸多的差别。李鸿章就率领着这样一支队伍，开始了对太平军更猛烈的

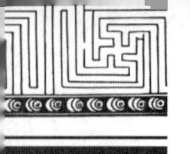

进攻和更疯狂的剿杀。

1862年9月，"常胜军"的第一任头目华尔在与太平军的战斗中被打死，于是谁来继任这个问题便摆在了众人面前。英国侵华海军司令何伯向李鸿章推荐了华尔的副手美国人白齐文。

当时的上海，空气中弥漫着紧张的气氛。李鸿章在自己的书房中来回踱步，思考着如何应对这个局面。他决定多方周旋，提出条件，明确"常胜军"属于中国的军队，必须由他统一调遣。

不久后，李鸿章派遣白齐文去援助南京的湘军，然而白齐文却不听从命令。他埋怨杨坊催促他启程，竟然以索要军饷为名跑到杨坊家，抢走了洋银四万两，还痛打了杨坊一顿。李鸿章觉得这是个整顿"常胜军"的好机会。

他将白齐文革职，并裁军1500人，还设立了两名头目，一位是中国人，一位是外国人。就这样，戈登成为了新的"常胜军"首领。

从1863年初到1864年5月，战场上硝烟弥漫，战火纷飞。李鸿章率领淮军一路收复昆山、常熟、苏州、常州，向世人显示了这支军队的作战能力。在此期间，"常胜军"也协同淮军一起作战，但都是遵从李鸿章的部署。

1863年11月，苏州城外，寒风凛冽。李鸿章亲自率军攻打苏州，与忠王李秀成部抗衡，双方相峙不下。此时，太平军内部一些动摇分子产生叛降之念。当戈登率领的"常胜军"攻城陷入埋伏之后，太平军将领纳王郜永宽等为了赢得叛降的资本，故按兵不动，放了戈登一马。否则，戈登必然全军覆没。李秀成见力敌无望而率军撤退，把守城的任务交给了慕王谭绍光。

淮军副将郑国魁找到程学启，急切地说道："我与郜永宽是结拜兄弟，如今这局势，我想劝他投降。"在程学启的鼓动下，郑国魁对郜永宽做了许多劝降工作。

一天深夜，苏州附近的湖上，雾气弥漫。郜永宽等人秘密和程学启签下协议，由戈登作证，商议投诚事宜。

李鸿章得知消息后，一面安抚戈登，让他在北门外待命；另一方面假意接受郜永宽等人的投诚。李鸿章对着身边的谋士说道："郜永宽等人要以杀死坚决守城的谭绍光为条件，自己仍然率旧部留守苏州。当时太平军在苏州城内约有10万余人，他们答应让出苏州城的一半给清军，而自己的部队不能被拆散，要保持完整建制编入淮军。这可如何是好？"程学启献计道："大人，他们几人今天能降我，明天也可能降他人。如果他们投降之后再反叛，我们岂不是自讨苦吃？如果不允许他们自带旧部，那么苏州城仍然不可得。依我之见，不如将降将杀掉。"

李鸿章沉思片刻，说道："就依你之计。"

于是，在苏州城外威武的座船上，大摆鸿门宴，乘机将投诚的太平军八大降王一并杀掉了。

然而，"苏州杀降"一事，另李鸿章与戈登的关系急转直下。

事情是这样的：在戈登和郜永宽等人私下达成交易后，戈登自认为有功，便要求李鸿章给"常胜军"发两个月的恩饷，还威胁李鸿章说如果不给，他就辞职。李鸿章回应道："此事我会考虑。"

随后，戈登去看望苏州城中的郜永宽等人。郜永宽表示对戈登的安排很满意。后来，当戈登听说李鸿章只答应给一个月的恩饷时，他一气之下开船准备离开。

苏州城的城门处，阳光有些刺眼。戈登刚刚走出城门，就听到一阵枪声，他心中十分疑惑。有人跑来告诉他："李鸿章不允许郜永宽他们保留旧部，正在派人鸣枪示威呢。"戈登感觉情况不妙，于是派人去抓李鸿章。可他不但没抓到李鸿章，自己反而被淮军扣留了。

第二天早晨，戈登得知郜永宽等人已被李鸿章杀掉！他怒不可遏，心想：李鸿章不但不给恩饷，还在郜永宽等人的事情上把我玩弄于股掌之间，大英帝国军官的颜面何存？他气急败坏地拿着一只手

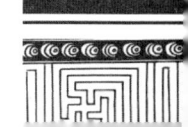

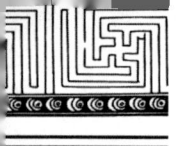

枪，在城中四处寻找李鸿章，叫嚷着要杀了他。

之后，戈登提出要李鸿章辞职，把李鸿章交由北京政府审判，否则，他就要率领"常胜军"把淮军已经收回的地方再夺回来，交给太平军。

李鸿章派出"常胜军"的军医，也就是后来帮助李鸿章兴办洋务的马格里出面调解。英国也派人做李鸿章的工作，要求李鸿章给戈登写道歉书，但被李鸿章拒绝了。后来李鸿章拨给"常胜军"7万两军饷，又派出朝廷新任命的海关总税务司英国人赫德前去调停。赫德的前任、英国人李泰国因为和李鸿章作对，没有落得好下场。戈登听了赫德的话，想想自己离开"常胜军"之后也没有更好的去处。于是，他又回到了"常胜军"。

此后，戈登和李鸿章的关系一直还不错。有一次，戈登在和别人聊天时夸赞李鸿章说："李鸿章是个有头脑的军事家。"1863年，淮军攻打常州。常州将领吸取苏州的教训，拼死守城，不肯投降。

李鸿章找到戈登，诚恳地说："戈登将军，此次攻打常州，还望你能协助我军。"戈登答应了。他用大炮轰开了城门，协助淮军收复了常州。

由于戈登事先没有征求英国官方的同意，英国感到难以控制"常胜军"，英国驻军司令伯郎向英国政府提出解散"常胜军"。

"常胜军"本就是中国人的雇佣军，英国政府没有权利解散。英国政府要求在"常胜军"中服役的英国现役军官全部离开"常胜军"，并撤销戈登的假期和一些特权。戈登十分不满，他找到李鸿章说："现役军官都退出'常胜军'，与其这样，还不如把'常胜军'解散，但是需要遣散费16万元。"

李鸿章早就有解散"常胜军"的想法，只是一直苦于没有机会。他觉得时机已到，马上表示同意。

驻上海的英国总领事巴夏礼提出解散"常胜军"需要他和英国驻

华公使协同办理，赫德也提出"常胜军"不可解散。戈登又开始犹豫不决。

李鸿章派出丁日昌去劝告戈登。丁日昌对戈登说："戈登将军，你要吸取白齐文被解职的教训啊。如今'常胜军'声名不好，你留在这里对你的名誉也有影响，你得为自己考虑考虑。"

李鸿章迅速筹集了遣散费19万两（超出3万两），全部交给戈登。只留下炮兵600人和洋枪队300人，外国教官11人，其余全部解散。戈登拿着钱，还得了清政府颁发的提督荣誉军衔，风风光光地回英国去了。

事后，曾国藩不由得赞叹道："李鸿章居然能够驾驭外国人，实在厉害。"

"天京让功"与剿捻主帅

湘军对天京的进攻持续了很长时间，却一直没有取得显著成果。清廷看到淮军在作战方面表现出色，于是下令淮军前去协助。当时统领湘军攻打天京的大将，正是曾国藩的弟弟曾国荃。说起曾国荃，他与李鸿章之间存在一些小矛盾。

在李鸿章刚刚投靠曾国藩的时候，曾国藩安排李鸿章到曾国荃那里处理营务事宜。为了表达对这位老师的弟弟的敬重，李鸿章特地拿出一把纸扇，请求曾国荃题字留作纪念。曾国荃竟然得意洋洋地写下了"门多将相文中子，身系安危郭令公"这十个字，而且字迹歪歪扭扭，很不美观。

李鸿章看到后，心里十分不屑，暗自想道：你只是一个秀才而已，竟然敢把自己比作郭子仪，实在是太狂妄了。没过几天，李鸿章就离开了曾国荃那里。

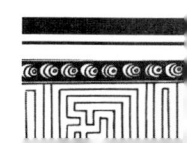

李鸿章来到上海后，曾国荃屡次向他催促粮饷，让李鸿章不胜其烦。再加上在几次调用人才的事情上，他与曾国藩兄弟意见不合，双方闹得很不愉快。有这些事儿压在心头，可把向来好大喜功的曾国荃急坏了。一方面，他担心李鸿章来攻天京，会与自己抢功，这是他绝不能允许的；另一方面，他也清楚如今淮军的实力今非昔比，可能很快就能收复天京。如此一来，自己这两年多的苦战不就白费了吗？殊不知，此时的李鸿章并不想因此得罪曾氏兄弟。

　　苏州城内，繁华依旧，却暗藏着紧张的气氛。李鸿章站在窗前，望着窗外的街景，眉头紧锁。他对身边的幕僚说道："如今这局势，我若去攻天京，必然会与曾国荃起冲突。我不想为了一时之功，破坏与曾氏兄弟的关系。"于是，李鸿章装起病来，在苏州、常州按兵不动，还写信催促曾国荃快点行动，并声称自己准备掉头南下去攻打浙江。结果这又惹恼了闽浙总督左宗棠。左宗棠认为李鸿章是有意越境抢功，左、李两人之间的矛盾由此而生。

　　李鸿章实在扛不住清廷的再三催促，便写信给清廷报告自己的攻城日期，然后告知曾国藩让他们早些行动，自己则继续观望。李鸿章手下的将领不明他的心思，个个摩拳擦掌，准备大干一场。大将刘铭传找到李鸿章，急切地说："大帅，我们淮军的大炮只要一开，不到三五天就一定能将天京拿下！"

　　1864年7月19日，就在李鸿章出兵的前一天，曾国荃部用地道埋炸药，轰塌了城墙，一举攻克天京。曾国荃终于拿到了梦寐以求的"首功"。天京城内，硝烟尚未散尽，曾国藩拉着李鸿章的手，感慨地说："我弟弟的面子，是靠你给保住的，我们得谢谢你。"由此可见，李鸿章做事很有原则，他不愿为争夺眼前的小利益而破坏既有的秩序或关系，这也彰显了他的高瞻远瞩和大将气度。就这样，曾经轰轰烈烈的太平天国农民运动终于被清政府镇压。然而，"内患"却远未消除。南方的太平军余部、北方的捻军以及西北的少数民族起义仍在继续活动着。

湘军攻克天京后，加官进爵的曾国藩却坐立不安。他精于权术，深谙官场之道。此时的曾国藩身为两江总督，督办江苏、浙江、安徽、江西四省军务，他统率的湘军已达30多万，亲自指挥的湘军就有12万人。此外，他还控制着四个省的厘金和粮饷。如此巨大的权势集中在他一人身上，岂能不让清廷猜忌？"功高震主"这四个字不时地敲击着曾国藩的心。他不由地琢磨起后路来。

南京的街头，行人匆匆。曾国藩在书房中来回踱步，心中忧虑重重。他对身边的亲信说道："如今这局势，我必须主动裁撤湘军，以保住清廷对我的信任。同时，保留李鸿章的淮军，作为我与清廷之间平衡的砝码。"于是，曾国藩把手中的12万人分给了左宗棠、沈葆桢二人，对于朝廷最为担心的曾国藩的嫡系部队（即胞弟曾国荃所部），曾国藩也进行了大批裁撤，并安排曾国荃以生病为借口回老家调养。

1865年5月，清政府的"剿捻"统帅僧格林沁在山东菏泽全军覆没。僧格林沁死在一个十几岁的童子兵张皮梗手下，场面煞是惊人。清政府马上任命当时为两江总督的曾国藩为钦差大臣北上督师，让李鸿章以江苏巡抚署理两江总督。这意味着李鸿章即将掌握两江的军权和政权。李鸿章在各方面给予曾国藩的剿捻活动以支持。

淮军的军营中，气氛热烈。李鸿章对部下们说道："在'剿捻'的大计面前，湘军和淮军必须团结一致。我们要在兵力和粮饷上全力支持曾大帅。"首先是在兵力上，湘军已被裁撤得差不多了，李鸿章调给曾国藩33个营的淮军。他又派出10个营的精锐部队航海前往天津，然后转战到景州、德州。在粮饷上，李鸿章也给予曾国藩很多支援。

然而，曾国藩在指挥淮军时却很不灵光，因为淮军只听从李鸿章的调遣，这一点他早有预料。曾国藩心中即使有怨恨和牢骚，也只能徒自兴叹。他此刻最大的感叹，就是湘军的盛况已去……曾国藩剿捻并不尽如人意，1866年9月，捻军大破开封附近湘军战线。曾国藩得

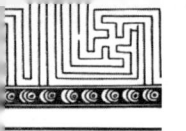

知后，十分忧虑，一下子病倒了。曾国藩给朝廷写了请罪书，还把李鸿章叫到身边帮忙。可是，清廷却发来了圣旨，让曾国藩返回两江总督任内，令李鸿章为新的钦差大臣，接替剿捻重任。曾国藩脸都气紫了，心中满是失落。他为了平衡心态，一再要求留下来维持军心，可清廷却让他赶快回到两江去。

曾国藩的营帐中，气氛沉闷。李鸿章派人来取大印，曾国藩本就生着病，看到此景格外感伤和落寞。他无奈地说："这么快就拿走了？我还以为得办个交接仪式呢！"李鸿章接任后，得意忘形，根本没把捻军放在眼里。不久，他就尝到了接连四次溃败的苦滋味。这四次分别在罗家集、倒树湾、尹隆河、六神港。

捻军和太平军不同，他们人数较少，没有根据地，作战灵活，采取游击战术。而湘淮军则人数众多，调动起来很困难，经常被捻军牵着鼻子走，疲于奔命。与李鸿章交手的东捻军将领赖文光足智多谋，任化邦骁勇善战，二人配合默契。淮军各营统率又各自为政，争功心切，互不相帮。所以，李鸿章吃了不少苦头。

战场上，硝烟弥漫。李鸿章看着混乱的战局，眉头紧锁。他对身边的将领说道："我们必须吸取教训，重新改组队伍。"于是，他把淮军改编成四支精锐部队，即铭、武毅、鼎、勋四个营。此外，李鸿章还增加骑兵的力量，严加训练。

为了尽快训练骑兵，刘铭传采取了一个办法。在淮军的大营门口，阳光洒在地上，一个金元宝被吊在那里，旁边点着一炷香。刘铭传大声下令："在一炷香的时间里绕着营盘骑马跑三圈，谁第一个到达就给谁这块金子。"这个办法十分有效，骑兵们奋勇操练。三个月之后，跑的最快的兵士，已经能在一炷香的时间里，绕着十四个营盘跑三圈了。

在对付捻军的战略上，李鸿章采取了"倒守河运"的方法。他站在地图前，指着运河说道："捻军已经在1867年的夏天突破运河防线，进入山东。我们要守住运河西线，不让捻军回师。"决心已定，李鸿章不顾山东巡抚丁宝桢的不满，把大营搬到济宁。这样，山东就成为主战场。他还采用了"进扼胶莱"的方针。胶莱河位于山东半岛中部，是元朝时候的一条运河，用于沟通东海和渤海。当时捻军已经进入登州和莱州。李鸿章命淮军各部分守胶莱河。

捻军识破李鸿章的意图，多次反扑胶莱河各处。8月，突破东军王心安部防线。李鸿章别无他法，继续死守运河防线。可是，运河防线却一再被攻破。曾国藩对他这招儿失去了信心，劝李鸿章另想办法。李鸿章却不为所动，坚定地说："我相信，坚持到底一定会胜利。"后来，捻军多次想过运河而不成，只好改去鲁南、苏北一带游击。刘铭传买通任化邦手下的一个小头目开枪射死了任，于是捻军大乱。最后，赖文光也英勇就义。

淮军成功地剿灭了东捻军，可是李鸿章和淮军将领并没有得到多大的赏赐。李鸿章只加授一等骑督尉世职，刘铭传只加授三等轻车督尉世职。显然，朝廷有意压制日益壮大的淮军。淮军内部开始怨声载道，刘铭传、郭松林、潘鼎新要求放三个月假回家，刘秉璋和李昭庆要求不再带兵改当文官。有时候，这些将领喝酒之后就找李鸿章吵架，尤其是刘铭传，大骂李鸿章无能，不能为部下讨取赏赐和利禄。

在济宁的李鸿章，每日被内部矛盾困扰，淮军面临着有史以来最大的危机。此前，西捻军采用围魏救赵的策略攻打河北，希望解救东捻军的危急。他们冲破壶口河防，进入冀南，再经顺德、保定、易州，直逼北京附近的房山县。但是，他们还是晚来一步，这时的东捻军已经全军覆灭。然而，京师附近没有兵力，防务空虚。捻军北上，顿时让清廷上下一片惊骇。于是，朝廷连下五道诏令，要求李鸿章速来京城保驾。可是，淮军将领们谁也不肯带兵北上。

夜晚的济宁城，宁静中透着一丝紧张。李鸿章在房间里来回踱步，冥思苦想难以入眠。忽然听见外面吵闹喧哗。原来一些淮军将领

正在吵吵要带兵北上，拿下京师，造清廷的反。李鸿章听到这里，赶紧跑出来劝他们不能有这种造反的想法，可是没有人理会他。李鸿章十分苦恼，朝廷本来对自己不满，如果淮军再闹下去，真不知该如何收场。

即将离营的刘秉璋悄悄对李鸿章说："现在大家都不听你的，你找潘鼎新想想办法。潘鼎新是个读书人，深明大义，又是您的学生，你如果做通了他的工作，其他人就好办了。"刘秉璋又去找潘鼎新说："我们是多年的好朋友，你又是老师的学生，如果老师真的被你们闹的倒台了，对你们有什么好呢？你们还有什么前途可言呢？"

第二天，李鸿章找到潘鼎新说："你知道我被处罚了吗？"潘鼎新说知道了。李鸿章说："你不为我的前途担忧吗？"潘鼎新说："这有什么好担忧的，只要以后再立功劳，朝廷还会给你加官进爵的。"李鸿章说："那你就赶快带兵北上护驾，帮我将功补过吧！"潘鼎新带着人马先走了，于是，其他的人也纷纷跟着北上了。只有刘铭传请了三个月的假回到家里。李鸿章费了一番周折终于将内部矛盾解决。接下来又面临着剿灭西捻军的任务。李鸿章依旧主张重视河防，可是自比"当今诸葛"的左宗棠，却一意主张全力追剿捻军，二人就此争执不下。

李鸿章写信给曾国藩说："这个当今的诸葛亮，总是跟着诸多将领后面寻贼。"这时，朝廷派来恭亲王督阵，要求他们一个月内必须破贼。一个月之后，张宗禹率捻军一路攻到天津南郊。李鸿章、左宗棠二人由于作战不力，都遭降职两级处罚。经过这次的教训，李鸿章和左宗棠终于达成一致的战略主张，即河防和追剿并重。可是，前方缺少力敌的主将。

当时，刘铭传由于常年的骑马，得了一种病叫"跨马痈"，大腿上长了毒疮。经医治后，虽然病愈，但身体十分虚弱，加上没有得到应有的奖赏，心中总是不平，所以当其他将领都带兵北上的时候，只有他告病在家休息。曾国藩得知情况之后，派人前去慰问，并捎去一封信劝说他："你和李鸿章是人间难遇的知己，你应当早日奔赴前线，帮助他建立这个历史功勋，你自己也会名垂青史。"刘铭传看完信后，大为震动，马上奔赴前线，率部杀敌。

在剿捻结束之后，刘铭传被授予一等男爵，这正应了曾国藩的预见。1868年8月16日，淮军把张宗禹围困在山西茌平县南镇。张宗禹带着亲兵8名来到徒骇河边，他脱下衣服，跳入水中。

追来的刘铭传部士兵看见地上的衣服，轻信张宗禹的亲兵之言，认定他已经淹死。李鸿章上奏朝廷称张宗禹已死。左宗棠却认为，张宗禹生不见人，死不见尸，怀疑李鸿章撒谎向朝廷骗功，派人到处搜索。

李鸿章知道后，特别气愤，觉得左宗棠此举是嫉妒，于是两人之间的矛盾进一步激化。

重理"天津教案"

剿捻结束后，李鸿章敏锐地察觉到清廷对自己心存猜忌。于是，他效仿曾国藩，着手裁撤淮军。为保留淮军精锐，李鸿章向新上任的两江总督马新贻求助，期望在军饷方面能得到支持。要知道，湘军和淮军的军饷一直主要来自两江地区。马新贻倒也干脆，不顾可能得罪李鸿章与曾国藩，爽快地应下了李鸿章的要求。李鸿章还把湖广的厘金和关税的百分之四十用作军饷，如此一来，淮军的军饷比以往大幅增加。

在湖广的日子里，清廷给李鸿章安排了不少杂事。一会儿让他去四川，一会儿又派他到贵州，还命他协助左宗棠去陕西镇压回民起义。李鸿章对左宗棠实在没什么好感，压根不想与他合作。他写信给曾国藩抱怨道："与左宗棠共事，那滋味真是如同嚼蜡，难受得很。"

于是，李鸿章找各种理由拖延前往陕西的时间。就这样，一直拖到接受命令四个月后，他才抵达西安。此时已是1870年7月。

1870年6月21日，震惊中外的"天津教案"爆发了。这起事件的起因是这样的：在此前后，法国天主教育婴堂有三十多个婴儿因传染病去世。老百姓纷纷传言，说是教会的人雇人用迷药拐骗儿童，然后将孩子弄死，挖出心肝做药。就在这一天，天津的群众抓住了一个拐骗儿童的人贩子武兰珍。武兰珍交代，卖给他迷药的是一个叫王三的教徒。民众顿时群情激愤，一窝蜂地跑到教堂要人，可教堂里根本没有王三这个人。法国驻天津领事丰大业得知后气势汹汹地要求崇厚（当时的三口通商大臣）镇压，崇厚没有答应。丰大业气急败坏，朝着崇厚连开两枪，好在崇厚机灵地躲开了。后来，丰大业又遇见前来劝和的天津知县刘杰，竟又向刘杰开枪，打伤了刘杰的助手。群众见丰大业如此蛮横，一怒之下冲上去打死了丰大业和他的秘书。接着，众人冲进教堂，打死了20名洋人和传教士，还放火烧毁了法国教堂望海楼以及育婴堂、法国仁慈堂、美国布道堂、英国讲经堂等多处建筑。

事后，法国联合美、英、俄、德等多国向清政府提出抗议，各国军舰纷纷聚集在天津和烟台，进行武力恐吓。在剿捻成功后，清廷一方面忌惮曾国藩军功赫赫，怕他在地方坐大；另一方面又想打压他的势力，于是采用剥夺兵权、明升暗降的手段，将曾国藩调到中枢，任命他为直隶总督兼北洋大臣。

"天津教案"一发生，朝廷立刻派曾国藩前去处理。

曾国藩深知此事涉及洋人，干系重大。出发前，他甚至给儿子写好了遗书，还买了一口楠木棺材，大有以死赴任的架势。回顾曾国藩这一生，自杀过多次，也写过不少遗书。或许，这正是他内心深处强烈悲观主义色彩的体现。

在处理天津教案的过程中，曾国藩迫于洋人的压力，先后逮捕了80多人，其中20人被定为死罪，25人被流放。还把天津知县刘杰、知府张光藻革职充军。一时间，舆论哗然，众人纷纷指责曾国藩"卖国求荣""为洋人献媚"。曾国藩面对内外压力，实在支撑不住，便请求朝廷另请高明。

实际上，自天津教案发生后，李鸿章一直在观望曾国藩的处理方式。说实话，他对曾国藩的做法也不太满意。就在这个时候，李鸿章突然接到诏令，让他火速带兵到京畿一带备战，并任命他为直隶总督，接替曾国藩。李鸿章迅速渡过黄河，到达直隶边境，但他并不急于前往天津接任。他给清廷写信说："淮军只能在直隶边境驻扎，若离北京、天津太近，容易引起列强疑心，引发战争。"到了保定后，他又给曾国藩写信说："我的肝病复发了，需要调养一段时间。"李鸿章把自己置于可进可退的位置，根本不去理会曾国藩的烦恼。此时的李鸿章，在官场上使用的手段谋略远超自己的老师。这也应验了曾国藩当年对李鸿章的评价。想当年，提及对李鸿章未来的展望时，曾国藩曾对李瀚章说过"青出于蓝而胜于蓝"的话。

李鸿章在奏折中明确指出：

其一，教堂拐卖儿童、挖心肝、挖眼之事并无确凿证据；

其二，崇厚平日里对外国人献媚的行为早已引起百姓不满，此次事件只是个导火索；

其三，丰大业开枪射击朝廷命官，罪不可赦；

其四，群众仅打死20个洋人。

可见中外双方都有过错。所以处理此事应本着和平解决的原则，一方面必须捉拿凶手，另一方面应当赔钱。但赔钱要有限度，绝不能以割地为要挟。李鸿章在奏折中还表示，如果我方在有理有据的情况下妥善处理后，洋人还敢无理取闹，那我们就和他们决一死战。李鸿章与外国人巧妙周旋，据理力争。通过谈判，他把死刑犯人数减少了4名。

有人提出火烧望海楼的主谋是陈国瑞，李鸿章多方努力，保住了

他。此外，协助办理教案的丁日昌，偷偷用大牢里的死刑犯换出了真正的反洋教领袖。据说，这也是李鸿章授意的。李鸿章还筹集各方捐助，再加上曾国藩拿出自己的积蓄，两人总共凑了2万两银子，送给张光藻和刘杰，算是对他们在经济上的一点补偿。

李鸿章后来给曾国藩写信说："和洋人交往，不妨稍微用点'痞子腔'，别轻易用死来逃避责任。"说起"痞子腔"，这里还有个故事呢。在接办教案前，曾国藩问李鸿章："去天津之后会经常和洋人打交道，你准备用什么方式和洋人交往呢？"李鸿章回答道："和洋人交往，我不妨就用点'痞子腔'（安徽话，也就是耍点青皮流氓的手段）。"曾国藩劝慰他说："我觉得，洋人也是人，你和洋人交往还是应该笃信一个'诚'字，以诚待人。"

从李鸿章多年和洋人交往的经历来看，他似乎并没有听从老师的话。

羽翼渐丰，首位汉族封疆大吏上任

1870年，历史的车轮在风雨中缓缓前行。这一年，注定成为李鸿章政治生涯中的重大转折点。

九月初六日，阳光洒在古老的大地上，李鸿章正式接掌直隶总督大任。直隶，在各行省中犹如一颗璀璨的明珠，却也是最为重要且问题重重之地。这里吏治不清、民政繁杂、防务棘手，诸多难题如同层层迷雾，等待着新上任的直隶总督李鸿章去一一解开。

1871年五六月间，天空仿佛被乌云笼罩。直隶迎来了嘉庆六年以来最大的一次暴雨。永定河上游，洪水如猛兽般奔腾，八处漫口让人胆战心惊。卢沟桥下的石堤，在洪水的冲击下支离破碎。夏季来临，整个直隶变成一片泽国，唯有少数高地还残留着一丝希望。

李鸿章望着这满目疮痍的景象，眉头紧锁。他急忙奏请朝廷，得以截用漕粮10万石赈灾。同时，又在江浙各地紧急购买2万石米粮作为补充。然而，命运似乎并未眷顾这片土地。七八月之交，一场持续了36昼夜的大雨倾盆而下，高地的那点收成也化为乌有。李鸿章疲惫不堪，他先从直隶藩库拨银30万两，同时借出兵饷30万两，再预截京饷5万两救急。在给过去的幕僚丁日昌的信中，他无奈地写道："冬春患咳，入夏稍愈，精力大不如前，时赖药饵滋补。"从此，李鸿章开始格外注重保养自己的身体。

九月二十一日，李鸿章坐在书房中，提起笔给曾国藩写信。他写道："现届立冬，水退仅二三尺，平原尚有数尺，须来春解冻后可渐涸复。饥黎满目，生计毫无，殊深悚具！唯督饬印委尽力筹办，总想做到'实惠及民'四字，以副苾怀。"字里行间，流露出他对民众疾苦的同情以及对小民生计的关怀。他极力想要实现"实惠及民"，这份心意确实值得肯定。

此时，工部尚书毛昶熙于十月上奏朝廷。宫殿中，气氛凝重。毛昶熙言辞恳切地说道："海防和洋务本应由直隶总督负责处理，只是因为当时山东、河南'匪纵未靖'，总督一直在保定驻扎，远离三日，这才设立了驻在天津的三口通商大臣，方便管理，这是权宜之计。如今天津的洋务和海防的重要性远胜保定的防务，应该让总督一人统一筹划。"十月二十日，清政府经过深思熟虑，同意了毛昶熙的主张，裁撤了三口通商大臣一职，命李鸿章兼任北洋大臣，处理一切北洋洋务和海防事宜。同时任命李鸿章为钦差大臣，山东登莱青道所管的东海关、奉天奉锡道所管的牛庄关都归北洋大臣统辖。此外，朝廷还下令将原通商大臣衙门改为直隶总督行馆。规定要在每年春季海口开冻后移驻天津，入冬封河时再回省城保定，如遇紧急情况可以例外。朝廷把此重担交给了李鸿章，并叮嘱他认真筹划洋务和海防，"尤须统筹全局，选将练兵，大加整顿……"

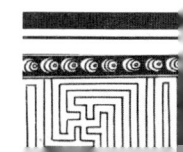

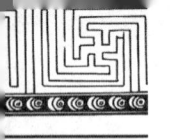

李鸿章得知这个任命后，心中满是欢喜。他对身边的幕僚说道："此乃朝廷对我的信任，我定当全力以赴，不负重托。"为了更好地完成朝廷交予的任务，他建议添设专管中外交涉事件和新、钞两关税务的津海海关道，还自己兼任直隶总督的海防行营翼长。提出了在运河北岸修筑天津新城计划。他还举荐有多年总署经验的陈钦为津海关道道员。

十月二十七日，秋风瑟瑟。李鸿章离开天津前往保定，顺路对治河和救灾的情况进行了了解。一路上，他看着受灾的百姓，心中满是忧虑。到保定后，朝廷升直隶布政使钱鼎铭为河南巡抚的诏令也随后来到。钱鼎铭任李鸿章幕僚多年，工作得力，他的离开让李鸿章如失左右手。他感慨道："鼎铭一走，我身边少了一位得力助手啊。"

1872年正月初五日，保定总督公署里张灯结彩。亲僚们在这里设宴庆贺李鸿章的五十大寿。其中，他的战交、学者俞樾写了一幅寿联："以岁之正，以月之令，春酒一尊，为相公寿；治内用文，治外用武，长城万里，殿天子邦。"翰林院编修黄彭年则在自己的《合肥相国五十寿序》中，将李鸿章与历史上的杰出人物召公和韩琦并列，说："相国之早达与召公、韩公同，其封爵官太保开府于燕，与召公同；其见垂于外夷与韩公同。""若当大难初平，国家所依赖，中外所翘首而企望"。历史评析：虽有美言成分，但在当时的局势下，李鸿章确实承担起了重要的责任。召公地位仅次于周公，曾国藩当时也是国家所依赖的中兴名臣，而李鸿章在曾国藩之后，逐渐成为支撑国家的重要人物。

二月初四日，噩耗传来。李鸿章刚接到消息时还半信半疑，以为只是昏迷不醒，但是得知朝廷也发出了唁文并追赠曾太傅后才相信。李鸿章回想起自己与曾国藩的过往，心中悲痛万分。他对身边的人说道："恩师对我恩重如山，如今他离去，我定要化悲痛为力量，继承他的遗志，支持国事，让他在九泉之下瞑目。"李鸿章自视为曾国藩第一门生以及曾氏衣钵传人，准备在自强的运动中领导群雄。

中国历史上最后一个封建王朝——清朝的皇权专制已是封建社会的顶峰。在其260多年的历史里有几百个大学士和军机大臣，然而都是空有宰相之名而无宰相之实。而且清朝由少数贵族统治，故而又采取以亲贵王公和满族大臣牵制这些人的举措，让这些人成了"灯映相公""招鹤宫保"，与皇帝的侍从近臣无异，不及六部尚书尚能够主管本部，做些实事并有所建树。

同治时代，内忧外患频繁，清政府仍然依赖重臣。一等肃毅伯、大学士李鸿章也因而成了清朝的真正宰相。特别是当曾国藩和左宗棠相继去世以后，李鸿章独撑大局，是"以一身负天下之重"的人物了。

朝中重臣，当时时势，都构成了李鸿章成为真正宰相的条件。军机处是政府中枢，由几位王公大臣组成，这几人同时又兼任总理衙门大臣，而这两个机构都由恭亲王主持。恭亲王原任"议政王"，权势很大。然而，同治四年，慈禧太后打击了他并免去了他的议政王职位，缩小了他的权力；而且慈禧太后还加紧扶植他的反对派以牵制他，让他难以实施大力改革。于是，恭亲王在提出决定之前要先与外臣商议并达成一致，让下面提议，而自己带领枢臣加以支持的方式达到目的。这样做减少了他在中枢内部的摩擦，日子也好过一些。

此外，中枢人物虽然负担决策研究，并草拟谕旨，但他们都待在京城里，对外情知之甚少，所以在做决策之前只能求助于封疆大吏，对封疆大吏中的首席——直隶总督自然更为倚重。

还有，枢臣的气度和性格也有影响。恭亲王周围的人有文祥、宝鋆、桂良、胜宝等，他们思想先进，认真负责。面对外国的侵略威胁，他们准备着卧薪尝胆，以振兴中华。对于内政外交的重大问题，极少有独断独行、刚愎自用，采取的多为"博采周咨"，"谋定后断"。这样，封疆大吏积极建言进策就有了良好的环境保障。此外，他们与曾国藩、左宗棠、李鸿章、沈葆桢等人相似，内外相维以推行洋务运动，是一个共同的洋务集团，相互关系十分融合，故而李鸿章的意见

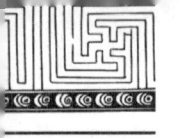

较为容易被采纳。光绪二年，文祥逝世后竟出现李鸿章不出主意，他们就不作决策的局面。在曾、左、沈相继去世后，李鸿章更成了他们的核心和精神领袖。

直隶总督位居各地封疆大吏之首。

巡抚是其他各省的最高长官，两三个省之上置一总督；而直隶省一省就置一总督。此外直隶总督的首要任务就是保卫京师，这比各省重要。朝廷一般让重臣担任此职务并兼任内阁大学士，人称"宰相级总督"。李鸿章任直隶总督之前就有了协办大学士的头衔。同治十一年，他晋升为武英殿大学士。同治十三年十二月，他再被晋升为内阁大学士之首——文华殿大学士，成为首席阁揆。在李鸿章之前，该职位一直是由满人担任的，李鸿章是第一个得到这一职衔的汉人。因此，他稳坐封疆大吏的头把交椅，是名副其实的封疆大吏的领袖，一干就是25年。

联日抗西梦破灭

自天津教案后，李鸿章在外交方面的才能逐渐得到清政府的重视。不久，他便负责处理起与日本的一系列交涉事务。

明治维新后的日本，国力日益强盛，军国主义野心也开始膨胀，将贪婪的目光投向了中国。当时的日本力量尚不足以公然侵略中国，于是效仿西方列强，要求与清政府签订通商条约。1870年7月，日本政府派遣使者来华议约，双方展开初步交涉。那时，中国和日本还未建立外交关系。国内许多人反对与日本签约，安徽巡抚英瀚就认为，日本一直是向中国进贡臣服的小国，哪有资格与大清国签约。总理衙门也表示，中日通商在上海已开展，没必要再签通商条约。

前来议约的日本使者柳原前光私下找到李鸿章，吐露心声："西方列强曾侵略日本，日本对他们心怀怨恨。所以希望能与中国签订条约，共同对抗西方列强。"此外，日本方面还向总理衙门暗示，若中国不同意签约，他们就请列强帮忙。柳原前光的这番话打动了李鸿章。

京城的一处庭院中，阳光洒在地上，李鸿章负手而立，微微皱眉思考着。他自言自语道："若能与日本修好，倒也不失为一件好事。若不答应，日本可能会联合列强，到时中国不但要在列强压力下签约，日本还会与列强一起对付中国。"

清廷任命李鸿章为对日议约大使，与日本谈判。日本提出仿照西方列强的"利益一体均沾"原则，要求进入中国内地贸易。李鸿章坚决反对。

日本因无法用武力胁迫中国达成目的，暂时放弃了这项要求。

1871年9月23日，中日双方在天津签订《天津修好条约》18条和《通商章程》33条，规定两年后换约。条约规定淡水、台湾等地为对日通商口岸，日本不得进口货物到中国内地，也不得在内地购买货物。这是中国和日本签订的第一个条约，也是19世纪后中国签订的第一个较为合理、平等的对外关系条约。

然而，日本政府对这个条约并不满意，参与谈判的官员回日本后不得不辞职。日本政府事后要求修改条款，被李鸿章断然拒绝。1871年11月27日，"琉球岛事件"发生。66名到中国朝贡和贸易的琉球人，在回国途中遭遇风浪，飘流到台湾岛。台湾岛的高山族人误以为有敌人入侵，打死琉球人54名。凤山县政府把其余人送到福州，再由闽粤总督送回琉球。朝廷令台湾道台查办此事，安抚琉球。

琉球位于福建之东，隋书称作流求，元朝时称作瑠求。明朝时正式成为中国藩属，其国王一直受中国皇帝册封，称为琉球国王，每隔两年进贡一次，从未间断。这件事让一直对中国虎视眈眈的日本人找到了挑衅的借口。他们声称，1609年，日本派出三千人攻打琉球，擒获琉球国王，国王被迫每年向日本送粮食八千石，所以琉球是日本的

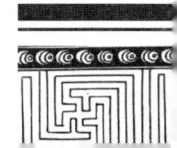

藩属。

1872年10月，日本请琉球王子参加明治天皇亲政典礼，当众宣布册封琉球王为日本藩王。但琉球只承认自己是中国的藩属。

1873年，日本派出副岛种臣和柳原前光来中国换约。柳原前光拜会总理衙门大臣，谈起琉球事件，中方大臣说杀人者系"外化之民"，本意是指未经开化的少数民族。可日本人却抓住语言歧义，称"外化之民"就是不归中国管辖的外民，并表示要代表琉球向台湾讨回公道。

李鸿章看出了日本人的险恶用心，知道他们在为攻打台湾找理由。但他错误地认为日本人不会立即行动，不足为惧。日本却迅速展开行动。清廷在得知日本军队向台湾进发的消息后，还在幻想日本不会真的开战。殊不知，日本已对外宣布，清政府承认台湾不是其藩属，日本此举是为琉球主持公道，不是对中国开战。李鸿章虽做好兵力部署，却把希望寄托在列强身上。

1874年5月7日，日本在台湾琅乔公然登陆，杀死台湾人民30多人，并烧毁房屋。

1874年5月14日，清廷派沈葆桢前去台湾，后又命他为钦差大臣。沈葆桢主管南洋水师，熟悉新轮船使用。李鸿章在台湾布置了1万兵力，包括原淮军使用洋枪洋炮的队伍。清兵按李鸿章命令按兵不动，以威慑日本。

日本登陆台湾后，因不熟悉地形、水土不服，又常遭高山族人袭击，伤亡病死者达三分之一。日本不得不考虑再次与中国谈判。柳原前光在和总理衙门谈判中，把责任推给中方，咬定"外化"的歧义，认定台湾不是中国领土。双方僵持不下。

1874年9月1日，日本内务卿大久保利通率员来到天津。他派人打探李鸿章的态度，得知李鸿章认为可以给日本兵"犒赏"但不能给军费。"犒赏"是大清帝国的尊严，"军费"则有受辱之意。但对日本人来说，两者本质一样，都是从中国讹诈钱财。

日本请出英国公使威妥玛干预此事，帮助索要军费200万两。总理衙门害怕得罪英国，放弃与李鸿章的约定，答应赔付50万两。10月31日，中日双方签订《北京条约》，内容包括：

一、日本此举是保民之义举，中国不得认为有错；

二、台湾生番将日本属民妄加杀害，中国要抚恤遇难家属，日本在台建筑及修路，中国愿留自用，已议定补给银款；

三、两国一切来往公文撤回注销，永为罢论，中国当设法管束台湾生番，以保难民安全。

李鸿章对此很不满意，认为不该赔付，但又觉得花小钱可避免战争庞大耗费，可把费用用于筹备海防。大清国眼下需忍气吞声，以待振兴。这个条约给中国留下巨大祸患，等于承认琉球国属于日本。清政府却未深入考虑条款细节及背后杀机，只想早日息事宁人。

《北京条约》订立，给中国带来极大坏处。一是把琉球推向日本，二是让全世界看到日本小国都能公然侵略中国，凸显清政府腐朽无能。各国得出结论：中国政府害怕打仗，愿用钱换和平，以后可大胆用武力威胁中国掠夺。此事对中日外交关系影响重大，奠定了日本在对华外交方面的优势地位。

经过日本侵略台湾事件，李鸿章看清日本人野心，也认识到联合日本对付西方列强的梦已破灭。

维权华工与《烟台条约》

随着西方资本主义的铁蹄无情踏入，与日本的关系也逐渐破裂，中国如同被风暴席卷的孤舟，渐渐陷入半殖民地半封建社会的深渊。在那暗潮涌动的时代，许多西方国家从中国沿海口岸大肆掠卖华工，将他们如同货物般运往南美洲、大洋洲和太平洋各岛，充当着悲惨的

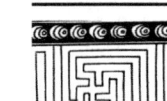

奴隶。

那些远在异国他乡的华工，过着非人的生活，遭受着无尽的苦役与残酷的刑罚。

1869年和1871年，总理衙门先后接到秘鲁华工联名写下的求救信与控诉信。得知此事的李鸿章，心中涌起深深的同情。

京城的一处官邸内，阳光透过雕花的窗棂洒在地上，李鸿章来回踱步，眉头紧锁。他对着身边的幕僚感慨道："这些在外的华工实在可怜，朝廷理应替他们做主，保护他们的合法权益。"

1873年，秘鲁代表来到中国，表面上是洽谈通商条约，实则是想让招收和输送劳工合法化。李鸿章一眼看穿他们的目的。

繁华的京城街道上，人来人往，热闹非凡。李鸿章身着官服，步伐坚定地走着，心中已有决断。他对身边的随从说道："秘鲁虐待华工，此事不解决，绝不能商议立约。我要趁此机会，彻底解决这个问题，让秘鲁必须严格遵守我们提出的要求。"

1873年10月，李鸿章与秘鲁代表葛尔西耶的会谈拉开帷幕。会谈的地点设在一间宽敞的厅堂内，气氛紧张而凝重。

李鸿章端坐在椅子上，目光如炬，紧紧盯着葛尔西耶。他严肃地说："秘鲁是否虐待华工，这是关键问题。我这里有秘鲁华工所写的《诉苦公禀》，你且看看。"说着，李鸿章将一份书信递给葛尔西耶。

葛尔西耶接过书信，脸色微微一变。他强作镇定地说："这都是无中生有的事情，秘鲁并没有虐待华工。"

李鸿章冷哼一声："哼，你莫要抵赖。必须遣送在秘鲁的十万华工回国，并保证以后不再拐运华工，中国才有可能和秘鲁订约。"

葛尔西耶听到这番话，惊讶得瞪大了眼睛。他心中暗想：一个正在遭受侵略的国家，他的官员居然敢说出这般强硬的话。

经过李鸿章顽强的交涉，1874年6月16日，中国和秘鲁达成通商条约《中秘友好通商条约》，并特地签订保护华工的《中秘查办华工专条》。这是中国近代第一个保护侨民的条约。

李鸿章站在官邸的庭院中,望着天空,心中感慨万千。他对着身边的官员们说:"要让所有在外的华工都知道,朝廷还没有忘记他们。大清国虽然力量微弱,但是还是会尽自己最大的努力保护自己的臣民。海外华侨若知道朝廷还惦记着他们,定会激发他们的爱国之情,激起他们效忠中华的正义之心。"

李鸿章想到华工在外,距离中国遥远,朝廷根本无法知晓他们的情况和安危。于是,他又开始考虑如何向海外各国派遣使者。

接下来,我们看看李鸿章在处理马嘉理案中的努力。

1874年,英属印度政府派出一支由伯郎上校率领的队伍从缅甸出发,企图进入中国。英国驻华公使威妥玛派出翻译官马嘉理接应。

在一个阳光明媚的日子,边境的山林中,鸟儿欢快地鸣叫着。伯郎上校带领着队伍缓缓前行,他们心中怀着不可告人的目的。而马嘉理则焦急地等待着与他们汇合。

1875年1月,双方终于汇合。然而,他们没有告知当地官员,便擅自进入云南的曼允地区。这里的景颇族人民对他们的到来充满警惕。

曼允地区的小村落里,人们过着平静的生活。突然,这些不速之客的闯入打破了宁静。景颇族的村民们纷纷走出家门,看着这些陌生的面孔,心中充满疑惑。

当马嘉理等人的行为引起村民们的不满时,冲突一触即发。2月21日,马嘉理竟然开枪射死居民多人。这一残忍的举动瞬间点燃了村民们的怒火。愤怒的人们冲上前去,将马嘉理打死。同时,村民们还拦住伯郎的队伍,迫使他们回到缅甸境内。这个事件被称为"马嘉理事件"。

英国政府得知此事后,借机向清政府提出了一系列苛刻的要求,包括派使者向英国道歉、赔偿银两、改进关税、开放口岸等等,并派兵驻扎在中缅边境,以示威胁。

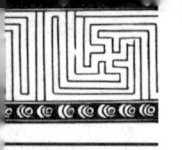

英国伦敦的一间办公室内，英国官员们围坐在一起，商议着对中国的策略。其中一人说道："我们要让清政府知道我们的厉害，他们必须满足我们的要求。"另一人附和道："没错，我们还可以与俄国公使密谈，一旦爆发战争，让俄国从伊犁进军，让清政府陷入困境。"

在中国，醇亲王奕譞得知英国的举动后，愤怒地说道："我们不能任由英国欺负，应该与他们决裂开战。"

而李鸿章却有着不同的思路。在他的书房里，李鸿章坐在书桌前，手中拿着一本书，陷入沉思。他缓缓说道："大清帝国不能再走过去的老路，事端一出，动辄开战，战则必败，败则议和，和则割地赔款。我们必须寻找更好的解决办法。"

威妥玛还提出要将云贵总督岑毓英等人送京查办；如果中国发生了涉及英人生命财产的案件，英人可以派人审查等干涉中国独立司法权的条件。并要求将《天津条约》中皇帝接见公使的条款，付诸实施。

此前，一直是总理衙门在和威妥玛进行交涉，但效果不佳。1876年7月，李鸿章被清廷委派为钦差大臣，全权处理此事。

李鸿章看着手中的文件，心中思考着对策。他认为开放口岸，皇帝接见公使这都是无关大碍的举动。他对着身边的幕僚说道："中国需要扩大对外交往，需要睁眼看世界。但是让地方官员因此受到更多的委屈，则是不能忍受的大事。"

为了应对英国的压力，李鸿章决定采取联合其他国家政府支持的办法来遏制英国。

京城的一座豪华府邸内，李鸿章精心布置了一场西餐宴会。餐桌上摆满了美味的食物和精致的餐具。英、俄、德、美、法等各国公使及海军司令陆续到来。

李鸿章笑容满面地迎接他们，说道："今日邀请各位，是为了共商大事。希望得到各位的支持。"

各国公使们心中各有盘算。有的不满威妥玛的野心，有的想借机博取清政府的好感。于是，纷纷表示不支持将官员送京查办。

对于马嘉理一案的处理，李鸿章前前后后经过近10年的交涉。在这漫长的时间里，他付出了无数的努力。

1876年9月13日，李鸿章和英国签订了《烟台条约》。这个条约主要有三个方面的内容：第一是赔偿给英人抚恤款；第二是增开口岸，确立了租界制度；第三是改进关税，进口货品收取半税；在租界，进口商品收取税之后免收厘金；对鸦片实行税厘并收。

英国伦敦的政府大楼内，英国官员们对这个条约进行讨论。他们不满中国对鸦片的高额税厘的征收，也不满其他国家对于租界内进口商品同样可以免交厘金。有人说道："这个文件既不明智也不实用，毫无意义，是一堆冗言赘语而已。"

直到1885年，又签订《烟台条约续增专条》规定鸦片厘税收入的具体数目后，这才得到英国的批准。

李鸿章认为，开放口岸和划定租界，有利于清政府按照条款对外国人进行管理，否则外国人一样会擅举妄动，避免当地人和外国人的冲突。他还认为，禁止鸦片在当时来讲已经不可能，所以对鸦片进行税厘并收，还能增加一部分财政收入。此外，确立中国派驻对外公使的制度，也是对外开放的一个标志。李鸿章觉得由双方签约而避免了战争是最大的好处。

当时有外国人说：面对列强蛮横而强大的威胁，李鸿章依然能谈出一个明显存有抵抗态度的条约，应该被视为一件"值得惊诧"的外交事件。

《烟台条约》是一个体现英国侵略性质的不平等条约，但是鉴于当时的形势，李鸿章本人的确在尽最大的努力来维护清政府的所谓"体面"。

然而，从烟台回到直隶总督府的李鸿章，还是因为赔款和开放口岸而背上了"卖国"的罪名。

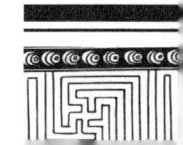

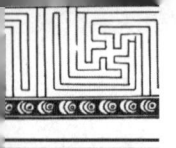

第四章 洋务运动如火如荼

江南制造总局建立

虽然淮军的组建使得清政府有了一定战力,但由于咸丰帝病逝,朝堂政局混乱,慈禧把控大权,太平天国更来劲儿了。

1855年,太平天国运动正如火如荼,西方列强的坚船利炮不断叩击着国门。

官邸中,李鸿章坐在书房里,望着墙上的地图,眉头紧锁。他的心中充满了忧虑,西方列强的侵略让他意识到,中国必须进行变革,才能在这个世界上立足。

"大人,如今局势危急,我们该如何是好?"李鸿章的幕僚周馥问道。

李鸿章微微叹了口气,"西方列强的武器先进,我们必须学习他们的技术,建立自己的工业。只有这样,我们才能有实力抵御外敌。"

周馥点了点头,"大人所言极是,可是我们从何处入手呢?"

李鸿章沉思片刻,"我听闻咱们上海就有一些洋人开办的工厂,我们可以去考察一番,看看能否借鉴他们的经验。"

在一家洋人的工厂里,李鸿章仔细观察着机器的运转,不时地向工厂的管理人员询问问题。他发现,这些机器的效率极高,可以大大提高生产能力。

"大人,这些机器真是神奇,如果我们也能拥有这样的工厂,那该多好啊。"周馥感叹道。

李鸿章点了点头,"我们必须学习西方的技术,建立自己的工厂。但是,这并非易事,我们需要大量的资金和人才。"

接下来的日子里,李鸿章结识了一些开明的商人和平民百姓。他们对李鸿章的想法表示支持,并愿意为他提供帮助。李鸿章深受感动,他决定要为国家的富强而努力。

回到京城后,李鸿章向朝廷上书,提出了建立江南制造总局的建议。他在奏折中详细阐述了建立工厂的重要性和可行性,并请求朝廷给予支持。

朝廷经过一番讨论,最终同意了李鸿章的建议。李鸿章欣喜若狂,他立刻开始筹备建厂事宜。他四处招募人才,筹集资金,寻找合适的厂址。

经过一番努力,李鸿章终于在上海找到了一块合适的土地。这里交通便利,水源充足,非常适合建造工厂。他聘请了一些西方的工程师和技术人员,开始了工厂的建设。

在建设过程中,李鸿章遇到了许多困难。资金短缺、技术难题、人员管理等问题,让他焦头烂额。但是,他并没有放弃,而是想尽一切办法解决问题。

"大人,这工程进展缓慢,我们该如何是好?"周馥担忧地问道。

李鸿章坚定地说:"我们不能放弃,这是国家的希望所在。我们要加大投入,加快进度,一定要把江南制造总局建成。"

经过几年的努力,江南制造总局终于建成了。这座工厂拥有先进的机器设备和技术人员,能够生产各种武器和机械设备。

然而,工厂的起步并不顺利。由于技术水平有限,生产出来的产品质量不高,而且成本昂贵。李鸿章深知,要想提高产品质量,必须

加强技术研发和人才培养。

他聘请了一些国内的学者和工匠，与西方的技术人员一起进行技术创新。同时，他还在工厂里开办了学校，培养自己的技术人才。

在李鸿章的努力下，江南制造总局的技术水平逐渐提高。生产出来的武器和机械设备，质量越来越好，成本也逐渐降低。

"大人，我们的工厂终于走上正轨了。"周馥高兴地说。

李鸿章微微点头，"这只是开始，我们还有很长的路要走。我们要不断创新，提高产品质量，为国家的富强做出更大的贡献。"

随着江南制造总局的发展，它也引起了西方列强的注意。他们担心中国的工业崛起会威胁到他们的利益，于是开始对江南制造总局进行打压。

一方面，他们通过技术封锁和贸易限制，阻止中国获得先进的技术和设备。另一方面，他们还煽动国内的保守势力，对江南制造总局进行攻击。

在这个关键时刻，李鸿章面临着巨大的压力。他知道，如果不能应对这些挑战，江南制造总局将面临失败的命运。

"大人，西方列强的打压越来越厉害，我们该怎么办？"周馥焦急地问道。

李鸿章沉思片刻，"我们不能退缩，我们要坚定信心，继续发展我们的工业。我们要加强与国内其他企业的合作，共同应对西方列强的挑战。"

李鸿章采取了一系列措施，加强了江南制造总局的技术研发和人才培养。他还积极与国内的其他企业合作，共同开拓市场。同时，他也向朝廷上书，请求朝廷给予更多的支持。

在李鸿章的努力下，江南制造总局逐渐发展壮大。它生产的武器和机械设备，不仅满足了国内的需求，还出口到了一些国家。江南制造总局成为了中国近代工业的象征，李鸿章也因此赢得了国内外的赞誉。

然而，江南制造总局的发展并非一帆风顺。在国内，保守势力的攻击从未停止。他们认为，江南制造总局是李鸿章的私人产业，是对国家的威胁。在国外，西方列强的打压也越来越厉害。他们通过各种手段，试图摧毁江南制造总局。

在这个艰难的时刻，李鸿章并没有放弃。他坚信，江南制造总局是国家的希望所在，只要坚持下去，就一定能够取得成功。

"大人，我们面临的压力越来越大，我们该怎么办？"周馥问道。

李鸿章坚定地说："我们不能放弃，要继续努力，加强技术创新，提高产品质量，为国家的富强做出更大的贡献。"

就这样，尽管身处乱世，但中国的民用企业还是在逐渐发展壮大。

轮船招商局的兴衰沉浮

在晚清洋务运动的浪潮中，李鸿章积极致力于挽回沿江沿海的航运业，抵制外轮的侵夺。为此，他委派沙船富商、浙江海运委员、候补知府朱其昂、朱其韶兄弟在上海洋泾浜永安街设局招集商股，定名为"轮船招商公司"。

这个公司的诞生，是洋务活动由军工企业转向民用企业、由官办转向官督商办的重要标志。1872年8月，李鸿章令浙江海运委员、候补知府朱其昂负责筹办轮船招商局。朱其昂很快拟定了《招商章程》20条，主张官商合办。但李鸿章考虑到当时的实际情况，认为应实行官督商办。

1872年10月，筹备工作在上海紧锣密鼓地展开。12月23日，李鸿章奏请试办轮船招商局。这一企业成为中国近代早期各类工矿交通企业中规模最大且最早引进西方技术和管理方式的民用企业。

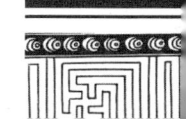

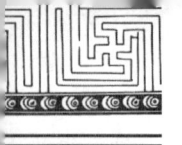

1873年1月，轮船招商局正式获准设立，朱其昂任总办。经营江浙漕粮运输及各种客货生意，然而，开张不到半年，问题就出现了。

朱其昂虽熟悉漕运业务，却对招揽生意、运货载客一窍不通。他用人不当，滥用权力，导致商股没有招足，轮船招商局陷入困境。

朱其昂，字云甫，居住在高桥。家族世代经营沙船生意，乃是淞沪一带的巨商。他通过捐资成为通判，后来逐步晋升至道员之职。在1860年，咸丰十年，朱其昂与美国商人在山东烟台合伙开设了清美洋行，频繁往来于上海、烟台、天津等各个口岸进行贸易活动。同时，他还在北京、天津、上海、广东等地设立了华裕、丰汇银号。多年来一直承办海运事务，担任浙江港运局总办和海运委员之职。

1872年，同治十一年，在李鸿章的授意下，朱其昂与朱其韶共同拟定了轮船招商局章程。随后他从天津回到上海，召集了李振玉、胡光墉等人，以自己的身家作抵押，担任了招商局总办。朱其昂对漕运业务十分熟悉，但在兜揽生意、运货载客方面却一窍不通。再加上他用人不当，滥用权力，导致商股未能招足，使得轮船招商局随时都有陷入困境的可能。

在李鸿章的书房中，李鸿章与幕僚讨论着招商局的情况。

李鸿章面色凝重地说："这朱其昂虽在漕运上有经验，可这招商局的经营却不尽人意啊。"

幕僚回应道："大人，如今招商局局势不妙，恐需另寻良策。"

在这种情况下，朱其昂被迫辞职。1873年7月，李鸿章将轮船招商公司改为轮船招商局，并采纳孙士达、盛宣怀的建议，任用英国怡和洋行买办唐廷枢为总办，宝顺洋行买办徐润、朱其昂、盛宣怀为会办，共同办理招商局事务。

到了1875年，轮船招商局已有自制轮船，加上承领闽广轮船8艘，又添招股份，向英国购进2艘，分别前往南北洋各海口以及外洋的日本、菲律宾、新加坡等地进行贸易，同时还承运江浙漕粮。从此，中国轮船开始在我国海域畅行无阻，成为海防洋务的一大业绩。

1876年，招商局拥有轮船11艘。1877年，又以222万两银子买进美商旗昌洋行的旧船16艘，以及其码头、仓库等财产，招商局初具规模。招商局总局设在上海，分局设在天津、牛庄、烟台、汉口、福州、广州、香港以及国外的横滨、神户、吕宋、新加坡等地，资本共计420余万两，成为民用企业中最有成绩的企业之一。

朱其昂代表官方主管漕运，唐廷枢和徐润则代表商人负责招揽生意和商人入股事宜。而盛宣怀既不代表官方也不代表商人，他既过问生意，又过问漕运，努力拉拢协调两边的关系，成为了李鸿章的代言人。

唐廷枢和徐润不仅是招商局资本的经营者，更是局内主要资本的所有者。有一天，唐廷枢和徐润在商议招商局事务。

唐廷枢说道："我们得把这些年在商界积累的经验都用在这招商局上，不能辜负了大家的期望。"

徐润点头道："没错，我们定要全力以赴。"

二人倾尽全力，将在商界打拼多年积累的丰富经验和在社会各界的声望全用在了对轮船招商局的管理经营上。招商局的股金和业务蒸蒸日上，李鸿章也松了一口气。

在李鸿章办洋务的过程中，他的创造力也得到了极大的展现。官督商办可以说是他的独特创举。听起来似乎很有道理，官有官的职责，商有商的任务，官商配合，公私都能受益。然而，实际情况并非如此。官有官的职责，商有商的追求，出发点和追求不一样，要让二者密切配合，本身就充满了矛盾。

唐廷枢和徐润在加入轮船招商局之前就深知"朝中有人好做官，局中有官难办事"这个道理。官权太重，使得商人们难以施展拳脚。所以他们在建局的章程中就要求规定：所有管理人员应当尽量精简，不得机构庞大、人浮于事，也请求官府免派委员。

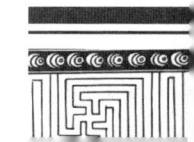

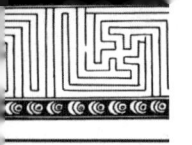

李鸿章回应他们说："好！一切都由你们自己做主，盈亏也和官方没有关系。"

但是，尽管李鸿章自己坚决执行章程，招商局内部却总是有人私自进人。招商局的大宗业务来自对官方漕粮的运输，赚了官家的钱，官方推荐一个人来，实在难以拒绝。管理漕务的官员推荐来的人，更不能抗拒，不但不能抗拒，还得安排又轻松又高薪的位子。这让招商局苦不堪言。而唐廷枢和徐润也有一些亲朋好友，求到他们头上，他们也不能不给个面子。这样一来，招商局还是变成了一个扩大了的"亲友团"。

晚清的天空，总是阴沉沉的，仿佛笼罩着一层挥之不去的迷雾。在这个动荡的时代，轮船招商局的命运也如同这变幻莫测的天气一般，起起伏伏。

官与商之间的矛盾，就像一颗难以拔除的钉子，深深扎在轮船招商局的发展之路上。李鸿章面对这一矛盾，却只是无奈地和稀泥，无法真正解决问题。

盛宣怀在招商局中，本怀着一腔热忱，然而却处处不得志。他看着局中复杂的局势，心中满是失落与无奈。"这招商局，处处受限，我又能如何施展拳脚呢？"盛宣怀时常在心中叹息。渐渐地，他的态度变得消极起来。后来，竟有人向朝廷投诉他有贪污嫌疑。盛宣怀心灰意冷，"既然如此，我又何必在此受这无端之冤。"于是，他干脆离开了轮船招商局。

唐廷枢虽有种种毛病，但工作能力确实出众。他在商界如鱼得水，与各方人士都打得火热。在轮船招商局中，他充分发挥自己的才能，为招商局的发展做出了很大贡献。1887年，李鸿章欲开发中国的矿业，一时之间找不到更合适的人选，便又让唐廷枢兼理开平矿务局的事务。

此时的轮船招商局，在众人的努力下，已然走上了正轨。而开平煤矿却如同一个新生的婴儿，需要大量的精力去精心策划管理。唐廷枢不自觉地将大部分精力都转移到了开平。

就在唐廷枢兼理开平煤矿事务的第二年，轮船招商局的元老、官方代表且精通漕运业务的朱其昂去世了。这仿佛给招商局的天空蒙上了一层阴霾。曾经的"四驾马车"，如今只剩下了徐润一人。徐润独自站在招商局的大楼前，望着来来往往的人群，心中开始盘算起来。"如今我一人独掌大局，何不趁机为自己谋些利益呢？"当时的上海，房地产市场正如火如荼。徐润被这股热潮冲昏了头脑，他毫不犹豫地将招商局的款项提出，投入了房地产之中。他满心欢喜地想着："很快我就能赚到大钱，不但能还上公款，还能大捞一笔。"然而，命运却给他开了一个残酷的玩笑。不久后，上海爆发了严重的金融危机。徐润瞬间陷入了绝境，他宣告破产，还亏欠轮船招商局白银十六万二千两。李鸿章得知此事后，愤怒又无奈。"如此胡作非为，岂能不罚。"最终，李鸿章只得将徐润革职。

朱其昂去世后，李鸿章开始寻找新的人选来主持轮船招商局的工作。他想到了江苏候补道员叶廷眷。

叶廷眷，出生于1829年，吉大乡人。1856年，咸丰六年，他担任山阳县丞。那时的山阳，局势动荡不安，百姓生活困苦。叶廷眷看着这混乱的局面，心中暗暗发誓，一定要为百姓做些事情。1860年，咸丰十年，他被派委江北团练，参与镇压太平天国起义。战场上，硝烟弥漫，喊杀声震天。叶廷眷奋勇杀敌，毫不畏惧，他的勇敢得到了清统治者的赏识。

1864年，同治三年，叶廷眷受李鸿章委派，主持上海会捕局。他来到上海，这里同样是一片混乱。他深知自己责任重大，于是制订《中外会捕章程》，加强法纪。在他的努力下，上海的治安逐渐有所改善。1867年，同治六年，叶廷眷被委为上海知县，旋即调任南汇知县。

在任期间，他多次看到百姓受苦，心中不忍。"我一定要为他们做

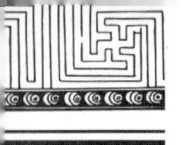

些什么。"叶廷眷多次输资以解民困,对外国侵略者的罪恶行径,亦能予以抵制,维护民族权益。

1878年,光绪四年,叶廷眷晋升道员,任淞海同知候补道三品衔花翎,授荣禄大夫赠内阁学士。此时的他,荣耀加身,但他心中始终牵挂着百姓。旋即丁忧返乡,在吉大建荣禄第,创办学校,修葺古迹。"只要是对家乡有益的事情,我都要去做。"凡有益于乡者即立捐款项以资所需,乡人对他均感其德。

正是因为叶廷眷有这样出色的表现,李鸿章觉得他是主持轮船招商局工作的合适人选。

叶廷眷来到轮船招商局,看着这曾经辉煌的大楼,心中充满了使命感。然而,当他开始查看账目时,却发现了一个惊人的事实。账目混乱不清,经过详细核查,结果让他大吃一惊。轮船招商局明亏暗耗,已经面临破产的边缘。叶廷眷心急如焚,他立刻向李鸿章报告。"大人,招商局如今情况危急,恐难以为继。"

李鸿章听后,也是眉头紧锁。他思索片刻后说:"如今只有招商集股扩大资金,或许还有一线生机。"但精明的商人早看出招商局内部的龌龊,没人愿意投资。商款招不到,若借官款,可官款利息一向很重,招商局本就难以为继,哪里还有钱归还巨额利息呢?

叶廷眷提出一个大胆的建议:"大人,不如仿福州船政局,索性将轮船招商局收归国有,变成国营企业。既是国营,官方出的钱就算投资,不能再要利息,此外,官方再出二百来万两帮招商局把债务还清,此后一切船栈码头都归官家所有。"

李鸿章听后,心中十分不悦。"这招商局乃是我苦心经营之地,岂能轻易收归国有。"叶廷眷的建议让李鸿章老大不高兴,他在招商局干了不到一年,就被撤了。

无奈之下,李鸿章只能再次寻找合适的人选来负责招商局业务。在晚清那片风云变幻的天空下,郑观应如一颗璀璨的星辰,闪耀着独特的光芒。

郑观应，本名官应，字正翔，号陶斋，别署罗浮侍鹤山人等，祖籍广东香山县（今中山市）三乡镇雍陌村。他生于1842年，这个时代的中国，正处于内忧外患之中，国家命运飘摇不定。

郑观应是一位极具传奇色彩的人物，他是中国近代最早具有完整维新思想体系的理论家，犹如黑暗中的一盏明灯，为迷茫的国人揭开了民主与科学的序幕。他不仅是一位启蒙思想家，还是一位实业家、教育家、文学家、慈善家和热忱的爱国者。

郑观应原是太古洋行的买办，在那个繁华与混乱交织的上海滩，太古洋行的大楼高耸入云，里面忙碌的人们穿梭往来。郑观应在这里积累了丰富的洋务经验。在李鸿章手下，他也干了多年，历任上海机器织布局总办和上海电报局总办。

当李鸿章任命他负责轮船招商局事务时，郑观应站在黄浦江畔，望着滔滔江水，心中思绪万千。"如今国家艰难，我定要为这招商局尽我所能。"他鉴于前任的经验教训，毅然正式脱离太古洋行，全身心地投入到轮船招商局的事务中。

郑观应一上台，便以雷厉风行之势向李鸿章提出了16条整顿方针。在他看来，轮船招商局若要向前发展，必须在人才的使用、职责分工、赏罚分明等方面进行彻底改革。他深知，只有这样，才能让招商局焕发生机。此时的他，眼神坚定，仿佛看到了招商局美好的未来。

郑观应对招商局的最大贡献，是利用自己多年从事商务的经验和广泛的人际关系，为招商局和太古、怡和等公司签订了齐价合同。在那间宽敞的会议室里，各方代表齐聚一堂，气氛紧张而凝重。郑观应沉稳地阐述着齐价合同的意义："所谓齐价合同，就是我们几个公司一起商定船运的具体价格标准，并签订合同保证各公司都遵守这一价格，未经其他各公司同意，不得擅自更改船运价格。如此一来，便可避免各公司之间互相竞价争取客户，避免给自己和其他公司带来损

第四章 洋务运动如火如荼

失。"有了统一的价格,轮船招商局就不再担心外国公司联合起来排挤中国船运业,为招商局的顺利发展创造了一个较为平稳、宽松的环境。

郑观应来到轮船招商局两年,这两年里,招商局内的业务平稳上升。曾经濒死的招商局,如今又有了生机和活力。然而,在这两年中,郑观应并没有什么大的实权。李鸿章似乎是要考察他的工作能力,没有给他实际的官职。郑观应心中虽有失落,但他明白,只有做出更大的成绩,才能获得真正的认可。

两年后,李鸿章正式任命郑观应为轮船招商局的总办。但出人意料的是,郑观应却一口回绝了。表面上看,是因为他管理经营的上海机器织布局破产,已无心气再接受大的委任。但实际上,郑观应在招商局的这两年,早已将内部的各种关系看得透彻。

在一个宁静的夜晚,郑观应坐在书房中,烛光摇曳。他提起笔,给唐廷枢写信道:"招商局虽说是官督商办,可各个总办、会办、帮办都是由北洋大臣任命的。虽然如今李公任北洋大臣,器重我,支持我的工作,可李公总不会永远担任北洋大臣,掌握实权。我恐怕将来招商局有了起色的时候,北洋大臣已经是张公、王公、赵公了,他们可不会像李公那样信任我们,听了别人的逸言,很容易不问是非就轻易把我们扒拉到一边了,那我们这么多年不是白干了吗?再说像我们这种人,每天只知道干活,说话办事也不懂避嫌,又不会干溜须拍马的行当,一旦有个好歹,连个援助的人都没有啊!"

1884年,中法战争爆发,国家陷入了更深的危机之中。郑观应心中的爱国之火熊熊燃烧,他自荐并经王之春推荐,粤东防务大臣彭玉麟调他前往广东,总办湘军营务处事宜。在那战火纷飞的战场上,硝烟弥漫,炮声隆隆。郑观应毫不畏惧,他与彭玉麟、两广总督张之洞筹划袭击法军粮草储存地西贡(今越南胡志明市)。他心中只有一个信念:为国家尽自己的一份力量。

郑观应被派潜往越南西贡、柬埔寨金边等地侦察敌情,并谋联络南洋各地人士袭击法军。在那陌生的土地上，他小心翼翼地穿梭于敌人的防线之间，心中充满了紧张与使命感。回到广州后不久，法国舰队进攻台湾，郑观应心急如焚，他建议与法军决战，并条陈作战建议七条。旋即被委任办理援台事宜，他立刻去香港租船，向台湾运送军队和粮草弹药。

与此同时，郑观应被织布局案和太古轮船公司追赔案所缠绕。前一案是由于中法战争期间上海市面银根抽紧、股票大跌，使织布局外放之款收不回而出现亏损。经元善等受清政府委派来清理局务，发现总办龚寿图有挪用公款的行为，而龚寿图却攀诬郑观应经营不善。郑观应心中满是委屈与无奈，"我一心为国家做事，却遭此诬陷。"他只得垫出两万金了结此案。

后一案由于郑观应离开太古时所推荐的继任者杨桂轩经营不善，挪用公司款项，致使太古公司损失十万余元。太古援引保人亏欠有偿还义务的法律，将郑观应扣留于香港追索赔款。经过这两件案子，郑观应已是心力交瘁。

1884年10月13日，他在给盛宣怀的信中感慨道："年来命运坎坷，事多拂逆。以致上司朋友责于外，父兄妻子怨于内，进退维谷，申诉无门。唯今身败名裂，不足取信于人，虽到处乞怜，终难应手。"于是，郑观应退隐澳门，在那宁静的山水之间，他试图寻找内心的平静。他将全幅精力用于修订重写《易言》，直至1894年，一部体现他成熟而完整维新体系的《盛世危言》终于完结。在那漫长的岁月里，他用文字抒发着自己对国家命运的担忧和对未来的期望。

当郑观应离开轮船招商局之时，盛宣怀犹如一颗重磅炸弹，重新回到了这个充满故事的舞台。盛宣怀回来的直接原因，是徐润在上海金融倒账风潮中破产。在那繁华而又危机四伏的上海滩，金融风暴如汹涌的海浪般席卷而来，无数人在这场风暴中失去了财富与希望。徐润也未能幸免，他的破产让轮船招商局陷入了新的困境。盛宣怀受李

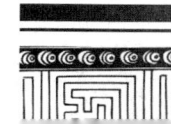

鸿章指派，前来招商局查处整顿。

盛宣怀站在招商局的大楼前，看着眼前这熟悉又陌生的场景，心中感慨万千。"此次归来，定要让招商局重焕生机。"他暗暗下定决心。

查处完毕后，盛宣怀调任天津海关道，但他始终没有放手轮船招商局。他坚持"非商办不能谋其利，非官督不能防其弊"的新认识，坚定地推行自己的官督商办理念。与以前不同的是，他设立了由自己担任的官方督办一职，取消了以前商方的总办，几个会办也都带有官的性质，看起来更像是官督官办。幸好盛宣怀本人有钱，又有着强烈的商人倾向，这在一定程度上弥补了这种模式的缺陷。

既任督办，盛宣怀决心开启新的征程，"借鉴补救前人的错误，逐渐恢复招商局的宏图"。他首先着手清理账目。在那昏暗的账房里，堆积如山的账本散发着陈旧的气息。盛宣怀皱着眉头，看着这混乱的账目，心中充满了忧虑。"以前招商局账目不清，无法考核，这怎么能行？"他命令把前后账目划清归类，并且实行账目公开。他心想："不论过多少年之后，每笔账目多了还是少了，多了因为什么原因，少了花到哪里都能一目了然。只有这样，才能让招商局走上正轨。"

接着，盛宣怀开始处理赎回典卖给旗昌洋行的招商局船产一事。中法战争爆发后，为保住招商局，盛宣怀无奈地把船产卖给了美国旗昌洋行。如今，卖出去容易，赎回却难如登天。出卖船产时，契约上只写明了卖出的条款，却忘了提买回的事。旗昌洋行趁机想把船产据为己有。盛宣怀为此费尽了九牛二虎之力，在与旗昌洋行的谈判中，他据理力争，毫不退缩。"这船产必须要回来，这是招商局的根基。"最终，他迫使旗昌洋行同意招商局以原价把船产收回。

招商局刚刚复兴，万事都需银两。盛宣怀决定向汇丰银行借款30万镑。汇丰银行提出了很多苛刻条件，盛宣怀在大的方面据理力争，不至关紧要的方面都表示接受。他之所以如此，是因为他对招商局的发展充满信心。在那紧张的谈判桌上，盛宣怀眼神坚定，他知道自己的每一个决定都关乎着招商局的未来。"我相信招商局一定能发展壮大,这些苛刻条件终将不会实现。"后来的结果也证明盛宣怀是正确的,招商局的经营发展良好,汇丰的苛刻条件大都没有实现。

另外,盛宣怀高喊"官督商办"的口号,并非只是为了强调自己这个督办的权利。在当时的环境下,官方确切地说就是李鸿章的参与,给轮船招商局带来了许多实惠和优惠。盛宣怀心中明白:"没有这些关照,招商局根本就不能存在这么久,并且断断续续一直在发展。"李鸿章也说:"每当此局危急的时刻,都是官方出面维持,或是投入资金,或是减免关税,才使得招商局日见起色。"

这是为什么呢?因为确有其事。清政府当时有这样的规定:空船过各关口的时候和满载的船收税是一样的。轮船招商局的主要任务是为国家运输漕粮。但每次运输米粮到湖北,回来的时候总是空船而归,故此,李鸿章下令,在他所管辖的北洋范围内的三个关口,招商局的空船免去二成的关税。尽管免去二成,空船而归还是不合算,李鸿章又网开一面,规定湖北运往外地的茶叶,如果是搭载招商局的轮船,每百斤茶叶只交六钱银子的出口税就行了,如果再进口则不必交税。这项优惠只适用于轮船招商局的船只,其他船只不可享受。在中法战争期间,外国公司为了挤垮轮船招商局,一起压低船运费用,他们所开的低价实际上是赔本的。李鸿章允许招商局在为国家运输漕粮的时候,可以把价格略微抬高,比外国公司高一点,以保证不亏本。

自建立以来,招商局就背负着沉重的债务,亏欠官债和洋债加起来将近二百万两。如今,虽经济稍有好转,但要同时归还官债和洋债,依旧困难重重。

盛宣怀站在招商局的大楼窗前,望着窗外那熙熙攘攘的码头,心中满是忧虑。"这债务如同巨石压在心头,必须想办法解决。"他思索着,"官债可以先不还,先还洋债,以免多交利息。毕竟都是一家人,官债的利息就免了吧,等洋债还完了再说。这些优惠对招商局的发展

129

和恢复至关重要。"他深知，坚持官督商办，紧跟李鸿章，才能为招商局带来更多的机遇。他在心中默默念叨："宣怀在下面坚持，老师（李鸿章）在上面批准，这便是我们的希望所在。"

在盛宣怀接管招商局以前，局里就雇有一些洋技师。盛宣怀在以往办理其他洋务的经历中，深刻认识到聘请洋技师的必要性。然而，问题也随之而来。招商局里的洋技师多且滥，分工不明，约束不严，管理起来极为困难。

盛宣怀走在局里的工作间，看着那些散漫的洋技师，脸色阴沉。"必须整顿这混乱的局面。"他暗下决心。当他查出总大车罗贝一点本事也没有时，果断地派尉霞当总大车，而且还兼任船主，一人负责两份工作。盛宣怀没有因为尉霞是老外而给他特殊待遇，而是规定他同样有几个月的考察期。"在考察期间只给工钱，不签合同，如果考察不合格，立即开除出局！"他的话语坚定而有力。一旦通过考察，盛宣怀就给予外员同样的信任。有人对尉霞有微词，盛宣怀却不以为然："好多事务都由尉霞一人调动，没有流言倒奇怪了！"他还规定洋人不准饮酒，如果发现醉鬼立即开除。在他的严格调教下，招商局的洋员数量少了，工作效率却大大提高，每年节省下来的洋工资就近万两。

经过盛宣怀和李鸿章的共同努力，功夫不负有心人，轮船招商局终于把洋债和国债全部还清了。然而，命运似乎并不想让他们过上安稳的日子。

码头上，海风呼啸，海浪拍打着岸边。盛宣怀站在那里，眼神凝重地望着远方。债务危机刚刚终结，新的危机却又悄然降临。以前和太古、怡和两个老对手所签的齐价合同到期。本应谈判续约，可太古、怡和却毫无诚意，并联合起来展开了跌价竞争，企图排挤招商局。

盛宣怀在会议室里来回踱步，心中快速盘算着应对之策。"他们这是要把我们逼入绝境，但我们绝不能坐以待毙。"他制定了"对外表现出姑且与他们应酬的样子，内部则抓紧招揽客货生意，准备同他们决斗到底"的战略方针。"我们要在这场没有硝烟的战争中，坚守住我们的阵地，为招商局的未来而战。"他的眼神中充满了坚定与不屈。

商业的战场如同汹涌的大海，充满了无尽的挑战与波澜。太古与怡和这两大外国巨头，如同凶猛的风暴，向轮船招商局席卷而来。

太古首先在汉口掀起了价格战的狂潮。汉口的码头上，阳光被乌云遮蔽，江风凛冽地吹着。太古的运费从七八折一路狂降到五六折，接着又跌至三四折，最后竟惊人地跌到了一折、五厘的低度。怡和也不甘示弱，迅速跟进，同样跌到了一折。这场激烈的价格战，让运输市场陷入了一片混乱。

"鹬蚌相争，渔翁得利。"那些运输商们搞价格战，最终得实惠的自然是他们的下家。货主们看到太古、怡和的价格如此低廉，便如同潮水一般一窝蜂地涌到他们那里去运输货物。轮船招商局的生意在这狂风暴雨般的冲击下，几乎被抢光。

盛宣怀站在招商局大楼的窗前，望着窗外那混乱的景象，心中却异常冷静。他的眼神中透露出坚定与睿智，仿佛在这暴风雨中找到了一丝曙光。"压力之下，更需冷静分析。"他在心中默念。他仔细地分析了各方面的情况，认为不可能所有的业务都跑到太古和怡和那里去，总会有因航线不合适等原因的客户来到招商局。

招商局的办公室里，气氛紧张而凝重。盛宣怀沉稳地说道："我们招商局的折扣只打到三点五到四折，只要有生意来，我们就坐看太古的一折、半折能坚持到什么时候。"他还敏锐地注意到太古和怡和之间并不是铁板一块。太古一直看不起怡和，而怡和也负气对太古不能相让。盛宣怀心中有了计策，他决定利用二者之间的矛盾，联合怡和对付太古。

在一个安静的书房中，盛宣怀独自沉思。他坚信："做生意以赢利为主，没有哪一家公司会离开'利'空谈'义'。太古的折扣以排挤招商局为主，谈不上赢利，绝对坚持不了多长时间。"他总结商战的经验

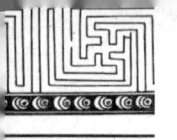

说："能战然后能守，能守然后能和，没有不能战不能守就和的道理。古人说得好，只有势均力敌才有和谈的基础，如果我们事事迁就，委曲求全以求和好，他们见我们底虚了，必定要提出许多非分要求，那样我们就势必吃亏才能求得和议。"

经过一番激烈的较量，最后的结果正如盛宣怀所料。太古、怡和坐到了谈判桌前，与招商局再一次签订齐价合同。齐价合同签订后，招商局仿佛迎来了春天。办公室里，人们的脸上露出了欣慰的笑容。招商局的赢利猛增了20多倍，以后更是逐年稳步上升。

轮船招商局经过官商的共同维持、李鸿章和盛宣怀的共同努力，终于在自己的国家站稳了脚跟，和外国轮船公司争利了。这正是李鸿章开办民用企业的目的。李鸿章对盛宣怀的工作很满意，然而他更满意的还是自己首创的"官督商办"企业形式的成功。

招商局的开办，目的在于扩大财源。在那繁忙的港口，船只来来往往，招商局的旗帜在风中飘扬。它自创办之日起，就得到了李鸿章的多方关注。该局成立之初，只有轮船3只，到1887年达33只。此后始终徘徊在这个水平上，至1893年拥有轮船26只。这个时期，它主要经营沿海与内河航运，水脚收入每年平均为200万两左右，除去轮船费用、折旧提成等开支外，每年净利达30万两左右。

轮船招商局开业后三年，从外国轮船公司手中挤掉1300万两的利润，迫使美国旗昌洋行退出竞争。它为争回中国的航运权、发展民族经济和保卫国防方面产生了积极作用。然而，在辉煌的背后，也隐藏着危机。

在轮船招商局存在的20多年间，从整体上说它属于资本主义性质的企业，但它的经营管理技术却存在严重的缺陷。在那陈旧的办公室里，文件堆积如山，决策缓慢而混乱。这些缺陷使得企业失去生命力，得不到应有的发展，最终导致了它的失败。

在历史的长河中，轮船招商局曾有过辉煌的时刻。1887年，它成功收购美国旗昌公司产业，自此拥有轮船33只，总载运量约达2.4万吨，犹如一颗璀璨的明星，达到了发展规模的顶点。

然而，在这看似辉煌的时期，危机却悄然潜伏。轮船招商局的总办和会办等人，目光短浅，只盯着眼前的直接利益，而对企业的长远前途视而不见。在那繁忙的港口，人们为眼前的利益而奔波，却忘记了远方的风暴。他们没有意识到资本积累的重要性，很少进行这一关键的举措。

这种短视行为带来了严重的后果。轮船招商局无法凭借雄厚的资金扩大再生产，就像一个缺乏后劲的勇士，在与外国航运公司的竞争中逐渐力不从心。在那广阔的海洋上，外国航运公司的巨轮乘风破浪，而招商局的船只却显得势单力薄。它没有能力长时间与外国航运公司相抗衡，更不用说在远洋航线上和外国资本一较高下了。

所以，经营管理不善和对资本积累的忽视，成为了轮船招商局远洋航运完全失败的罪魁祸首。在那昏暗的办公室里，决策的失误和短视的目光交织在一起，为失败埋下了伏笔。

此外，封建顽固势力的钳制和掣肘，也是轮船招商局失败的重要原因。在那个保守的时代，封建顽固势力如同沉重的枷锁，束缚着轮船招商局的发展。他们对新事物的抵制和对变革的恐惧，使得招商局在前进的道路上举步维艰。在那充满阻碍的环境中，创新和发展变得异常艰难，每一步都像是在泥潭中跋涉。

轮船招商局的失败，是多种因素共同作用的结果。它的兴衰历程，为我们留下了深刻的教训，让我们在历史的反思中，探寻未来的发展之路。

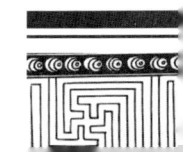

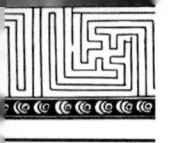

开平建矿：洋务运动中的重要抉择

在晚清那个风云变幻的时代，洋务运动如同一股强劲的春风，吹拂着古老的中华大地。各地兴办的军事工业和后来兴起的民用企业，如雨后春笋般涌现。然而，这些企业对煤铁的需求日益增长，却面临着严峻的问题。

土法生产的煤铁，不仅价格高昂，质量也难以令人满意。在那烟雾缭绕的工厂里，机器轰鸣作响，工人们忙碌地操作着，但所需的煤铁却常常供应不足。无奈之下，只得向外商购买，这使得大笔银钱源源不断地流向了外国人的腰包。

当时的中国，就像是一块散发着诱人香气的肥肉，吸引着西方列强的目光。他们如同饥饿的猎狗，紧紧盯上了中国丰富的煤炭资源，都渴望能从中分一杯羹。英国驻华大使馆的翻译柏卓安，在一番仔细勘察后，向英国政府建议来中国用西法开采煤炭。美国大使蒲安臣也劝说清政府设法开采北京西山煤矿，英国驻北京使馆参赞威妥玛更是提议清政府开发各省的五金煤炭等资源。

在那紧张的外交氛围中，西方列强急切地想知道清政府的态度，然而清政府却迟迟没有正面回应，这让他们摸不着头脑。直到中英重修《天津条约》，英国方面强烈要求在条约内写明允许英国人在中国开采煤矿一条，这才引起了清政府的高度重视。

上层官员们，特别是洋务派，纷纷对中国自办西法采煤发表看法。曾国藩站在古朴的书房中，望着窗外的景色，若有所思地说："借用外国人的机器，为中国谋一个永远的利益，或许是可行之举。"

沈葆桢则以务实的态度说道："在中国开煤矿，应先由官方开设一个工厂，雇佣洋人的工匠，购买或制造挖煤的机器。挖出的煤先按照平价进行交易，若有利，则大举开办；若没利，也可就此罢手。如此，我们便不会失掉主动权，那些外国饶舌之人也自然会闭嘴。"

李鸿章在实践中深刻体会到中国发展对煤铁的急需。在繁华的上海和南京，制造局里忙碌的场景如同画卷一般展开。制造洋枪洋炮所用的煤铁，以及轮船所需的燃料，都是从洋人那里购买。每年在购买煤炭上花费的钱财不计其数。他看着忙碌的港口，心中感慨万千："既然洋人都说我们广东、福建、江苏等地方有好煤，与其购买洋人的煤，不如购买洋人的机器自己开挖。到时候让洋商来购买、贩运我们的煤，岂不是更好？实在不行，允许洋人开挖，我们趁机学习他们的技术、收他们的税，还能用挖出的煤供应军需，这真是一举两得的好事。"

李鸿章认识到："天地之间，大自然赋予的宝藏，才是老百姓日用的来源。"他看着那堆积如山的账本，深知每年向外国购买煤铁是一个巨大的漏洞。于是，在那庄严的朝堂之上，李鸿章郑重地给朝廷上了一个折子，要求兴办新式矿业。

经历过两次鸦片战争的清政府，对钱字格外敏感。在那金碧辉煌却又充满忧虑的宫殿中，官员们小心翼翼地讨论着国家的财政问题。清政府最怕臣子们提花钱的事，而李鸿章提到的，却是一个最有魅力的话题——挣钱，增加国家财政收入。

李鸿章言辞恳切地说："西方一个小国，面积没有我们一个省大，财政收入却动辄以万万计，无非靠煤铁五金的矿藏、铁路电信的税收。中华帝国的疆域比他们广阔得多，矿产资源比他们丰富得多，为何老是穷困不堪？就是因为没有及早开发财路，挖掘地下的宝藏。只要仿效洋人开办新式矿业，马上就可以摆脱财政困境。一方面节省购买洋煤洋铁的大量开支，一方面还可以把矿产品出口国外，改变贸易入超的不利局面。同时，开矿有利于改善小民生计生活。开了矿山，就得招募工人来挖煤，挖出来的煤，要有人运输，要有人销售。这样的话，矿山附近的很多行业便可以为衣食无着的穷人提供就业机会，如饭店、旅店、客运等。"

1875年，李鸿章兴办新式矿业的请求终于被清政府批准。这一消息如同在沉闷的天空中划过一道闪电，带来了新的希望。

李鸿章满心欢喜地开始在直隶磁州试办矿业。在那古老而宁静的磁州大地，李鸿章派遣自己的亲信——江南制造总局的冯焌光和天津机器局的吴毓兰负责筹建工作。资金方面，由江南、天津两局垫银10万两，同时招商集股10万两。为了确保矿业的现代化发展，设备委托英国商人海德逊到英国订购，并在英国聘请工程师。

然而，李鸿章的愿望虽美好，现实却无比残酷。当时的守旧势力如同顽固的巨石，处处从中作梗。在那狭窄的街巷中，奸商们为了谋取私利，不断欺哄，使得矿业的发展举步维艰。再加上交通不便，磁州的煤铁矿最终没能开办起来。

直隶矿业的失败并没有让李鸿章气馁。他又联合两江总督刘坤一、湖广总督李瀚章奏请在湖北兴国开办煤矿，再次获得清政府允准。

在湖北兴国那片充满希望的土地上，李鸿章委派洋务派得力干将盛宣怀为兴国煤矿矿务督办，总管湖北矿业开发之事。资金方面，从直隶练饷直接拨给20万串钱。盛宣怀翌年即在兴国开挖煤窑40多座。但他并没有像李鸿章期望的那样购买新式机器、以西法采煤，而是仍采用土法，只采表层，采光了就换一个矿重新开掘。

在那简陋的煤窑旁，工人们忙碌地劳作着，但生产能力却极其低下。40多座煤窑半年产煤不过20吨，远远不如西方国家一口矿井一星期的产煤量。这不仅是对资源的极大浪费，也完全背离了李鸿章所提倡的新式矿业。没过多久，李鸿章只能忍痛关掉了湖北兴国煤矿。

李鸿章深知，没有钱就无法购进先进的采煤机器，无法聘请经验丰富的外国矿师，无法采用建矿井时即消耗巨大的西式开采方法。如果全部采用西法，当年大约需要经费6万两。从正式开掘到赢利这段时间，所有资金都得垫付。清政府允准李鸿章开办新式煤矿时只想到会增加收入，却没想到根本无法承担这些赔垫。国家、地方都拿不出钱,更不用说李鸿章个人了。在那昏暗的书房中,李鸿章无奈地叹息,他认为开矿失败的根本原因还是经费问题。

湖北的受阻并没有降低李鸿章的积极性,他如同一个永不言败的勇士,又开始在别处寻找机会。他听说开平一带自古就有许多小煤窑,那里的人们多靠挖煤为生。

在开平那片古老的土地上,山峦起伏,凤山绵延数十里。东北的古冶、正北的马家沟、西南的唐山,都仿佛蕴藏着无尽的宝藏。李鸿章委派经验丰富的候补道员、轮船招商局总办唐廷枢协同英国技术人员马立师,前往开平进行周密的现场勘查。

他们在这片土地上穿梭,仔细观察着每一处煤窑。李鸿章从他们的报告中得知,开平周围有着丰富的煤矿资源,煤窑遍布。这里的煤质优良,产量可观,利润不逊于西方。当地百姓自明代始即自行挖煤,技术熟练者一天可以挖四五百斤。照当时通行的煤价计算,除去运输费用,每15吨煤即可获利七万五千两。更令人惊喜的是,此地煤铁双全,凤山一带有数量可观的铁矿。

在这样有利的条件下,完全可以因地制宜,一举两得,先就地采煤,再用采出来的煤炼铁。然而,不利之处也显而易见。开平附近山路崎岖不平,交通极为不便。在那蜿蜒的山路上,牛马畜力艰难地运输着煤铁。民间生产数量有限时,畜力尚可维持,但若开办大型新式矿业,产品外运则成问题。最好的解决办法是修筑一条由开平到芦台的铁路,以动力代替畜力,增大运载量和流通速度。唐廷枢建议为开平煤矿投资80万两,一半用来采购设备、引进先进技术,另一半作为修筑铁路的开支。

当得知开平一带的丰富矿藏后,他兴奋不已,仿佛看到了国家富强的希望之光。

为确保万无一失,李鸿章委托马立师矿师带着从开平采集来的煤铁标本回英国,请著名的化学师戴尔等人进一步严格化验煤铁的成

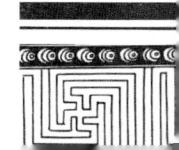

分。在那遥远的英国实验室里，灯光通明，各种仪器闪烁着神秘的光芒。专家们小心翼翼地摆弄着来自开平的标本，进行着细致入微的分析。不久，结果出来了：所验标本虽称不上世界最优等，但开采该矿应当没有任何问题。李鸿章得知这个消息，心中的喜悦如同潮水般涌动，他的开矿梦想似乎就要实现了。

其实，早在李鸿章将目光投向开平的煤炭资源之前，英国商人庵特生就已经注意到了这儿的矿藏。在开平那连绵起伏的山峦间，庵特生多次进行实际勘察。他看着那一个个古老的煤窑，心中感慨万千。在他的日记中写道："此地挖煤的方法比北京西北各煤窑的方法进步得多，如果他们能够使用蒸汽机和抽水机，再挖得更深一些，这些煤矿就会更有价值。但现在他们只能挖取头层煤，把最上面的一层挖完了，这个煤窑就放弃了，再开其他的矿井挖掘。他们几乎每年都在开新井，而且当地的人告诉我，一个新井最长时间也不能挖到10年以上。但凡质量较好的煤层都蕴藏在地下深处，开平人这样挖煤既浪费，又得不到好质量的煤炭。其原因就是开采方法太落后，如果学习西方的方法，使用机器开采，效果就会截然不同。"

那么，西方的先进方法究竟是怎样的呢？与闭关锁国的清政府相比，19世纪的西方人的采煤方法已经十分先进。在那广袤的西方大地上，一座座现代化的煤矿展现出强大的生命力。他们寻找煤矿时，先观察地势，等确定煤矿的位置后就钻探一个洞来测定煤矿的虚实。如果确实有煤，而且煤质合乎开采标准，就同时开两个井口。两个井都深入到煤矿的最底层，再在两个井之间开一个横道，使两井相通。这样，氧气就可以进入矿井，供矿工呼吸和点灯用，而灯必须是用玻璃密封起来的。整个矿井内用粗大的木头支撑起来，在井底还开出一条小路，路的旁边挖一道小沟，使水汇聚到小沟里，而不至于满坑乱流。从小井里放入抽水机，有水就立即抽干，既可以通风又没有发大水的危险。这是对矿井的技术处理。至于挖煤的方法，是先挖煤底和两边，用大铁锤敲击煤层，煤块自然震落下来，然后用手推车或者肩挑担运到大井底下，再用机器运出矿井。此法每天可采煤4到5吨，且采到的都是深层的好煤。而同时期中国开采方法最先进的开平人，每天拼了命地挖，也只能采到四五百斤浅层的次煤而已。

唐廷枢素有办事快捷、讲究效率之名。在那忙碌的办公室里，文件堆积如山，唐廷枢却有条不紊地制定着开矿计划。他很快便向李鸿章提交了具体的开矿计划。在这份计划里，他着重指出中西劳动力价格差问题。在开平开设煤铁矿，除了以前所提到的优势外，中国矿工和英国矿工的工资收入也有很大差距。在那充满希望的矿区，唐廷枢仿佛看到了未来的繁荣景象。他说道："具体地说，就是在每吨煤的单位构成中，中国矿工工资所占比例仅为英国矿工工资所占比例的一半。炼铁也是一样。而在实际执行过程中可能比这个预算还要省。因此，劳动力价格的低廉必然使开矿大获其利！"

工资上的优势，让李鸿章彻底解除了顾虑。在那庄严的官邸中，李鸿章果断地加快了派人订购钻机、聘请煤铁专家的节奏。李鸿章于1876年派了唐廷枢前往开平勘察煤铁矿产资源。经营方式采用官督商办，具体集资章程由唐廷枢即刻拟订。李鸿章还特意交代："所请的专家必须有真才实学，如不精通本行，立即开除重聘。"

唐廷枢精心草拟的《开平矿务招商章程》，如同一份承载着梦想的蓝图，努力体现着"官督"和"商办"两个特色，试图兼顾官商双方的利益。

李鸿章坐在书房中，仔细审阅着这份章程，微微点头道："此章程尚可，但需从官方立场对商人做些限制。"他心中想着，既要推动开矿事业，又不能让商人肆意妄为。于是规定商人所投资金，只能用于办矿，不准移作他用等。

开平矿务局雄心勃勃地计划着第一期招商集股80万两，每股100两，分8000股，期望在1879年6月之前招齐。然而，现实却如同一

盆冷水浇下。国内中小商人大都持观望态度，在那热闹的街市中，商人们交头接耳，心中充满疑虑。"这官僚与买办的结合，不知是福是祸，岂能轻易把身家性命赌上。"他们暗自思忖。矿务局费尽九牛二虎之力，才集得20万两银子，而这20万两还主要是唐廷枢等人的投资。

唐廷枢站在矿务局的院子里，看着简陋的设备，心中虽有无奈，但更多的是坚定。"不管资金够不够，先把局子开起来。"就这样，开平矿务局以最初的20万两订购机器、买地造房，热热闹闹地开张了。

1877年，唐廷枢提出的开采开平煤铁的计划被李鸿章批准。李鸿章深知此事重大，委派唐廷枢负责该项工作，为了得到地方官吏的配合，还增派前天津道丁寿昌和天津海天道黎兆棠会同督办。

1878年，开平矿务局正式成立，官督商办。然而，到了1879年，也就是开平煤矿开张的第二年，原定8000股资金才招到7000股，资金的短缺使得煤铁的挖掘工作很难全面展开。

李鸿章在书房中来回踱步，眉头紧锁，心中分析着局势。"煤矿与铁矿兼开，恐两者不成，唯有放弃成本较高、需求又较缓的铁矿，集中精力专开煤矿，方能取得初步胜利。"

唐廷枢得知李鸿章的决定后，心中虽有遗憾，但也明白这是当下的无奈之举。"先把煤矿做好，以后再开发铁矿也不迟。"他暗自想着。

随着资金集中在单一的煤矿上，开平煤的产量迅速提高。唐廷枢看着一车车的煤炭，心中又开始谋划着运输的问题。"应当立即修一条铁路，将挖出的煤及时运出，以免产品积压，资金周转不灵。"他想道。

然而，在当时，修铁路这件事却困难重重。唐廷枢找到李鸿章，无奈地说道："大人，用铁路运输煤炭，本是好事，可如今资金短缺，社会舆论也不支持，实在难办啊。"

李鸿章也深感无奈，"清政府如今也拿不出钱来修路，此事只能从长计议。"

开平煤矿刚刚出煤，还没有进入赢利阶段，拿不出修建铁路所需要的大笔费用。唐廷枢苦思冥想，终于想出一个办法。他站在矿井边，望着远方，心中有了主意。"在离矿井2里远的地方开挖一条小运河，将芦台和胥各庄联系起来，从水上把煤运出。"

他立刻行动起来，小运河不需要太深，只要在河上建个闸，水多时把水积蓄起来保证河水不泛滥，水少时开闸放水，保证航运，就可以免去牛背马拉这些最笨的运煤办法了。不久，这条全长70里，每天可行船12个小时的小运河挖成了。虽然河水比较浅，但也初步解决了煤炭的运出问题。在唐芦铁路筑成之前，这条小河一直承担着主要的运输任务。

在1881年初，那是一个充满希望的时节。开平的大地在阳光的照耀下，仿佛闪耀着金色的光芒。此时，中国第一座现代化煤矿——开平煤矿正式开钻出煤，这一重大事件如同一声惊雷，震撼了整个时代。

当时的权威媒体《申报》对此进行了热情洋溢的报道："中国第一座现代化煤矿——开平煤矿已经开钻出煤。在技术上，那先进的钻探机器从国外引进，西方有经验的技师在旁指导，机器的轰鸣声仿佛奏响了新时代的乐章；在体制上，采取官商合办、公开招股的形式，这是完全由中国人自办的企业，脱离了对外国的依靠，犹如一颗璀璨的新星在华夏大地升起；在开采方法上，采用了当今世界上最先进的同时开两井的方式，一口小井深达30丈，如同一个忠诚的卫士，负责抽水灌风，保障井下的安全，新式的抽水机每分钟可抽水千斤。另一口大井深60丈，是专门向外提煤的井口，机器提煤的力量强大，每天可达到百万斤（实际日产量只有300吨）。"

李鸿章坐在书房中，手中拿着关于开平煤矿的报告，眼神中满是关切与期待。他心中想着："这开平煤矿乃是国家之重器，每一步发展都不可忽视。"

当他听说开平已经出煤，立刻陷入了沉思。"应该成立一个专门的机构来组织管理开平煤矿的各项事务。"他暗自决定。于是，李鸿章亲

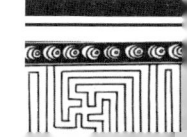

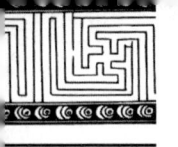

自主持了开平矿务局的成立仪式。

在成立仪式上，李鸿章庄重地说道："开平煤矿乃我大清之希望，务必精心管理，使其茁壮成长。"众人齐声应和，气氛热烈而庄重。

为了给开平煤矿的发展创造有利条件，李鸿章又开始为降低煤税而努力。他在奏折中言辞恳切地写道："过去中国同洋人签订条约，总是被他们欺骗。洋人进口的货物我们只收很低的税，而中国的货物想要出口却被他们征很高的税。这无意中造成了压制中国商人而保护外国商人的后果，使我们自己的商人在国外没有市场，在国内也无法和洋人竞争，生存境况十分艰难。这是很不公平的，也是我们税收政策中的一个大弊端。如今，开平煤将要大批投入市场，如果还按照以前的收税方法，则很难和进口煤竞争。我们官商合办的第一个大型煤矿将面临被洋人联合起来挤垮的危险。为扶持我们中国自己的企业，应该把国内的煤税降低，好让它到国际市场上和外国人争利，为中国人争光。"

李鸿章在书房中来回踱步，心中满是忧虑与决心。"一定要为开平煤矿争取到有利的条件。"他想道。

最终，原来每吨六钱七分二厘的煤税硬生生降为一钱。如此一来，开平煤矿的生产成本再次大大降低。开平煤矿的未来，仿佛在这一决策下变得更加光明。

朝中有人好办事，在李鸿章的大力支持下，开平煤矿如同展翅的雄鹰，迅猛发展。

阳光洒在开平煤矿的矿区上，机器的轰鸣声不绝于耳。矿工们忙碌地穿梭在巷道之间，脸上洋溢着辛勤的汗水和对未来的希望。开平煤矿的产量以惊人的速度上升，开钻一年日产量就达500吨，三年以后长期稳定在900吨左右，到1894年时，日产量据说已经达到了2000吨！

李鸿章站在矿区的高地上，望着眼前一片繁忙的景象，心中满是得意与快慰。他捋着胡须，微笑着说："想要赢大利，必须舍得下大本钱。开平煤矿当初花了二百万两，现在才经营了10年就开始源源不断地收取利息。我早就说过，干一件大事情怎么能指望早晨开工，晚上就赢利呢？"

接着，李鸿章又趁热打铁，心中谋划着更大的蓝图。他在书房中来回踱步，思索片刻后，毅然上奏朝廷在开平附近再增开林西煤矿作为附属矿区。不久，这个请求便被批准。开平煤矿逐步走向系统化、规模化，人气也不断上升。

在热闹的街市上，商人们议论纷纷。"听说开平煤矿的股票涨得厉害，原每股一百两转眼间升到了一百四十两、一百五十两，还有人愿意以每股二百三十七两的高价大批买进。""唉，当初犹豫观望，未敢入股，现在真是后悔不迭啊，怪自己目光短浅没有远见，没能把握住商机。"

开平矿务局开办的直接目的，就李鸿章等人的初衷来说，一是为了解决国内轮船、机器的燃料问题；二是同洋人"争利"。从实际情况看，第一个目的完全达到，第二个目的也在一定程度上达到了。

在天津的港口，曾经各通商口岸所需煤炭差不多全为洋煤所垄断，整个天津市场都是日本煤炭的畅销场所。如今，开平低价优质的煤炭迅速占领了市场。李鸿章看着一艘艘装满开平煤的货船驶离港口，心中充满自豪。"我们的开平煤终于崛起了。"

在19世纪80年代以前，日本以每吨七到八两纹银的高价将广岛、三池的煤运到天津倾销，几乎垄断了天津市场。而现在，开平煤在天津上市后，以每吨四两五钱到五两的价格出售，使日本煤两年之内削减了三分之二，不到十年就基本没什么市场了。

不仅是在天津和其他内地省市，开平煤还不断地运往香港和国外。在繁忙的码头上，工人们忙碌地装卸着煤炭。一艘艘货船驶向远方，带去了中国的希望。每年销往国外500多吨，而香港则达到数千

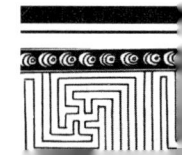

吨。李鸿章所期望的，也就是开平煤到国际市场上与洋商争利的这个愿望，真正地实现了。

光绪帝即位

李鸿章的洋务运动搞得如火如荼，然而公元1874年，同治十三年，朝中出了大事——同治帝突然因病逝世，20岁还不到的他并未生养子嗣，因而继承皇位之人，还有待慈禧确立。

《清穆宗毅皇帝实录》中记载道：同治十三年十二月初五日：酉时，同治帝崩于皇宫养心殿东暖阁。戌时，两宫太后在养心殿西暖阁，召见惇亲王奕誴、恭亲王奕訢等大臣约29人，谕曰："文宗无次子，今遭此变，若承嗣年长者，实不愿；需幼者乃可教育。现在一语即定，永无更移。我二人同一心，汝等敬听。"

之后宣布："醇亲王奕譞之子载湉，著承继文宗显皇帝为子，入承大统，为嗣皇帝。"

如此，清朝第十一任皇帝载湉继位，时年不过四岁。

西暖阁一语既定之后，军机处负责拟订懿旨，过了一个时辰，"亥正，请见面，递旨意，太后哭而听之"。随后，载湉被人从府中接往宫内，被带至同治榻前行哭礼，随后继任皇位。

而载湉的生父、醇亲王奕譞听闻儿子继任为帝，赶忙在地上连连叩头，最终昏厥倒地。不晓得是因为喜出望外，抑或是受惊过度，想必这两种感情都参杂其间，毕竟一国的江山都要归属于儿子，这怎能不让人震惊呢。

醇亲王奕譞在事后仍然感到隐隐的不安，因为他清楚，此事并非意味着飞黄腾达，还有种种后患在等着他，慈禧会否放过奕譞，都是未知的事情。假使在儿子执政时，慈禧产生不满，那么他的儿子和他们一家子就会在劫难逃。

因此，载湉的即位，就代表着他们的命运被慈禧牢牢地握在了手中。

同治帝辞世次日，也就是载湉入宫的明天，恭亲王奕䜣前往醇亲王府看望奕譞，并告诉他，你还能保有醇亲王的爵位已经很好了。因为这句话，奕譞又经过几日的深思熟虑，决定辞去自己的所有职务，只为能够在余生安享天年。

慈禧太后没有推脱，便顺了他的意，革除了奕譞所有任职。心有余悸的奕譞，在辞职后，还让慈禧解除他世袭罔替的身份，而这次慈禧太后并未同意。从而可以看出，奕譞对于慈禧还是十分了解的。

向慈禧请求解除所有职位和袭爵，仍然不能让奕譞安心，没多久，他又给慈禧呈递一封《豫杜妄论》的奏折，说道："如若后人引用明代嘉靖帝的例子，也要为作为载湉生父的我谋权多利的话，必须严令禁止，不能扰乱朝纲。请务必保留这份奏章，警示后人。如此便能让皇帝遵守，也可以让我永保名节。"

奕譞的小心翼翼，不仅在光绪帝即位初期表现出来，在之后他执政期间，体现的更为持久而强烈，对慈禧变得更惟命是从，从来不曾展现出皇帝生父的傲慢狂妄。或许正是因此，奕譞才得以颐养天年。

小载湉糊里糊涂便进了宫，次日一早叩见两位太后，在无比慌乱中稳坐金銮殿，变成入关后的第九任皇帝。小皇帝登基后，在礼亲王等人的推崇下，慈禧再度垂帘听政，她终于完成了日夜思想的愿望。

慈禧之所以会选择光绪帝继承皇位，还要从道光时期讲起。

却说道光帝共有九子，长子奕纬、次子奕纲、三子奕继相继夭折死去。四子奕詝也就是之后的咸丰帝，五子过继给了醇亲王，六子奕䜣被慈禧封为议政王，掌管军政要务。七子奕譞为醇郡王，八子在同治七年死去，九子为孚郡王奕譓。

咸丰死后，应当继任皇位的是"溥"字辈，然而道光帝曾长孙溥

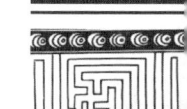

伦，因宗支疏远，而遭到慈禧的否决。因为当时溥伦已 17 岁，若他登基，慈禧就不能垂帘听政了。

于是，慈禧便打算在"载"字辈里找，为防止恭亲王奕䜣势力过大，所以排除了载澄、载滢二人，那么变得只能在醇亲王奕譞后嗣中寻找。醇亲王奕譞共有四位福晋，一生养育了七个儿子。

长子与三子过早地逝世，二子为载湉，也就是光绪帝。由于长子辞世，慈禧便选择了载湉作为皇位继承人。慈禧的同胞妹妹叶赫那拉氏，是奕譞的嫡福晋，这层亲缘关系，也是慈禧选立载湉的原因之一。

海防讨论与北洋水师

1874 年，日本寻找借口出兵侵犯台湾，这一事件犹如一颗巨石投入平静的湖面，在中国朝野上下引起了强烈的震动。

日本的这次侵犯，虽最终以和议告终而未开启更大战端，但却让中国人深刻地认识到了海防的重要性。于是，一场轰轰烈烈的"海防大讨论"在国内拉开了帷幕。

1874 年 11 月，总理衙门的文件中强调了海防的重要性和紧迫性，并提出"练兵"、"简器"、"造船"、"筹饷"、"用人"、"持久"等办法，要求沿海各省的督抚和将军进行讨论。

此时，身任直隶总督兼北洋大臣的李鸿章，正坐在书房中，望着窗外的景色，陷入了沉思。他深知此次海防大讨论的重要性，也明白这是一个推动中国海军海防大业发展的绝佳机会。

李鸿章提起笔，洋洋洒洒地写下了《筹议海防折》。在奏折中，他首先分析了中国所面临的前所未有的严酷形势。

"如今，历代备边，多在西北。然今时不同往日，东南海疆万余里，各国通商传教，来往自如。他们阳托和好之名，阴怀吞噬之计。

一国生事，万国构煽，实为数千年未有之变局！轮船电报之速，瞬息千里；军器机事之精，工力百倍。炮弹所到，无坚不摧；水陆关隘，不足限制，又实为数千年来未有之强敌！"李鸿章感慨地对身边的幕僚说道。

他还痛切指出了处理国际关系的根本在于国家之实力："洋人论势不论理，彼以兵势相压，我等欲以笔舌胜之，此必不得之数也。"

李鸿章又指出历史时机的紧迫性："正值海防吃紧之际，不特为外人所窃笑，且机会一失，中国永无自强日！"

在奏折中，李鸿章还阐述了关于海防的具体实施办法。他提出中国应以陆军为主，海军设立南洋、东洋、北洋三支水师。

然而，左宗棠却提出了不同的意见。

左宗棠坐在自己的书房中，捋着胡须，神色凝重。"如今大清国，应实施'东则海防，西则塞防，二者并重'之策。若设立三支水师，必将导致领导不统一，各自为政。海军应统一领导。"左宗棠对前来拜访的官员说道。

李鸿章和左宗棠的分歧在于，李鸿章认为西北塞防可有可无，甚至可牺牲新疆作为代价。而左宗棠认为西北边疆十分重要，塞防不固，则西北屏障尽失。

当时，清政府面对的局势是沙俄侵占伊犁，阿古柏占据新疆，收复新疆迫在眉睫。

1874年底，同治帝病死，光绪帝继位，慈禧再次垂帘听政。次年，海防讨论进入了廷议阶段。

在朝堂上，大臣们争论不休。

"李鸿章大人所言极是，如今东南海疆危机重重，应大力发展海军，设立三支水师。"一位大臣说道。

"不可，左宗棠大人说得对，东则海防，西则塞防，二者并重。新疆不可失，塞防不可废。"另一位大臣反驳道。

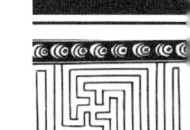

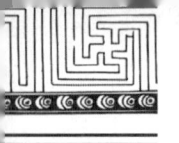

以奕䜣为首的总理衙门既没有采纳李鸿章的意见，也没有赞同全力注重西征的主张，最后作出"海防"、"塞防"并重的方针。令李鸿章负责海防，令左宗棠去负责"塞防"问题。

左宗棠在稍后的奏折中，看似支持朝廷意见，实际是主张全力西征。

"窃维泰西诸国之协以谋我也，其志专在通商取利，非必别有奸媒……商贾计日求赢，知败约必碍生计也，非甚不得已，何敢辄发难端。自轮船开办，彼挟以傲我者，我亦能之；而我又博心抑志，方广求善事利器益为之备；谓彼犹狡焉思启，顾而他之，似亦非事理所有。"左宗棠在奏折中写道。

显然，左宗棠认为西方各国无意侵犯，而中国已有足够的准备，海防不足为虑。言外之意就是应该全力西征。

李鸿章则认为当时的主要危险来自漫长的海疆，尤其是京津和沪宁是国家的腹心所在，一定要以海防为重点。

"如今海疆危机四伏，若不加强海防，国家将危在旦夕。"李鸿章对身边的人说道。

但是，李鸿章没有考虑到，西陲有事应在短时间内集中人力物力先行解决。左宗棠的成功就在于适应了这一需要，虽然他对海防形势的估计未免过于乐观。

当时清政府的财政非常困难，只好把能够动用的财力主要用于西征。

李鸿章在"海防大讨论"以及后来关于海军海防的竭力倡言，为近代中国海军海防建设起到了有力的推动作用。

在以李鸿章为代表的务实派高级官员们的努力倡导下，清政府建成了福建、北洋、南洋和广东4支小规模的海军舰队。

然而，法国侵华远征舰队于1884年8月中法马尾海战中，竟然全歼了最早组建的整个福建海军。

消息传来，举国震惊。

光绪帝坐在龙椅上，面色沉重。"自海上有事以来，法国恃其船坚炮利，横行无忌。我之筹划备御，亦尝开立船厂，创立水师。而造船不坚，制器不备，选将不精，筹费不广。上年法人寻衅，迭次开仗，陆路各军屡获大胜，尚能张我军威；如果水师得力，互相援应，何至处处牵制。惩前毖后，自以大治水师为主！"

随即，光绪帝下谕设立了总理海军事务衙门，简称海军衙门。海军由此成为国家的正式军种，近代中国的海军海防事业开始步入正轨的发展时期。

光绪帝的生身父亲醇亲王奕譞亲自出任总理海军大臣，而一直力主大举兴办海军的李鸿章出任会办海军大臣，具体掌管全国海军海防建设大业。

李鸿章深知自己肩负的重任，全身心地投入到海防建设之中。他常常在书房中，对着地图思索着海军的发展战略。

"如今局势危急，我们必须加快北洋水师的建设，保卫国家的海疆。"李鸿章对身边的幕僚说道。

为了实现这一目标，李鸿章购买船舰，兴办水师学堂，建设大沽口、旅顺口、威海卫军港基地。他起用了著名科学家徐寿之子徐建寅等一大批中外专业人才。

1875年，光绪元年，日本入侵中国的另一个藩属国朝鲜。第二年，日本逼迫朝鲜签订《江华条约》，解除了中国与朝鲜的宗藩关系。这一事件让清政府朝野震动。

1879年，光绪五年，日本又吞并琉球，改设冲绳县。这一连串的惨痛事实，再次让清政府上下意识到海军建设的紧迫性。

尤其是中法战争期间，马尾军港被法军炸毁，福建水师全军覆没。这一悲剧促成了海军衙门的建立。慈禧太后任命醇亲王奕譞为总理海军事务，庆郡王奕劻、李鸿章为会办，汉军都统善庆、兵部右侍

郎曾纪泽为帮办。这个阵容相当庞大，而李鸿章则成为北洋海军的实际权力掌握者。

要建立近代海军，必须解决船舰问题。李鸿章最初主张自己制造船舰，但在实践中，他发现当时在中国造船，造价要远远高于从国外买船。于是，他转向了从英国和德国买船为主，造船为辅的方针。

"从国外买船，虽然花费不菲，但能迅速提升我们的海军实力。"李鸿章在与部下商议时说道。

在买船的同时，李鸿章还将闽沪两厂制造的一些轮船调入北洋海军。除了船舰之外，还须建立海军基地。李鸿章在大沽建造了船坞，在旅顺口修建了口西、口东海岸炮台、陆路炮台，还有大连湾炮台；在威海卫岸上的要隘建立炮台，在水面建筑铁码头。一时间，威海卫成为了"东海屏藩"。旅顺口和威海卫由此成为北洋海军的基地，守卫着渤海和天津。

李鸿章深知，要想让北洋海军强大起来，还必须培养一大批海军人才。于是，他把目光投向了福建船政学堂的学生。

"这些学生都是国家的未来，我们要好好培养他们。"李鸿章对负责水师学堂的官员说道。

福建船政学堂的学生，几乎都被李鸿章所用。此外，李鸿章还雇佣了一批洋人担任技术人才。

此时，英国驻华公使威妥玛找到李鸿章，希望英国军官能够独揽对北洋海军的教习任务。

"不行，我们不能让英国军官独揽教习任务，必须采用英国军官和德国军官并用的原则。"李鸿章果断地拒绝了威妥玛的要求。

在李鸿章的苦心筹办下，1888年10月，海军衙门上奏慈禧太后并获准颁行《北洋海军章程》，标志着北洋海军正式组建成军。这是近代中国海军海防事业发展的辉煌顶点。

由于北洋海军的庞大阵容，中国海军作战舰艇的总吨位达到4万多吨，一度跃居海军世界大国的行列，在亚洲地区更是首屈一指。北洋军事工业的重要企业为旅顺鱼雷制造所。

然而，北洋海军的建设并非一帆风顺。在这个过程中，清政府内部的派系斗争不断，北洋海军在很大程度上存在着诸多致命弱点。

在防御体系的建设上，存在着漏洞。李鸿章与部下在视察海防设施时，发现了一些问题。

"这里的防御还不够完善，必须加强。"李鸿章指着一处炮台说道。

海军的训练也存在问题，一些士兵缺乏严格的训练，战斗力不足。

"我们必须加强训练，提高士兵的素质。"李鸿章对海军将领说道。

军队的体制也不完善，指挥系统不够顺畅。

在经费问题上，更是困难重重。慈禧太后多次挪用海军经费修建颐和园、举行寿庆活动。户部尚书翁同龢不但处处为李鸿章设置障碍，还公开反对北洋水师建设，拖欠、拒绝给付海军经费。

李鸿章无奈地感叹道："北洋只有半支海军。"

尽管面临着重重困难，但李鸿章并没有放弃。他依然努力地为北洋海军的发展而奋斗，希望能为国家的海防事业做出更大的贡献。然而，历史的车轮无情地向前滚动，北洋海军的命运也在风雨中飘摇。

广纳人才厚积薄发

拥有了尖端的设备，接下来就要着手招纳人才。

朝堂上，慈禧太后正襟危坐，她问到："如今创建北洋水师，人才乃是关键。你远赴英国花了如此之多的银两，带回来的船只可有人会开？坏了可有人会修？"

李鸿章拱手答道："回禀太后，此事臣已着手在办，臣深思熟虑，当下正值用人之际，应广招天下英才，且需从三方面入手。其一，选

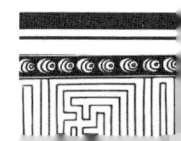

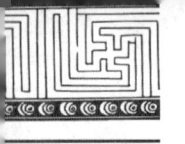

拔国内的优秀人才，无论是水师学堂的学生，还是各地的水师将领，只要有才能，皆可纳入北洋水师；其二，招聘外国的优秀教官和技术人员，学习西方的先进技术和经验；其三，招揽那些曾经在海外留学归来的学子，他们见识广博，定能为北洋水师带来新的思想和理念。"

慈禧太后听罢满意地点点头，看着众人，说道："诸位，如今北洋水师初建，任重道远。吾等当齐心协力，为我大清打造一支无敌之水师。"

李鸿章拱手道："臣等必将尽心竭力。"

回到府邸，幕僚来见，李鸿章对幕僚们说了自己甄选人才的方向，周馥点头："大人所言极是，只是这人才选拔之事，并非易事，还需我们精心谋划。"

李鸿章微微颔首："此事吾自有分寸，你先下去吧，吩咐下去，让各地的官员推荐优秀人才，不得有误。"

周馥领命而去，李鸿章则再次陷入了沉思之中。他知道，这是一场艰难的战斗，但他别无选择，只有勇往直前。

在福州的船政学堂内，一群年轻的学子们正在认真地学习着航海知识和舰船操作技术。他们身着统一的制服，眼神中充满了对知识的渴望和对未来的憧憬。

严复，这位船政学堂的优秀学生，正坐在教室里，聚精会神地听着老师的讲解。他天资聪颖，勤奋好学，在学堂中成绩优异，备受老师和同学们的赞誉。

这天，严复正在图书馆里查阅资料，突然听到同学们在议论着北洋水师广纳人才的消息。

"听说北洋水师正在招募人才，我们要不要去试试？"一个同学说道。

"北洋水师乃是李鸿章大人亲自创建，若是能加入其中，定能有一番作为。"另一个同学附和道。

严复听了他们的议论，心中一动。他一直渴望能够为国家的海防事业贡献自己的力量，如今机会来了，他自然不想错过。于是，他决定报名参加北洋水师的选拔。

在选拔的那一天，严复早早地来到了考场。考场内人头攒动，都是来自各地的优秀学子。严复看着这些竞争对手，心中既紧张又兴奋。他知道，这是一场激烈的竞争，但他相信自己的实力。

考试开始了，题目涉及到航海知识、舰船操作、军事战略等多个方面。严复沉着冷静，认真答题，他的笔下如行云流水，答案清晰准确。考试结束后，严复信心满满地走出了考场，他相信自己一定能够脱颖而出。

经过严格的选拔和考核，严复等一批优秀的学子被选中，即将前往天津，加入北洋水师。在离开福州的那一天，严复站在船头，望着远方的大海，心中充满了豪情壮志。

"吾等定当努力学习，为北洋水师的强大贡献自己的力量。"严复暗暗发誓道。

在欧洲的一些国家，还有许多曾经在海外留学归来的学子，他们也成为了李鸿章招揽的对象。刘步蟾、林泰曾、邓世昌等一批留学归来的学子，听闻北洋水师广纳人才的消息后，纷纷响应。

刘步蟾，这位曾经在英国留学的学子，对海军有着深厚的感情和独到的见解。他在留学期间，刻苦学习，掌握了先进的海军技术和理论知识。回国后，他一直渴望能够有机会施展自己的才能。

"北洋水师乃是吾等报效国家的舞台，吾定当全力以赴，为北洋水师的强大贡献自己的力量。"刘步蟾心中暗暗说道。

林泰曾，性格沉稳，心思缜密，他在留学期间积累了丰富的实践经验。他深知，北洋水师的建立对于中国的海防事业具有重要的意义，他愿意为其付出一切。

邓世昌，热血沸腾，充满正义感。他在留学期间，目睹了西方列

强的强大和中国的落后，心中充满了悲愤。他发誓，一定要让中国的海军强大起来，不再受列强的欺凌。

这些留学归来的学子们，怀着满腔的热血和报国之志，纷纷加入了北洋水师。他们的到来，为北洋水师带来了新的思想和理念，也为北洋水师的发展注入了新的活力。

随着一批批优秀人才的加入，北洋水师逐渐壮大起来。在李鸿章的精心策划和组织下，北洋水师开始了艰苦的训练和建设。

在威海卫的海军基地内，北洋水师的将士们正在进行着紧张的训练。他们顶着烈日，冒着寒风，刻苦训练，一丝不苟。舰船在海面上穿梭，炮声隆隆，硝烟弥漫。

严复等学子们在琅威理的指导下，认真学习着航海技术和海战战术。他们不断地探索和实践，逐渐掌握了先进的海军技能。刘步蟾、林泰曾等将领们则带领着士兵们进行着实战演练，提高了士兵们的战斗能力和协同作战能力。

经过一段时间的训练和建设，北洋水师初露锋芒。在一次与南洋水师的联合演练中，北洋水师表现出色，赢得了朝廷和各界的赞誉。

李鸿章站在旗舰的甲板上，看着训练有素的将士们，心中充满了自豪。他知道，自己的努力没有白费，北洋水师已经成为了一支具有强大战斗力的海军力量。

"吾等之努力，必将为大清国的海防事业奠定坚实的基础。"李鸿章感慨地说道。

道阻且长，行则将至

然而，北洋水师的发展并非一帆风顺。在朝廷内部，保守势力对李鸿章的洋务运动和北洋水师的建设一直持反对态度。他们认为，花费巨额资金建立北洋水师是劳民伤财，而且会引起西方列强的警惕和不满。

在一次朝廷的会议上，一位保守派官员站出来说道："李鸿章大人，您花费如此巨额的资金建立北洋水师，究竟有何意义？如今国家财政困难，百姓生活困苦，您却只顾着自己的洋务事业，置国家和百姓于不顾。"

李鸿章听了这话，心中大怒，但他还是强忍着怒火，说道："吾等建立北洋水师，乃是为了保卫国家的海防，抵御列强的侵略。如今列强虎视眈眈，若吾等不图强，必将亡国灭种。"

尽管李鸿章据理力争，但保守势力的反对声依然不断。他们在朝廷中四处散播谣言，试图破坏北洋水师的建设。

在这暗流涌动的局势下，李鸿章深知，自己必须更加坚定地推进北洋水师的建设。他一方面加强与朝廷中的开明派官员的合作，争取他们的支持；另一方面，他加快了北洋水师的装备更新和人才培养，提高北洋水师的战斗力。

他首先确定了北洋水师的编制和管理体制。北洋水师采用了西方近代海军的编制，设立了提督、总兵、副将等官职，明确了各级军官的职责和权力。同时，李鸿章还制定了严格的军纪和训练制度，要求官兵们严格遵守纪律，刻苦训练。

在军舰的配备上，李鸿章力求做到精益求精。他不仅购买了先进的铁甲舰、巡洋舰和驱逐舰，还配备了大量的火炮、鱼雷等武器装备。为了提高军舰的战斗力，李鸿章还注重军舰的维护和保养，定期对军舰进行检修和升级。

除了军舰，李鸿章还重视海军基地的建设。他选择了旅顺和威海卫作为北洋水师的主要基地。在旅顺，他修建了坚固的炮台、船坞和仓库，为北洋水师提供了良好的后勤保障。在威海卫，他建设了现代化的海军港口，配备了先进的导航设施和通信设备，使北洋水师能够

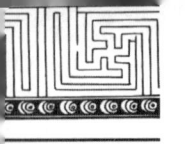

迅速出击，保卫国家的海疆。

经过多年的努力，北洋水师终于初具规模。在李鸿章的精心指挥下，北洋水师开始在国际舞台上崭露头角。1886年，北洋水师的定远、镇远等军舰访问日本。这次访问引起了日本的极大震动，让他们深刻认识到了中国海军的实力。日本开始加快海军建设的步伐，试图超越北洋水师。

在国内，北洋水师也积极参与了一些重要的军事行动。1884年，中法战争爆发，北洋水师奉命南下，协助福建水师保卫台湾。虽然在战争中，北洋水师没有直接与法国舰队交战，但他们的存在对法国舰队起到了一定的威慑作用。

在成军后的几年里，北洋水师不断发展壮大。他们积极开展训练，提高官兵们的战斗素质。同时，李鸿章还不断引进先进的技术和装备，使北洋水师始终保持着强大的战斗力。在国际上，北洋水师也赢得了广泛的赞誉，被认为是亚洲最强大的海军之一。

洋提督琅威理

1863年，清政府从英国购买了一支舰队，试图增强自己的海上力量。时光流转至1882年，李鸿章决定聘任英国海军军官琅威理为北洋海军舰队的总监察，负责训练事宜。

琅威理，这个在近代海军史和中英外交史上占据关键地位的人物，毕业于英国皇家海军学校，原本只是英国海军的一个低级军官。光绪初年，李鸿章奉命创建北洋水师，那时战舰多购自外国，而中国极度缺乏海军人才，无奈之下不得不借才异域。

北洋海军创建之初，李鸿章为寻觅一位理想的统帅可谓绞尽脑汁。1878年，中国虽已拥有新式舰艇二十余艘，但在外国人眼中，中国"并没有海军"。关键原因在于海军的组织训练毫无章法，根本不堪一战。李鸿章焦急地写信给驻英公使郭嵩焘，嘱托他在英国帮忙寻找适合的北洋统帅。

在英国的一处典雅书房中，郭嵩焘坐在书桌前，思索片刻后回信说："有一个叫琅威理的英国人，专业技术十分精通，或许符合你的要求。"当年6月，琅威理受聘为中国护送所购炮船。李鸿章得知后，立刻命令船政大臣丁日昌暗中观察琅威理。

丁日昌在码头边，看着琅威理指挥若定，心中有了判断。他回报李鸿章："琅威理确是不可多得的帅才。"李鸿章心中对琅威理顿生好感。琅威理护送船舰来华，任务完成后便返回英国，并未与李鸿章谋面。

然而，海军的组织和训练刻不容缓。虽未见面，但李鸿章对琅威理的大名已耳熟能详，决定亲自会会这个众口交赞的琅威理。1879年11月，寒风凛冽，琅威理受雇率清政府第二次在英国订购的四艘船（即镇东、镇南、镇西、镇北）来华，于十月初六日抵达大沽口。这四艘炮船均为英军的淘汰武器，技术要求很低。但琅威理在万里波涛中一番操练，那专业的姿态和严谨的指挥让在岸边观看的李鸿章心花怒放。

操演完毕后，李鸿章激动地对身边的人说："此人正是我北洋海军所需之人。"当即聘请琅威理为中国海军总教习。当时李鸿章正为母守孝，但他仍马不停蹄地为琅氏办理来华任教事宜，那份急切仿佛得到琅威理就为中国海军抓住了一根救命稻草。

1882年秋，阳光洒在海面上，波光粼粼。琅威理正式来华任职，他的任务是负责北洋海军的操演、训练及教育事务，直接对北洋大臣负责。琅威理的年薪定为纹银六百两，但没有规定聘用年限。李鸿章本打算长期聘用琅氏，却没料到后来这个漏洞引发了问题。1884年，中法战争爆发，按照英国政府规定，大英帝国臣民不得为第三国作

战，英国政府保持中立，琅威理为避嫌而去职，改由德国人式百龄担任总教习。

中法战争后，清政府痛定思痛，决定大办海军。1885年九月初五日，成立中央海军机构海军衙门，所有水师系归其节制调遣。此时，各国政府纷纷派本国军官前来应聘，希望接替琅威理的职务。英国政府也意识到琅威理的重要性，晋升其上校军衔和舰长，要求其返回中国继续任职。李鸿章电请琅威理回华复职，赫德等也极力恳劝，并请英国外交部代为敦促。琅威理要求在训练中采用英制，雇佣英人，并授予其训练全权，在得到李鸿章同意后，1886年春，琅威理重返北洋海军。码头上，李鸿章、丁汝昌和北洋官兵热烈欢迎他的归来。

其时正是用人之际，北洋统帅丁汝昌乃陆军出身，对指挥海军毫无经验，海军官兵甚至很多人连"经纬仪"、"指南针"都分不清。琅威理回任后，日夜操劳，仅仅3个月内使一盘散沙的海军变得整齐可观，得到清政府颁发的二等宝星勋章。同年四月，醇亲王大阅海军，看到海军建设卓有成效，十分高兴，赏赐琅威理提督军衔。李鸿章在电文里也经常用"提督衔琅威理"或"丁、琅二提督"的称谓。在北洋海军的正式公文中，琅威理的头衔也全是"提督"。

但后来的"撤旗事件"让琅威理大受打击。

1890年3月，南中国海海风拂面，北洋舰队至此处例行操巡。提督丁汝昌率镇远等四舰巡查海南岛，总教习琅威理则留守香港。香港的街道上，人来人往，热闹非凡。琅威理忙不迭地下船去和同乡炫耀自己的官位和成绩，直到天黑才回到船上。按海军惯例，提督离船降提督旗改升总兵旗。

琅威理的校友——海军留学生刘步蟾下令升起总兵旗。琅威理看到提督旗撤下，非常不悦，他皱着眉头说："在我心目中，我和丁汝昌平起平坐，提督旗是俩人共同拥有的。北洋海军有两个提督！"于是他跑去问刘步蟾："丁汝昌走了，我还在，我也是提督，提督旗怎么能降下呢?"刘步蟾毕业于英国海军名校,他平时便看不上这位洋提督,加上海军中多为闽籍,琅威理曾上书李鸿章,提出"兵船管驾,不应专用闽人",大家早就对他愤恨。刘步蟾对琅的质问不做理会。琅威理只好致电李鸿章,这就是著名的"撤旗事件"。

李鸿章对此事并未重视,搁置不理。琅威理感到备受侮辱,跑到天津,愤怒地对李鸿章说:"如果不严惩刘步蟾,我马上辞职!"李鸿章却强硬地回应:"愿走愿留,悉听尊便。"琅威理一怒之下,再次辞职。

琅威理辞职后,在华的外国报纸纷纷为琅氏鸣不平。

《中国时报》报道说:"琅威理纯粹受骗上当。因为聘任合同写得明明白白,琅威理必须拥有实权。升旗事件绝非偶然,而是李鸿章和北洋军官的卑鄙阴谋。"

《北华捷报》描述得更为悲壮:"外国人以辛勤劳动和忠诚人格换来的却是忘恩负义、过河拆桥。除非外籍军官与中国人同流合污,慵懒堕落,否则便会遭到嫉妒和排挤。"

事件不断升级,渐至超出李鸿章和琅威理的个人矛盾,上升为中英两国间的外交冲突。英国政府态度强硬,禁止英国军官为中国军队服务,驱逐英国海军学校的中国留学生。中英关系因琅威理辞职事件陷入僵局。

琅威理的到来确实为北洋海军带来了一段时期的辉煌,但"撤旗事件"也暴露出当时北洋海军内部的派系矛盾以及中外军官之间的权力纷争。李鸿章在处理此事时的态度,一方面反映了他在平衡各方势力时的艰难抉择,另一方面也凸显了当时中国在引进外国人才进行现代化建设过程中的复杂困境。

开平煤矿突发巨变

19世纪90年代，开平煤矿的天空仿佛被一片阴霾笼罩。曾经辉煌的矿区，如今正经历着一场剧变。

海外学者费正清在《剑桥中国晚清史》中以低沉的语调写道："唐景星（唐廷枢）在1892年去世，他的离去，如同夜空中一颗璀璨星辰的陨落，标志着开平煤矿自此滋生大量贪污，企业也逐渐走向官僚化，这也正是'龙旗事件'发生前十年来，开平矿务局从辉煌迈向没落的开端。"

江苏候补道张翼，成为了唐廷枢的继任者。他站在开平煤矿那广阔的土地上，望着忙碌的矿工和运转的机器，心中满是急切与渴望。"我定要让开平煤矿更上一层楼。"他暗暗发誓。

张翼接任后，急功近利地全面扩大生产和销售。在西山矿井及三号矿井处，矿工们挥汗如雨，新矿井的开发让开平煤矿的产量猛增。8年间，产量从原来的每年252538吨一路飙升到778240吨，翻了三倍还多。

为了把这些多挖出来的煤卖出去，张翼如同一只忙碌的蜜蜂，在全国各地特别是沿海沿江的要埠奔波。在天津，张翼看着码头上堆积如山的煤炭，心中焦虑又期待："一定要把这些煤都卖出去。"塘沽的海风吹过，仓库的屋顶在风中摇曳。烟台、牛庄、上海、香港、广州、汉口、苏州、秦皇岛等地，全都设置了办事处、码头和仓库。

以秦皇岛为例，那是一个充满活力的港口。阳光洒在海面上，波光粼粼，港口船只来来往往，热闹非凡。秦皇岛港口吞吐量大，终年不冻，唐胥铁路已修到距秦皇岛5英里之地，开平煤炭可从铁路直运秦皇岛，再装船出口，销往国外，比大沽等地方便得多。张翼兴奋地对身边的人说："这里必将成为我们的重要出口地。"他派人在当地购买4万多亩土地，准备建设码头，并由总理衙门出面奏请将秦皇岛作为中国自开的通商口岸，当天就获得允准，使秦皇岛成为中国因工商业发展需要而自己主动开放的通商口岸。

这段时间的开平，在局外人眼里是鲜花着锦、烈火烹油，比唐廷枢时代的稳步发展热闹得多。然而，张翼却在心中隐隐担忧。实际上，他的盲目扩充、开采、投资，引发的后果是非常严重的。在那昏暗的办公室里，张翼看着账本，眉头紧锁。"消耗资金过大，这可如何是好？"由于资金短缺，没过多长时间，开平矿务局的老本就掏尽了。

张翼无奈之下，只好四处借钱。他在心中焦急地想着："一定要找到资金，不能让开平煤矿就此衰落。"但他无法筹集到扩建秦皇岛码头时所需要的足够资金，只得将希望寄托于外国洋行。

张翼找到曾任海关税务司的英籍德国人德璀琳，急切地说："德先生，还请帮忙，以天津、上海等地的码头煤栈作抵押，向德华银行借款吧。"德璀琳答应了他的请求，张翼成功向德华银行借款60万两。此后，德璀琳又将一家名为墨林的国际财团引荐给了张翼。

在豪华的会议室里，张翼与墨林公司的代表们相对而坐。墨林公司代表微笑着说："我们愿意提供20万英镑贷款，并且有一项筹集新股扩大矿山开发的宏伟计划。"张翼感激不已："多谢贵公司的慷慨相助。"

鉴于开平矿务局所存在的问题，墨林开始帮忙为开平矿务局在全球物色一名工程师。不久后，他们的目光集结到了一个美国年轻人的身上。

他的名字叫做赫伯特·胡佛，出生于美国爱荷华州。在那宁静的小镇上，胡佛的童年充满了苦难。父亲是一名铁匠，在胡佛六岁时去世，又过了三年，母亲也去世了。胡佛心中满是孤独与无助："我该怎么办？"成为孤儿的他先是寄居在叔叔家，两年后迁居舅舅家。胡佛白天在伯父开办的俄勒冈土地公司里当办公室杂役，记账、打字，晚上读商业夜校。毕业后他在加利福尼亚州当了两年矿工，每班工作10个

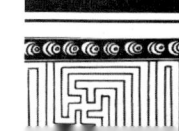

小时，却只能挣到可怜的两美元。胡佛看着手中的微薄收入，心中充满无奈："难道我的人生就只能如此吗？"也许连他自己也不会想到，正是这样一个孤儿会在1929年那个全球经济最晦暗的春天走上美国权力的顶端，成为白宫的主人。尽管他的传奇经历在那场经济风暴的遮掩下已经显得微不足道，但是他的发迹史又与开平矿务局的倒卖是如此密切相关。

1897年，在遥远的西方，一则招聘广告如同投入平静湖面的石子，激起了千层浪花，也悄然改变了胡佛的命运。英国矿业巨头"毕威克—墨林"公司计划招聘一名经验丰富的地质学家，且特别要求应征者年龄为35岁以上。

那时的胡佛，年仅23岁，年轻的脸庞上却闪烁着坚毅与渴望。他看着那则广告，心中涌起一股强烈的冲动："这是我的机会，我一定要抓住。"于是，他决定虚报年龄。

命运之神似乎在那一刻眷顾了他。胡佛被录用了，从此拥有了一个中文名字"胡华"。他站在公司的大厅里，心中满是兴奋与憧憬。"新的生活开始了。"他暗暗想道。

之后的工作经历顺畅而又充满机会。胡华先是被派往澳大利亚和南非的一些矿区工作。在那广袤的矿区，烈日炎炎，胡华穿梭其中，凭借着他的精明、圆滑，努力赚取着墨林的赏识。

1899年2月，24岁的胡华来到了神秘的中国。在中国的土地上，胡华感受到了一种别样的氛围。他担任"墨林公司—中国机矿公司"经理兼煤矿技师，公开的身份是直隶、热河两省的矿务技术顾问，实际上是墨林公司在中国天津的代理人。

胡华来到中国后，如同一个忙碌的侦探，奔走于华北各地。在那古老的土地上，山川河流仿佛都隐藏着秘密。他心中想着："一定要搜集到有关开平矿藏的情报。"仅仅用了短短五个月，他就向墨林先后呈报改组开平矿务局的两个方案。

在那安静的办公室里，胡华仔细地整理着资料，心中盘算着。"开平煤矿实际资产按大大压低了的估计也有715.96万两，折合104万镑。"他得出结论："这项产业肯定值得投资一百万英镑；这个企业绝不是一项投机事业，而是一个会产生非常高的盈利的实业企业。"

就在这份报告完成的同时，一件足以影响近代中国命运的变乱发生了。

1900年，义和团运动如熊熊烈火般燃烧起来。在中国的大地上，气氛紧张而又充满了不确定性。

在宫廷中，慈禧太后坐在宝座上，眉头紧锁。她不顾西方外交人员的抗议，发布维护义和团的诏令。"哼，洋人欺我太甚，如今义和团可助我大清。"她心中想着。

直隶总督裕禄原本在剿灭义和团，此刻却转变成扶助义和团。裕禄在官邸中来回踱步，心中纠结。"太后有令，不得不从。"他决定向团民发放饷银，还邀请义和团的首领大师兄到天津开坛聚众。

于是，山东的拳民如潮水般涌入直隶。在那热闹的街市上，拳民们高呼口号，气势汹汹。从天津至涿州、保定，都有拳民起坛请神、烧教堂、杀洋人、杀清军，并到处毁坏铁路及电线杆等洋物。涿州知府更是被三万名拳民占据。

慈禧太后派军机大臣协办大学士刚毅和顺天府尹赵舒翘到涿州调查。刚毅站在涿州的土地上，看着混乱的场面，心中疑惑。调查后，刚毅回京向慈禧报告："拳民忠贞，神术可用。"朝中庄亲王载勋、端郡王载漪、辅国公载澜亦主抚义和团，向洋人开战。

为了保护各国在华利益，列强决定武装干涉。在天津的大沽海面，各国炮舰陆续集结，海面上弥漫着紧张的气氛。战争随之爆发。

几天之后，八国联军如同凶猛的洪水，侵占了开平矿山、秦皇岛港以及天津城。

在混乱的天津街头，狂风呼啸，沙尘漫天。驻守天津的英军巡逻

队在租界内的一处民房里逮捕了张翼，罪名是"疑与拳匪相通，饲鸽传递消息"。张翼被关进了怡和洋行地下室的一间屋子里，四周阴暗潮湿。这位平日里骄奢淫逸的督办大人此刻陷入了深深的恐慌之中。

"这可如何是好？我难道就要命丧于此？"张翼心中充满了恐惧。

就在这时，老朋友德璀琳的出现，让张翼紧绷的神经多少感觉到了轻松。德璀琳站在昏暗的地下室里，看着张翼，眼中流露出关切。

"别担心，我会设法解救你脱离险境。"德璀琳说道。

张翼仿佛抓住了救命稻草，对这位异邦朋友的品德更加深信不疑。当德璀琳提及天津煤栈被焚而唐山、林西又不通消息时，神色庄重、表情忧郁。

"在这种兵荒马乱的条件下，俄军正在伺机南下侵占矿区，如要保住煤矿只能依赖英国。至于如何保全，我有一个提议——中英合办。"德璀琳缓缓说道。

张翼对于中英合办煤矿的提议有些迟疑，心中纠结不已。"这真的是最好的办法吗？"但考虑到自己当下的处境，还是勉强答应了下来。

随即，德璀琳向张翼出示了一份手据，上面写着赋予德璀琳"便宜行事之权，听凭用其所筹最善之法，以保全矿产股东利益"。

事实上，自从张翼签字那一刻起，德璀琳就已成为了开平矿务局事实上的总办。无论是借款还是让洋人入股，都由德璀琳说了算。

次日，张翼被释放。他站在阳光下，却依然惊魂未定。德璀琳再次到访，他神色焦急地说道："目前局势混乱，仅凭空洞的一纸手据很难达到保护矿权的目的。如果想彻底保住矿权，必须得到更大的权力空间。"

随后，两个札委和一份备用合同被签订了。两个札委分别从企业性质和运作手段上对于开平矿务局的原有形态彻底作出了否定。一则声称"或借洋款，或集外国股本，将唐山开平矿局作为中外矿务公司"；另一份札委写得更加直白"广招洋股，大加整顿"。然而，吊诡的却是备用合同中，最为重要的一则条款的宾语处竟留下了明显的空白"将该矿务局的一切土地、房屋、矿山、轮船以及其他一切财产之所有权与管理权全行交给——。他将有权按其意愿出售，抵押、租赁、管理、经营及管辖该项产业"。显然，这是德璀琳有意而为之。

"何人具有如此之权利？待定！"张翼心中充满了疑惑。

随后，事情的发展完全偏离了张翼的原始初衷。德璀琳在取得了张翼的全权委托之后，并没有如约去借款或募集外国资本，而是找到了墨林公司的美籍雇员胡华。

在一间昏暗的房间里，德璀琳与胡华商议着。

"我们将开平矿务局的全部产业移交给英国注册公司。"德璀琳说道。

胡华点了点头："好，我来负责此事。"

他们商定将开平矿务局的全部产业移交给英国注册公司，并委托英国律师伊美斯起草了一份卖约。1900年7月30日，德璀琳代表开平矿务局，胡华代表英商墨林公司在塘沽签字，并由伊美斯和德国商人、德璀琳的女婿汉纳根见证。

由此，一桩倒卖中国资产的恶性事件在中国政府全然不知的情况下发生了。

10月，回到伦敦总部的胡华将卖约交给了墨林。老谋深算的墨林考虑到中国政府肯定不会轻易放手这家企业，而俄、法等国际势力也势必将阻挠侵吞开平。

"必须想个万全之策。"墨林在豪华的办公室里来回踱步。

于是，他将矿权转移到了国际财团"东方辛迪加"的名下。同年12月21日，依照英国公司条例，一家名为"开平矿务有限公司"的跨国企业在伦敦诞生了，而注册者正是大财团——东方辛迪加。

胡华按照公司的指示，陪同比利时人吴德斯来到中国，他们如同不速之客，带着不可告人的目的踏上这片土地。

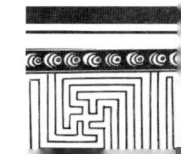

他们的到来，让开平的空气仿佛都凝固了。胡华和吴德斯依据卖约的条款，气势汹汹地要求张翼将开平矿务局一切权利移交给新公司，并要求其补充签署一项移交约。

张翼站在矿务局的大楼前，望着眼前这两个来者不善的外国人，心中充满了纠结与恐惧。"此事事关重大，我怎能轻易应允？"他在心中反复思量。

胡华对张翼展开了反复施压。在那昏暗的办公室里，胡华面色阴沉，威胁道："若你不答应，我便将你倒卖国家资产的行为公之于众。"同时，他还动用外交手段相威胁，甚至扬言以外国军队重新占领矿山逼迫张翼就范。

开平的天空下，紧张的气氛弥漫开来。张翼如同被逼入绝境的困兽，在无奈之下，双方妥协，商议拟订了一个副约作为备忘录，与移交约一起，同时签押。在张翼的要求之下，合同中订立了如下条款："张翼仍为开平驻矿督办，并有权委派一中国总办，管理开平事务；华洋股东议事之权无异；华洋各股平沾利益等。"

当月，依照开平矿务有限公司董事部委任，胡华和吴德斯分别出任了矿务局的正副总办。在那忙碌而又混乱的场景中，他们以新股票兑换旧股票的模式完成了资产的转移。

就这样，曾经辉煌的开平煤矿，在外国势力的巧取豪夺下，沦为了西方人的企业。

事件传出以后，举国哗然。整个国家仿佛被投入了一颗震撼弹，舆论如汹涌的浪潮般涌起。人们纷纷指责这一丑恶行径，讽刺道："不特为环球所稀闻，抑且为万邦所腾笑。"在那片曾经充满希望的土地上，如今只剩下无尽的叹息和愤怒。

166

捍卫主权，开发漠河金矿

在那个风云变幻的时代，开平建矿之时，因经费有限，煤与铁这对相辅相成之物，却只能择其一开发。李鸿章站在那广阔的土地上，望着远处的矿山，心中满是权衡。"如今只能运用统筹全局、抓大放小的战略决策，先开发煤，铁暂且放下。"他暗暗思索着。但他对金属矿的开发热情从未减少。

从1881年到1891年，这片土地上，李鸿章奏请并被允准开办的金属矿如雨后春笋般出现：热河平泉铜矿、山东登州铅矿、山东平度金矿、黑龙江漠河金矿、山东淄川铅矿、热河承德铅矿、吉林桦川县三姓金矿、热河建平金矿。然而，命运多舛，有的因开发方法不对，未能产出大量金属；有的则因经营方法不当，筹集不到资金和股份，最终只好关门大吉。

在众多金属矿中，办得较为成功且最有影响的，莫过于漠河金矿。

最先提议开办漠河金矿的人，并非李鸿章，而是黑龙江将军恭镗。在那辽阔的东北边疆，黑龙江将军统管着当地的行政、军政大权，与督抚职能大致相当。19世纪80年代，阳光洒在漠河的大地上，却被一群不速之客打破了宁静。俄国人偷偷越过国境线，跑到中国漠河一带挖金子。恭镗得知后，怒不可遏，立即派兵驱逐。

恭镗站在将军府中，来回踱步，心中满是忧虑与愤怒。"漠河所蕴黄金，与其由外国人偷挖，不如我们自己光明正大地挖；与其任民间私挖，不如由国家出面开设金矿，有组织地挖。如此，于国于民都有利。"他毅然上奏清帝。

此时，清驻俄公使刘瑞芬传来情报，被赶回去的沙俄人为了得到漠河金矿，已大规模组织官绅集股，不夺得漠河金矿誓不罢休。清政府从巩固防边、充实国库的角度出发，命热衷于开发矿业、又有开办开平煤矿和轮船招商局等企业经验的李鸿章全权负责筹办此事。

李鸿章坐在书房中，眉头紧锁，思索片刻后，派道员李金镛负责此事。

李金镛，江苏无锡人，年轻时历经商海沉浮，又参加淮军打过仗，后曾在珲春屯垦，还在瑷珲与沙俄打过交道，对黑龙江和沙俄的情况都比较熟悉。他接到委派后，立刻踏上了前往黑龙江漠河的征程。

漠河的大地寒冷而寂静，李金镛在这片土地上艰难前行，心中充满使命感。他实地勘查后，将样品送到外国化验。焦急地等待中，他心中忐忑不安："这漠河金矿究竟如何？"

化验结果出来了：1000分中尽得金871分，银71分，铅、硫黄、铁54分，其成分与美国旧金山之金相当。李金镛兴奋不已，随即向李鸿章呈交了开办漠河金矿章程，包括招集股本、延请矿师、购置机器、开通道路、开支利润等16条。

李鸿章与黑龙江将军恭镗就这份章程进行反复磋商。在那庄严的会议室里，气氛紧张而凝重。

李鸿章缓缓说道："有了开平煤矿的办矿经验，初办之时，商人都不敢轻易投资冒险，何况是黑龙江这样偏远的地方。"

恭镗点头表示赞同："确实如此，那该如何是好？"

李鸿章思索片刻后说道："我自己先代筹商款10万两，将军你拨库银3万两，作为金矿最初的筹办资金。同时在上海、天津、吉林设立分局招商集股，预计集资20万两，分为2000股。由李金镛全权负责金矿事宜。"

短短两年之内，矿工人数就从500多名增加到2000多名。第一年，产金量便达到18000余两，成绩斐然。

此时，国内的洋务兴办已初具规模。在那繁忙的吉林机器局里，火花四溅，工匠们忙碌地制造着各种机器。矿中所用机器不用再从国外购买，均由吉林机器局制造，为金矿节省了不少资金。吉林机器局还为漠河金矿制造了两艘小轮船，行驶在波光粼粼的水面上，便于水上运输。

1890年10月，秋风瑟瑟，李金镛在这片他为之奋斗的土地上永远地闭上了眼睛。总办之职由袁大化接任。袁大化站在矿山上，望着眼前的一切，心中满是责任与决心。"我定要让金矿更上一层楼。"他暗暗发誓。

袁大化立即着手赶制机器、扩充生产、整顿内务、扩大招商。在那紧张忙碌的日子里，他如同一个不知疲倦的将军，指挥着这场矿业之战。一年之内，各方面都颇见起色，不久就有能力归还了黑龙江官款3万两和李鸿章代垫的10万两。

1893年春，大地复苏，观音山一片生机勃勃。袁大化在观音山筹建了一个颇具规模的分厂。矿山上，新的机器运转着，矿工们充满干劲。金矿的产量大幅度提高，利润如潮水般滚滚而来。

然而，风云突变。依克唐阿接任黑龙江将军一职。他看着漠河金矿那丰厚的利润，心中大为不满。"这漠河金矿肥得流油，我身为这一地区的最高长官却沾不着什么利益。"他在将军府中来回踱步，眼神中满是嫉妒与贪婪。

依克唐阿指称观音山矿的开采影响珠河等处牧场放牧，欲关掉此矿。袁大化心急如焚，"这可如何是好？"他连忙向李鸿章求援。

在遥远的京城，李鸿章收到消息后，眉头紧锁。"不能让漠河金矿就此衰落。"他思索片刻后，命袁大化把观音山金矿每年向国家上缴的利润和它并不妨碍牧场的情况详细汇报，由自己转奏朝廷，让户部、总理衙门裁定，同时在朝中广为宣传观音山金矿不仅利润可观，而且对岸就是俄国城镇，该矿既保证了中国的财源，又防止了俄人偷挖金子，是一举两得之事。

袁大化赶紧整理资料，心中充满期待。"一定要保住金矿。"

户部和总理衙门经过慎重考虑，最终给了袁大化满意的答复。漠河金矿得以平稳发展，并在原有基础上继续扩大。

1893年，投资金矿的商人乐开了花。在那豪华的会议室里，商人们兴奋地交谈着。"今年每股就可分到20两银子的股息，真是发了。"不少人因此成为了暴发户。

李鸿章对漠河金矿取得的成就很满意。他站在书房中，望着窗外的景色，心中感慨万千。"这漠河金矿果然不负众望。"他上奏朝廷，要求对前后两个总办，也是金矿的功臣李金镛和袁大化给予追恤和奖励。

李鸿章对朝廷说道："漠河金矿自开办以来，招回了流落到俄国的流民数千人，稳定了边疆的生产生活秩序；开矿以前，由于漠河地处边远，人口稀少，俄国人经常觊觎这块宝地，自开矿以后，从奇干河到瑷珲，黑龙江沿江2000余里，员工、兵丁往来不绝，使得偏僻的地方骤然繁华起来，断绝了俄国的觊觎。"

阳光洒在矿山上，曾经热闹非凡的场景如今却显得有些寂寥。清政府看着这颗"摇钱树"，眼中满是贪婪。官员们在朝堂上议论纷纷，心中打着各自的算盘。"这漠河金矿如此赚钱，定要好好勒索一番。"他们想着。

于是，清政府反复向漠河金矿勒索敲诈。在那威严的宫殿中，皇帝坐在龙椅上，面无表情地说道："漠河金矿需捐助军饷，以保国家安定。"大臣们纷纷附和。一会儿又要钱赈济灾民，光是报销费一项就累计达85万两之多。

金矿的负责人无奈地叹息，心中充满了愤怒与无奈。"这让我们如何承受得起？"他们在心中抱怨着。没有一个企业能够经得起这样的折腾，漠河金矿开始走向衰落。

1894年，中日甲午战争的硝烟弥漫在天空中。战场上，炮火连天，士兵们浴血奋战。然而，中国最终战败，李鸿章也一蹶不振。洋务事业如同被暴风雨袭击的花朵，瞬间走入低谷。

在那昏暗的书房中，李鸿章坐在书桌前，满脸疲惫与失落。"洋务事业竟如此艰难。"他心中感慨万千。

1898年之后，漠河金矿没有了李鸿章的庇护，更加事事不顺。矿山上，机器的轰鸣声不再响亮，矿工们的身影也变得稀疏。它迅速衰败，每年的黄金产量只有几千两，这个数字连应付清政府的勒索都不够，更不要说维持自身的发展了。

1900年，风云突变。沙俄趁着八国联军入侵中国、清政府无暇北顾之机，如饿狼般抢占了漠河金矿。在那寒冷的边境，沙俄士兵们耀武扬威。漠河的天空仿佛被乌云笼罩。

"这可如何是好？"金矿的人们心中充满了绝望。直到六年后，经多方交涉才勉强归还。这时的漠河金矿已遭到无法修复的重创，像折断了翅膀的鸟儿，再也无法起飞了。

从以上所述的事实我们可以看出，李鸿章在中国近代矿业史上的地位是不容忽视的。

在一个矿业会议上，学者们激烈地讨论着李鸿章的贡献。

"李鸿章开办的众多矿业，有成功的、失败的。但都促使人们扩大了政治视野。"一位学者说道。

"没错，从关心国家、民族前途命运出发，我们认识到只有以开矿为契机，建立起庞大的重工业体系，中国才有希望走上民富国强的道路。"另一位学者点头赞同。

以李鸿章为代表的洋务派在兴办矿业过程中，工厂里，新机器运转着，技术人员们忙碌地工作着。"我们不仅为中国社会带来了西方国家新机器、新知识、新技术，造就了一批近代化矿业技术人员和熟练工人，而且开始改变了人们头脑中那种手工采挖的落后经营方法和满足自给自足的思维方式。"一位技术人员感慨地说。

在国际市场上，商人们自豪地说道："以李鸿章为代表的洋务派所办的新式矿业，不但保护了中国工矿权益，而且因在国际市场上获取利益为中国争得了荣誉。"

总之，李鸿章在兴办中国近代矿业问题上，主张向西方学习，在晚清官僚士大夫中是不多见的。他为近代中国矿业的兴办所进行的反复宣传，所付出的巨大心血，所产生和形成的理论和实践经验，为20世纪中国矿业的发展打下了良好基础。

海军衙门修铁路的曲折历程

按照唐廷枢的设想，开平煤矿应当立即修一条铁路，将挖出的煤及时运出。然而，当时条件有限，这个美好的设想并未付诸实施，暂以70里的小运河代替。

其实，在中国最早主张兴修铁路的并非国人，而是入侵中国的西方列强。两次鸦片战争后，以英国为首的西方资本主义列强，为便于在华推销商品、掠夺原材料，扩张侵略势力至中国内地，纷纷计划在中国修筑铁路。在那硝烟弥漫的背景下，列强的企图昭然若揭，他们在中国修建铁路，绝非为帮助中国富强，仅仅是为了扩大在华侵略。

早在19世纪60年代，李鸿章就坚定地认为应以中国人来修筑铁路，不能让外国攫夺路权。据肯德在《中国铁路发展史》一书中记载，李鸿章曾向英法等国领事团表示："只有中国人自己创办和管理铁路，才会对中国人有利；并且中国人坚决反对在内地雇佣许多外国人；而且一旦因筑路而剥夺中国人民的土地的时候，将会引起极大的反对。"他深知自己有反对外国人追求铁路让与权的企图的责任，因为这种让与权将使他们在中国取得过分的势力。可见，很早李鸿章就有自办铁路的想法了。但考虑到财力和物力有限，一时之间铁路不能由中国人来制造。

到19世纪70年代，随着洋务运动的进一步深化，李鸿章这个由中国人自办铁路的念头进一步深化而被提到议事日程上来。

李鸿章倡导修建铁路的道路充满坎坷。在那古老的宫殿中，守旧势力们怒目而视，强烈反对修建铁路。他们言辞激烈地说道："铁路乃奇技淫巧，会破坏风水，绝不可行。"由于遭到极端守旧势力的强烈反对，铁路建设进展十分缓慢。

从19世纪70年代起，国际国内形势发生了巨大的变化。在国际上，自由资本主义已经向帝国主义阶段过渡，西方资本主义国家越来越加剧对中国的侵略。在那紧张的局势下，中国的边疆危急局势到了空前的程度。为了加强国防建设和解决洋务军事工业原材料的供应问题，李鸿章站在那广阔的大地上，望着远方，心中坚定地决定倡导建造中国铁路。

李鸿章趁着赴京叩谒同治皇帝梓宫的机会，晋见了总理各国事务衙门大臣奕䜣。在那庄严的宫殿中，李鸿章急切地说道："大人，铁路之利益极大，应先造清江至北京铁路，以便南北转载运输。"然而，奕䜣却微微摇头，神色凝重地回应道："如今天下无人敢出来主持这件事，且两宫太后也不能决定此等大计。"李鸿章心中满是失落与无奈，他暗暗感慨万千，发誓道："从此就绝口不谈修铁路这件事了。"

但李鸿章心中始终牵挂着中国交通阻滞的问题。在那繁忙的码头边，看着货物堆积如山，运输却缓不济急，他心中焦虑不已。"中国交通如此不便，调兵运饷皆受阻碍，这可如何是好？"同时，他考虑到军事工业尤其是煤矿之类民用企业，产品产量激增，急需解决运输问题。并且此时的他逐渐意识到"求富"与"求强"的内在联系，意识到经济力量是国防力量的基础。"只有发展经济，才是中国由弱变强的主要途径之一。"他在心中坚定地想道。因此，尽管他提出修建铁路的主张一再碰壁，但仍在等待时机兴建铁路。

1876年，阳光洒在福建的大地上。丁日昌受命为福建巡抚后，秉承李鸿章的旨意，上疏建议在台湾修筑铁路以防外安内。在那宁静的书房中，李鸿章与丁日昌交谈着。李鸿章语重心长地说道："在台湾修

铁路，意义重大，此事就拜托你了。"丁日昌坚定地点点头："大人放心，我定全力以赴。"李鸿章和沈葆桢一致支持丁氏的主张。1877年，清政府批准了丁日昌的建议，要他"审势地势，妥速筹策"。这是清政府首次批准在台湾修建铁路的命令。

李鸿章得知这个消息，心中十分高兴。他坐在书桌前，提笔写信支持和鼓励丁日昌。"好好干，为国家谋福祉。"然而，这次修筑台湾铁路的计划，虽经清政府批准，终因费绌而中止。此后，李鸿章又多次主张在东南和西北两个地区修铁路，以解决海防和边防问题。但每次都因阻力过大，一直未能实现。

1880年，淮军大将刘铭传上折请求修建铁路。李鸿章看着那份奏折，心中满是欣慰。"自己授意之事业已提折。"他支持刘铭传的建议，指出："西方之所以强大，铁路的四通八达是一个重要原因。中国欲富，也应抓紧修建铁路。"

他们的建议，遭到顽固派的强烈反对。在那激烈的朝堂上，顽固派们怒目而视，言辞激烈。"修铁路乃大逆不道之事，会破坏风水，惊扰祖宗神灵。"他们甚至搬出先辈祖宗及山川之神来威吓。

虽然修筑铁路的阻力重重，但是李鸿章并没有退缩。就在争论最激烈的1880年，在开平煤矿那忙碌的矿区，李鸿章悄悄开始试探性地动工修建唐山至胥各庄铁路，以便运煤。1881年，这条约10公里的短短一段铁路建成后，他才正式奏报清政府，并有意将其说成是"马路"。李鸿章心中暗自思忖："先建成再说，慢慢改变他们的观念。"李鸿章真不愧是后来"遇到红灯绕开走"的前辈。

李鸿章汲取了在"大争论"中未得到朝中有力支持而失败的教训，所以在修路的同时积极活动，寻求权贵的支持。此时，醇亲王奕譞早已取代恭亲王奕䜣，最为慈禧太后倚重。在那豪华的王府中，李鸿章恭敬地对奕譞说道："王爷，兴办铁路好处众多，可强国富民。"奕譞有所心动，所以李鸿章才敢将唐胥路修完。但李鸿章一直认为修路应是举国兴办，所以在给奕譞的信中说，修铁路在中国"阻于浮议"，一直未能兴办，并且明确表示希望由奕譞直接出面"主持大计"。

1885年，中法战争的硝烟刚刚散去。在那战后的天空下，战争中暴露出的海军调度协调问题，如同一块沉重的石头，压在清政府的心头。清政府最终同意成立"海军衙门"，试图解决这一难题。同时，陆军调兵遣将行动迟缓的严重问题也摆在了面前，让清政府不得不重新审视是否应当修铁路。

在一片宁静的海边，海浪轻轻拍打着礁石。奕譞站在那里，望着远方，心中思绪万千。"这场战争让我们看到了交通的重要性，修铁路或许是解决问题的关键。"他暗自想道。

经过奕譞、李鸿章的努力，清政府终于在1886年决定将铁路事宜划归由奕譞为总理、李鸿章等人为会办的海军衙门办理。这一决定，可谓是当时的"中国特色"。

同年，奕譞来到天津巡视北洋海口。在那繁忙的港口，船只来来往往，气氛紧张而又充满希望。奕譞与李鸿章在一间安静的房间里，商议着修路办法。

奕譞缓缓说道："我对修铁路以前也曾'习闻陈言，尝持偏论'，反对修路。但经中法之战，又'亲历北洋海口，始悉局外空谈与局中实际，判然两途'，如今我更加坚定地支持修路。"

李鸿章点头表示赞同："王爷所言极是。但以王爷此时的权位之重，却也不敢大张旗鼓地主张修路，我们确实得想办法避开强烈的反对意见。"

奕譞思索片刻后说："如果修铁路，还必须从已修成的胥各庄一路修起。因为修唐山到胥各庄的铁路是为了运开平矿的煤，关系不大，反对的意见可能会小一些，这样此事才有可能办成。"

李鸿章回应道："王爷高见，事情只有如此才可行。我们可以在唐胥铁路基础上逐年修建，且所经之地都在我管辖的直隶境内，更易办成。"

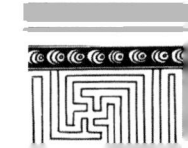

据此，李鸿章采取一点点来、稳步前进的策略。在开平煤矿那热闹的矿区，矿工们忙碌地工作着。开平矿务局在李鸿章的授意下，就在这一年便以要运煤以方便商业为理由，将唐胥铁路延长到芦台附近的阎庄。铁路在大地上不断延伸，总长从10公里延长到约40多公里，改称唐芦铁路。

李鸿章站在铁路边，看着新修建的铁路，心中充满了成就感。"这是我们迈向成功的一步。"他想道。同时，李鸿章趁热打铁，成立了开平铁路公司，招集商股25万两。

就在1886年底，李鸿章又与奕譞相商。在那豪华的书房里，两人神情严肃。

李鸿章说道："王爷，我提议将唐芦铁路延长修建到大沽、天津。"

奕譞微微点头："此事可行，我出面奏准动工修建。就强调这段路是'为调兵运军火之用'。"

于是，开平铁路公司改名为中国铁路公司。在紧张的施工中，时间飞逝。第二年，这条从唐山到天津的铁路全长终于达到130公里左右。

从1880年修唐胥路到1888年延长到天津，这几年间，李鸿章一直紧锣密鼓，不放过任何"可乘之机"，顽强地一点点修成了铁路。

阳光洒在唐胥铁路上，刚修成时，一位英国工程师用矿上的废旧锅炉改造成一台蒸汽机车拉煤。然而，这却遭到了顽固派的强烈反对。在那古老的街道上，顽固派们义愤填膺，纷纷指责。"这蒸汽机车乃奇技淫巧，不可用！"无奈之下，曾不得不改用骡拉运煤车皮，几经周折，方许蒸汽机车运行。

唐山天津线修通后，李鸿章怀着激动的心情视察了这条铁路。在那辽阔的大地上，铁路如一条巨龙蜿蜒前行。李鸿章坐在火车上，看着窗外飞速掠过的景色，心中异常兴奋。"自山海关至天津600余里，半天就可以通达，极为便速。沿途阅视所作桥轨工程，均极坚稳，每里工价，较之西方国家更为节省。"

这时的李鸿章信心大增，心中又有了新的谋划。"要趁热打铁，再把铁路从天津延伸到京城附近的通州。"他想道。

于是，李鸿章于 1888 年 11 月通过奕譞主管的海军衙门奏请修筑津通路，理由是津通路将沿海与内陆联结起来，可以"外助海路之需，内备征兵入卫之用"，有利于军事、防务。这一奏请得到朝廷批准，却没想到捅了马蜂窝。

顽固派们愤怒了。在那庄严的宫殿中，他们议论纷纷。"这李鸿章竟要把铁路修到天子脚下，绝不可容忍！"反对声像炸开锅一样，一时弹章蜂起，纷至沓来，掀起了近代关于铁路的又一次大争论。

顽固派有的上奏朝廷，有的致函奕譞，想争取他而拆掉李鸿章的后台。为了耸人听闻，顽固派与前几次一样，首先指责修路是"开辟所未有，祖宗所未创"，还将修路与"灾异"联系起来，认为清宫太平门失火就是"天象示儆"。

大体而言，顽固派的意见集中于以下几点。

在一间昏暗的书房里，顽固派大臣怒目圆睁，说道："一、修铁路有利于外敌入侵。如修筑津通路，一旦外敌入侵即可经由铁路直达京师。"

在热闹的街市上，百姓们也议论纷纷。"听说要修铁路，那可不行，会扰民啊。"顽固派大臣接着说："二、修路扰民。铁路所经之地，要拆毁民间田庐坟墓，必致民怨沸腾。"

在一个小茶馆里，人们交头接耳。"修铁路会夺民生计呢。"顽固派大臣继续说道："三、修筑铁路夺民生计。铁路修通后，将导致成千上万原来的水手、船夫、客店主贫困失业，断了他们的生计。"

面对众多位高权重的大臣的强烈反对，李鸿章这次因有醇亲王支持，所以毫不畏惧，与顽固派针锋相对，反复辩驳，毫不示弱。

在朝堂上，李鸿章义正言辞地说道："对于铁路'资敌'的责难，

敌人前来也必须用机车、车厢运兵，我方可先将机车、车厢撤回，使敌无车可乘；另外，到时还可以拆毁铁轨或埋下地雷，使敌人不可能利用铁路长驱直入。相反，铁路将使中国运兵更加快捷。"

在施工现场，李鸿章指着周围说道："针对'扰民'观点，以修筑唐山到大沽、大沽到天津的铁路为例，修路应当尽量避免拆毁民间房屋坟墓，万一无法避免时，只要给居民以'重价'，民众就不反对修路。"

在会议室里，李鸿章据理力争："至于说到铁路'夺民生计'，更没有道理。从国外和国内已修通的铁路沿线来看，铁路沿线生意发达，修铁路、通火车只会增加各种职业。"

后来，清政府随意挪用经费筹办慈禧太后60寿辰庆典，关东铁路无法进一步延伸下去。在那紧张的局势下，中日甲午战争的爆发，全路接续工程被迫停止。

在历史的长河中，中国近代铁路建设的帷幕在李鸿章的倡导和努力下缓缓拉开。可以说，近代中国第一条铁路和第一个铁路公司与李鸿章有着千丝万缕的联系。

回首100多年前的中国社会，封建势力如一座巍峨的大山，压得人喘不过气来。那时，反对铁路的呼声此起彼伏，甚嚣尘上。在这样的背景下，李鸿章却毅然决然地倡导和主持修建铁路，这无疑体现了他的远见卓识和追求新事物的非凡勇气。

作为洋务运动的主持者之一，李鸿章敢于正视中国不如西方的地方，勇于学习西方的先进技术。他站在那广阔的大地上，望着远方，心中思索着中国的未来。"为了中国早日自立、自富、自强，兴造铁路势在必行。"他深知铁路有利于抵抗外国的军事侵略和经济掠夺。

在推进铁路建设的过程中，李鸿章遭遇了种种人身攻击，陷入了极为不利的困境。然而，他并没有灰心和退却。在那风云变幻的时代，他如同一位坚定的舵手，利用自己的地位、名声和诸多关系，顶住逆流,充分捕捉各种有利时机,将近代中国铁路建设逐步推向前进。

尤其是在1881年至1894年甲午中日战争爆发前的10多年时间里,阳光洒在北方的大地上,李鸿章主要依靠中国自身力量,总计在北方修建了300多公里长的铁路线。尽管在修建铁路的过程中,他曾雇佣少数洋人工程师,但这些人仅从事技术工作,无权过问招工购料、人事安排等属于中国主权方面的事务。

就如同历史学家陈寅恪所言:"李鸿章在那个时代,以一己之力推动中国近代铁路建设,虽历经艰难,却矢志不渝,其功绩不可忽视。"尽管为修路举借过洋债,但数额不大,期限不长,利息也不太高,并无折扣和趁此损害中国主权的附加条件。总之,铁路所有权和经营权以及管理权属于中国,外国人无权插手,这些都反映了李鸿章的爱国民族意识。

近代中国铁路建设的步伐虽然非常缓慢,经济效益一时未能在较大程度上发挥出来,但它的意义却远不止于建造铁路的成效本身。在那忙碌的铁路施工现场,工人们挥洒着汗水,铁路如一条巨龙逐渐延伸。铁路的兴办对中国传统封建思想文化是一个有力的冲击,就像鲁迅先生所说:"它打破了旧有的束缚,为中国带来了新的气息。"它促进了煤矿业和其他工业的发展,为近代中国社会培养和造就了第一代铁路工人和技术人员。

李鸿章所做的这些贡献,是不可磨灭的。我们必须以客观的态度加以肯定,铭记他在中国近代铁路建设史上留下的深刻印记。

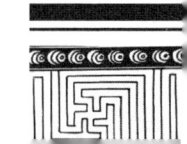

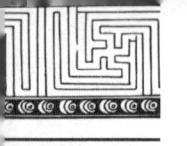

第五章 列强压境，乱世中求生存

不战而败的中法战争

中法战争，这场风云激荡的历史大剧，起因乃是法国对越南的侵略。越南，本是中国的藩属国，在历史的长河中，与中国有着千丝万缕的联系。然而，随着法国殖民统治的扩张，越南军民虽曾英勇反抗侵略者，但大片国土却逐渐沦亡。

越南的土地上，曾经宁静而祥和，古老的城镇和广袤的田野上，人们过着简单而充实的生活。但法国的野心，如同一场突如其来的风暴，打破了这份宁静。1862年的法越《西贡条约》，法国割去南圻三省及康道尔群岛；1867年又强占南圻另外三省，南圻大部落入法国之手，法国还在西贡设立总督进行统治。此后，法国侵略者处心积虑地想要攫取整个越南。

越南阮氏王朝在刘永福的黑旗军支援下，与法国展开了激烈的交锋，双方互有胜败。

1880年以后，法国开始计划夺取越南的北部，这一行动直接影响到了中国西南边疆的局势。京城的总理衙门内，气氛凝重。官员们围坐在一起，商讨着应对之策。

一位官员说道："这法国的野心越来越大，如今竟要夺取越南北部，我们不可坐视不管。"

另一位官员点头道："李中堂对此事有何看法？"

众人的目光都投向了李鸿章。李鸿章沉思片刻，缓缓说道："依我之见，应先派遣兵船到越南红江，以壮声威，然后派出外交使者，做好议和的准备。"

清廷决定做好备战、议和两手准备。

1882年4月，李威利率领法军攻陷河内。越南局势瞬间变得紧张起来。就在此时，李鸿章因母亲去世，不得不回家料理丧事。中法交涉事宜，便由曾纪泽负责处理。

曾纪泽态度强硬，他站在外交的舞台上，坚定地维护着中国和越南的藩属国关系。他对着法国代表大声抗议道："法国的行为是对中国主权的侵犯，必须停止！"

然而，法国却报以冷漠的态度，不予理睬。

按照传统惯例，李鸿章应该为母亲丁忧三年。但清廷鉴于局势紧迫，特"夺情"要求李鸿章守满百日即回。

李鸿章的家乡，一片肃穆。他身着孝服，跪在母亲的灵前，心中满是悲痛。但国家的召唤，让他不得不放下个人的悲伤。

他对着母亲的灵位说道："母亲，孩儿不孝，国家有难，孩儿不得不回去。"

1882年9月，李鸿章奉命回到天津，署理北洋大臣。11月，他开始与法国驻华公使宝海谈判。

谈判的房间里，气氛紧张。李鸿章和宝海相对而坐，双方都在为自己的国家争取最大的利益。

李鸿章说道："越南乃是中国的藩属国，法国的行为已经严重影响了中国的边疆安定。我们必须找到一个妥善的解决办法。"

宝海回应道："法国的行动是为了维护自己的利益，我们也不想与中国发生冲突。"

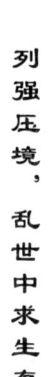

第五章 列强压境，乱世中求生存

181

经过一番艰难的谈判，年底，双方基本上达成协议。在协议中，李鸿章妥协让步，即在红河中间划界，南部和北部由法国和中国分别保护。这个协议得到了两国政府的基本肯定。

然而，到了第二年的2月，法国发生了政变，新任内阁总理茹费理全面否定了上述和谈，并撤销宝海的驻华公使职务。法国加强对越南的进攻，并扣留中国商船，蓄意向中国挑衅。

李鸿章上书主张避战求和。他在奏折中写道："虽然越南是中国的藩属，涉及到中国边疆的安定，但是中国海军不是法国的对手，根本无力保护越南。"

而以张之洞为代表的主战派则表示，中国现在的危机状况就是一味求和引起的。如果中国坚持和法国打持久战，中国一定会胜利。

京城的朝堂上，主战派和主和派展开了激烈的争论。

主战派大臣激昂地说道："如今局势，都是因为求和所致。我们必须给法国以严厉的打击！"

主和派大臣则反驳道："中国现在战败，就说明万万不能和法国开战，开战必败已经成为不可逆转的事实。"

李鸿章一直以"求和"的态度主事，始终受到主战派的抨击和责骂。但在这场争论中，他逐渐被主战派说服。

李鸿章站在朝堂上，郑重地说道："每举一事，动关全家，是以谋画之始，断不可轻于言战，而挫败之后，断不可轻于言和。伏愿朝廷决计坚持，增军缮备，内外上下，力肩危局，以济艰难。"

李鸿章从烟台到旅顺，对北洋直辖地区水陆两军均作了周密部署。在给滇桂两省增派兵力的同时，调拨一批枪炮弹药给桂军。整个战争期间又一再筹划增购和调拨军火。

台湾，这座美丽的岛屿，此时却陷入困境。日用军饷无以为继，李鸿章也尽力设法接济。

他对部下说道："台湾不能丢，我们必须想办法支援。"

李鸿章建议统一领导，前线作战由云贵总督岑毓英负责，军械则责成两广总督张树声转运分拨。他自己则眼观各方，联络上下左右，为协助朝廷驾御全局处理有关军事和外交问题尽心尽力。

1884年4月，慈禧太后对军机处和总理衙门进行了大改组。以奕䜣集团取代奕䜣集团，并给主战派以严重的打击。李鸿章很快又回到了主和的立场。

李鸿章开始和法国代表福禄诺谈判。福禄诺只是法国的一名海军舰长，本来是没有资格和李鸿章谈判的，但是他在起草北洋水师章程时做过一些工作，与李鸿章相识。

香港的街头，人来人往。福禄诺在香港遇见时任粤海关税务司的德璀琳。

福禄诺急切地说道："我和李鸿章有交情，希望能去和他谈判。"

德璀琳答应了他的要求。

由于曾纪泽在法国交涉中的强硬态度引起法国人的不满，福禄诺要求把曾纪泽调离法国作为议和的先决条件之一。李鸿章只得照办，撤销了曾纪泽驻法国公使的职务。

1884年5月，李鸿章和福禄诺签订《李福协定》，规定：中国承认法国和越南订立的条约，法国不索赔款，中国同意在中越边境开埠通商，中国军队自北越撤回边境。

条约签订之后，清朝大臣们纷纷反对，认为此条约过于辱国。

朝堂上，大臣们义愤填膺。

一位大臣说道："这条约简直是丧权辱国，李中堂怎么能签订这样的条约？"

御史与翰林也联名上书弹劾李鸿章。清廷不得已下令让左宗棠重新回到军机处。

6月23日，"北黎事件"发生。法军向谅山前进，谅山清军表示没有接到撤防的命令而加以阻止。法军在北黎打死清军代表，炮击清军

阵地，清军打退法军。

法国政府故意用"北黎事件"向中国方面挑衅，诬蔑中国破坏《李福条约》，借以索要军费2亿5千万法郎，并派出军舰前往福建和基隆。

清廷内部慌乱不已，大臣们一时间都没有了主意。

左宗棠说道："中国不能总是示弱，不如拿赔款作为战费。"

李鸿章则还是主张议和。

8月23日，法国舰队突袭福建水师，清政府不得已下了宣战书。

10月，法军对台湾和北越发动进攻，中国又开始新一轮的议和。

1885年3月，清军在老将冯子材的带领下，收复镇南关，使中国占据了战争的主动权。

镇南关的战场上，硝烟弥漫。冯子材身先士卒，带领着清军将士们奋勇杀敌。

冯子材大声喊道："兄弟们，为了国家，为了百姓，冲啊！"

清军将士们士气高昂，一举收复镇南关。

于是，中国和法国于4月4日在巴黎签订《中法停战条件》。中国在胜利的情况下，竟在条约里作出妥协和让步，这让法国当局都感到十分惊讶。

而前线清军将士听到这个消息之后，一个个忍不住仰天长叹。

6月9日，李鸿章和法国代表签订《中法新约》。条约的主要内容是：法国保证不侵犯中国边界，中国不过问法国和越南之间的条约，越南与中国的通商章程，法军退出台湾和澎湖。

《中法新约》是晚清政府有史以来在对外战争中惟一一个没有割地和赔款的条约。李鸿章采取的是见好就收的策略。

李鸿章在书房中，对着地图陷入沉思。他心中暗想：冯子材等在越北的局部性胜利没有改变敌强我弱的全局。中国海军刚刚建立，实力很薄弱，如果继续打下去，后果还是难免打输了就赔款的结局。此外，台湾一直被困，澎湖已被法军侵占，如果派军到台湾，法国必会增派军力封锁台湾，中国水师无法解救。当时，日本正着手侵略朝鲜。朝鲜的地理位置比越南重要，应弃越南而保朝鲜。

李鸿章把原定增援台湾的军舰调去保护朝鲜，以对付日本。

他对部下说道："如果一味地和法国作战，不仅胜负难料，日本人还会借机侵略朝鲜，那就更不妙了。"

朝鲜问题

在历史的长河中，朝鲜一直是中华帝国的藩属国，与中国保持着紧密而良好的关系。对于清政府而言，朝鲜的地位至关重要，因为它是距离北京最近的邻国，可谓唇齿相依，一旦朝鲜发生事变，必将直接影响到大清帝国的安危。

19世纪70年代之后，朝鲜这片土地如同一块诱人的肥肉，成为东西列强竞相争夺的目标。而在众多列强之中，对朝鲜最为垂涎欲滴的当属日本。经过在琉球和台湾问题上的一番较量，日本窥探到了清廷的软弱与无能，于是决定将矛头对准朝鲜，展开进一步的行动。

那是一个阳光明媚的日子，海面上波光粼粼。1875年9月20日，日本派出一艘小型军舰"云扬"号，悄然驶入朝鲜江华岛附近进行测量。朝鲜军队见状，立刻给予坚决还击。日本以此为借口，在1876年初，派出一支军队气势汹汹地在釜山和江华岛示威。他们的目的很明确，就是逼迫朝鲜和日本签订通商条约。随后，日本外务省大臣森有礼来到中国，与清政府交涉朝鲜问题。

京城的一间会议室里，气氛紧张而凝重。森有礼面对李鸿章，言辞犀利地说道："如果中国认为朝鲜是自己的藩属国，那就应该下令让朝鲜和日本签约。否则，日本必将攻打朝鲜。"

李鸿章微微皱眉，回应道："日本侵略朝鲜是不对的行为。但朝鲜

有自己的独立主权，中国不好过多干涉朝鲜签约事宜。"

　　李鸿章当时不愿意担负起保护朝鲜的责任，实乃有其苦衷。那时的大清国自身都难以自保，他正忙于处理马嘉理事件，与英国的交涉已经让他费尽心机，实在无暇再去顾及朝鲜和日本的纠纷。在李鸿章看来，只要中、日、朝之间能够和平相处，日本承认朝鲜是中国的藩属国，至于朝日是否通商，那倒并非什么要紧之事。

　　1876年2月，朝鲜见中国无心出力保护自己，心中无奈又失落。在这种情况下，他们不得不与日本签订了《江华条约》。在这个条约中，朝鲜同意开放口岸，而日本则声称朝鲜是"自主之邦"，与日本享有平等的权利。清政府对此并未发表任何疑义，这让日本暗自得意。

　　时间来到1881年6月，美国派薛斐尔来到中国，联系与朝鲜签立通商条约之事，并找到李鸿章帮忙。此时的李鸿章正忧心忡忡，担心日本会借机侵略朝鲜。薛斐尔的出现，让他心中暗喜。他心想，如果美国和朝鲜签约，或许就能牵制日本的行动。于是，李鸿章对于此事表现得十分积极。

　　1882年，朝鲜与美国顺利签订条约。此后不久，英、法、德、意等国也纷纷与朝鲜签订条约。除美国特派一人作为驻朝公使之外，其他列强皆任命驻华公使办理与朝鲜的外交事务，这在一定程度上等于承认了朝鲜是中国的藩属国。对于这样的结果，李鸿章感到十分满意。

　　然而，就在这一年，李鸿章回家为母亲办理丧事期间，朝鲜却发生了壬午兵变。

　　朝鲜的街头，一片混乱。兵变的军队如潮水般汹涌，他们驱逐国王李熙，攻进日本使馆，杀死多名日本人并烧毁使馆。李熙的父亲、大院君李昰应趁机重新掌权。

　　中国和日本都迅速做出反应。李鸿章果断派出淮军，抢在日本之前进驻朝鲜。日本也不甘示弱，派出军舰驶向朝鲜。清政府担心朝鲜因内部动乱而给日本可乘之机，于是采取军事行动，帮助李熙恢复王位。日本由于晚来一步，没能借机侵占朝鲜，心中懊恼不已。无奈之下，日本只好借机提出让朝鲜赔偿损失。朝鲜同意给日本赔偿损失，并允许为维护安全，日本使馆可以驻兵。

守孝百日的李鸿章回到天津，他深深地感觉到日本对于朝鲜的威胁近在眼前。他站在海边，望着远方，心中思绪万千。他深知，必须着手加强对朝鲜的控制。于是，清政府与朝鲜签订新的条约，在朝鲜取得宗主国的诸多特权。此外，李鸿章还派兵驻扎朝鲜，并在很多方面给予朝鲜支持，希望能牢牢地把朝鲜控制在自己的手中。

日本看到清政府在此次事件中的强硬态度和果断措施，暂时收敛了对朝鲜的行动，转而等待下一个合适的时机。日本人还暗中对朝鲜要员鼓吹，声称朝鲜应该独立自主，应该放弃和中国的藩属国关系。他们甚至表示可以退还部分赔款，帮助朝鲜独立。就这样，在朝鲜内部逐渐地形成了一股亲日势力。这股势力决定效仿日本，开始政治维新。

在一个宁静的夜晚，月光洒在大地上。在日本人的暗中支持下，1884年12月，朝鲜发生了"甲申政变"。亲日派的金玉均等人在日本兵的帮助下，悄悄打入皇宫，劫持国王李熙，并准备另立幼主。

驻朝鲜的几位清军事将领得知此事后，心急如焚。他们在没有得到李鸿章命令的情况下，紧急商量对策。

一位将领说道："这可如何是好？我们必须尽快采取行动。"

另一位将领点头道："没错，不能让日本人得逞。"

在袁世凯的提议下，清军迅速采取行动。袁世凯带领朝军和清军，如同猛虎下山一般，在三天之内打败日军，平定了政变，李熙又重新回到了王位。袁世凯在此次行动中的出色表现，开始受到李鸿章的重视。

"甲申事变"之后，袁世凯向李鸿章建议道："中堂大人，我们应该抓住时机，稳稳地控制朝鲜。具体办法是对朝鲜设立'监国'，并派重兵进入朝鲜，然后再和日本谈判。"他接着分析道，"日本并不比中

国强，它敢于如此嚣张，是因为知道清政府懦弱，不敢开战。如果我们强硬起来，日本就不敢造次。"

事情果然如袁世凯所说。日本人要求朝鲜赔偿损失。当时，和法国开战的福建水师在马尾全军覆没，李鸿章和清政府对于朝鲜问题并没有及时打击日本的嚣张气焰，而是选择息事宁人，任由朝鲜和日本签订了对日本赔礼的条约。

李鸿章的一味忍让，大大激起了日本的狂妄野心。他们看到了清政府的软弱无能和害怕打仗的弱点。1885年2月，日本派出伊藤博文来到中国，专门和李鸿章进行朝鲜问题的谈判。

谈判桌上，气氛紧张。伊藤博文眼神犀利，言辞咄咄逼人。李鸿章则努力保持着镇定。

伊藤博文说道："如果朝鲜发生事变，中日双方如若派兵到朝鲜，一定要照会对方政府。"

李鸿章心中无奈，但又觉得似乎也没有更好的办法。最终，他同意了这个条件。这样谈判的结果，一方面是中国允许日本可以在朝鲜事变时派兵到朝鲜，另一方面是中国失去了只有宗主国才应有的派兵特权。伊藤博文为日本了解中国对朝军事动向找到了最好机会，为日本侵略中国做好了埋伏。

在和伊藤博文的交往中，李鸿章感到伊藤博文并非等闲之辈。他意识到中国防范日本侵略十分必要。然而，李鸿章没有预想到，在以后和日本的交往中，日本的狡诈多变远甚于西方列强。

1885年4月，李鸿章和伊藤博文签订《天津条约》。此后，李鸿章把袁世凯派到朝鲜，加强对朝鲜的控制。袁世凯不负众望，把朝鲜的政治局面控制得很牢，并在经济上给予朝鲜很多帮助。

1889年，美国、德国、俄罗斯等国相继与日本签署新的条约，纷纷放弃了对日本的特权。

各国放弃特权后，日本在经济领域不再受到外国势力的过度制约。例如，在贸易方面，日本能够更加自主地制定关税政策和贸易规则，保护本国产业，促进国内经济的良性发展。随着国家主权的提升和政治环境的稳定，外国投资者对日本的信心增强。他们纷纷将资金投入到日本的工业、制造业、金融等领域，为日本的经济发展提供了强大的资金支持。

到了1890年，英国也表示同意废止其在日本的领事裁判权。在这个时候，日本的经济如同一辆高速行驶的列车，发展极为迅速，已然成为一个新兴的资本主义国家。而此时的日本，野心勃勃，准备与列强一道，将贪婪的目光投向中国，企图争夺中国这块诱人的"肥肉"。

甲午中日战争

彼时的北京，古老的城墙在岁月的侵蚀下，依然屹立不倒，仿佛在诉说着往昔的辉煌。城墙之下，悠扬的歌声袅袅升起，激昂的鼓乐声直冲云霄，慈禧太后的六十大寿即将来临，整个京城都沉浸在一片喜庆的氛围之中。

紫禁城在阳光的映照下，红墙黄瓦闪烁着金色的光芒，那华丽的装饰如同璀璨的星辰，耀眼夺目。颐和园里，亭台楼阁错落有致，湖水波光粼粼，岸边的垂柳依依，仿佛一幅绝美的画卷。这里张灯结彩，热闹非凡，到处都洋溢着喜庆的气息，让人丝毫感觉不到战争的阴霾正在悄然逼近。

为了这次庆典，慈禧早在两年前就已经开始筹备了，并且派世铎和奕劻两人一同办理万寿大典。同时，还命令江南、苏州、杭州三个皇家织造部门准备彩绸十万匹，以备庆典之用。

"老佛爷"五十大寿时，因法国人从中作梗未能好好庆祝，此次定要大肆操办一番。总管太监李莲英身着华丽的服饰，站在宫殿的回廊

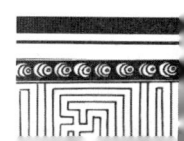

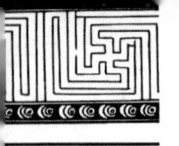

下，微微扬起下巴，尖着嗓子高声下令："这段时间内，凡可能令'老佛爷'不高兴的事一律不准奏报！"这一命令如同巨石投入平静的湖面，引起了一阵波澜。一时间，宫廷上下人人自危，生怕触了霉头。而这一做法果然奏效，慈禧太后心情愉悦，满脸喜色，挥了挥手中的丝帕，下令大赦天下，放假三天，甚至当场赏赐直隶总督兼北洋大臣李鸿章三眼花翎。自大清立国以来，汉人中李鸿章是第一个也是唯一一个得此荣誉的大臣，这对于李鸿章来说是极大的恩遇。

然而，在这恩赏的背后，李鸿章却如坐针毡，焦头烂额。回家之后，他的书房中灯火彻夜通明，桌上的文件堆积如山。李鸿章身着官服，眉头紧锁，满脸愁容。他在书房中来回踱步，不时停下脚步，拿起一份电报，仔细阅读后又无奈地放下。

"这战事紧急，如何是好啊！"李鸿章自言自语道。他深知前线战事吃紧，救急电报如雪片般飞来，每一封电报都如同重锤一般敲在他的心上。他加紧了求和的步伐，一方面派人以祝贺俄国新帝即位为名，请求俄国出面调停；另一方面委托天津海关税务司德璀琳赴日议和。

李鸿章对德璀琳寄予厚望，他对身边的幕僚说道："如果德璀琳和伊藤博文谈判顺利，中日可先停战，再议和。这或许是目前唯一的出路了。"

在遥远的日本，一间宽敞的会议室里，日本官员们围坐在一起，他们身着整齐的军装，脸上露出坚定的神情。一位年长的官员站起身来，双手撑在桌面上，严肃地说道："这个德璀琳，根本不符使者资格，我们绝不能与他谈判。"众人纷纷点头表示赞同。

就在李鸿章焦急地等待着德璀琳和美、德外交调解时，日军却如凶猛的野兽一般，连续攻陷金州、大连，气势汹汹地向旅顺猛扑。

旅顺口，这个与威海卫隔海相望的战略要地，是渤海的门户。日军指挥官站在军舰的甲板上，望着远方的旅顺，眼神中充满了贪婪与决绝。他高举军刀，大声喊道："不惜一切代价，攻取旅顺！"战场上，硝烟弥漫，遮天蔽日。喊杀声震天动地，仿佛要冲破云霄。日军如潮水般涌来，炮弹如雨点般落下，整个旅顺陷入了一片火海。

日军攻占旅顺后，进行了惨无人道的屠城行动。街道上，横七竖八地躺着无辜百姓的尸体，鲜血染红了大地。全城仅留36人负责掩埋尸体，那凄凉的场景让人不忍直视。负责旅顺船坞工程的龚照玙，在金州失陷后，惊慌失措地逃回了天津。李鸿章得知后，怒不可遏，他拍着桌子，大声喝道："这个龚照玙，临阵脱逃，简直是丢尽了我淮军的脸！立刻下令让他回旅顺前线效力！"

可当日军再次进攻旅顺时，龚照玙却再次弃船厂于不顾，乔装改扮混在士兵中逃跑了。百姓们对淮军的这种行为极为愤怒，纷纷编了"文官三只手，武官四只脚"的歌谣来讽刺淮军逃跑之快。

李鸿章一生都以淮军为荣，此次败逃让他遭受了沉重的打击。他痛心疾首地说道："我淮军竟落得如此地步，我有何面目面对朝廷和百姓啊！"

这次黄海大战，是中日双方海军的一次主力决战。辽阔的海面上，一艘艘战舰如同钢铁巨兽一般，威风凛凛。炮声轰鸣，震耳欲聋。双方舰队展开了激烈的战斗，规模宏大，战斗激烈，时间漫长。在战斗中，北洋舰队虽然损失大于日方，但也给日舰以重创，使日军"聚歼清舰于黄海中"的狂妄计划未能得逞。

一位老水手站在船头，望着硝烟弥漫的海面，感慨地说道："这场海战啊，咱们北洋舰队也不弱。要是指挥得当，准备充分，也不至于损失这么惨重。"

日本虽在战争中处于长线作战，但在经费及武器供给、天时、地利、人和等诸多方面均处于不利地位。然而，黄海大战后，本应积极调整战略部署以挽回不利战局的北洋舰队，却因李鸿章的畏惧与妥协而未能有所作为。

李鸿章的书房中，气氛凝重。他背着手，来回踱步，满脸忧虑。

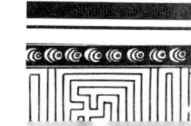

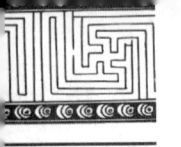

一位下属匆匆赶来汇报，李鸿章停下脚步，神情严肃地说道："务必传我命令，让丁汝昌不惜任何代价，也要守住威海卫。"此时的威海卫，海风吹拂，海浪拍打着岸边的礁石。丁汝昌站在军舰的甲板上，望着远方，心中满是压力。

而在朝廷上下，众人对北洋水师提督丁汝昌议论纷纷。许多人指认丁汝昌贪生怕死、畏敌避战，要求将其立即撤职。北洋海军总教习德国人汉纳根却站出来为丁汝昌说话："你们只知责备北洋海军，却不知这并非他们的过错，也不是丁提督的过错。有人钳制着海军，丁汝昌根本无法做主。"这个钳制海军的人，正是李鸿章。

曾经，在攻打旅顺之时，丁汝昌曾请求率领舰队与日本决一死战。李鸿章却坚决反对，他对着丁汝昌严厉地说道："你只需在威海卫守住那几只船，其余的事与你无关！"

就在此时，日本突然改变战略。在日本的一间报社里，编辑们忙碌地排版，将议和的"价码"刊登在报纸上：中国赔偿军费4亿两，并将日当时所占之区割让日本。清政府看到这个条件，虽觉得苛刻，但仍认为有议和的希望。于是，任命邵友濂、张荫桓为全权大臣，准备赴日谈判。一向主张议和的李鸿章，此次却对议和态度并不积极。在与幕僚的一次交谈中，李鸿章皱着眉头说道："日本此时提出议和，必定其中有诈。"果不其然，清方使臣还未踏上东瀛的土地，日军便发动了更大的攻势。

黄海海战后，日军战时大本营开始谋划下一步行动。在一间宽敞的作战室内，日军将领们围坐在一起，地图铺展在桌面上。他们决定首先实施侵入辽东半岛的作战计划，命令第一军尽快打过鸭绿江，入侵辽宁，威胁沈阳，以牵制正面清军。同时，掩护由第一师团和第十二混成旅组成的第二军在辽东半岛进行登陆作战。

而清军方面，为了阻止日军向中国本土进攻，已由海守陆攻转变为全面防御。在清军的指挥部里，将领们面色凝重地看着地图。针对当时敌我态势，李鸿章提出了所谓的"单纯防御作战"方针。他在给将领们的信中写道："当前局势，唯有采取单纯防御之策，方有可能稳住阵脚。"但这一方针，真的能挽救危局吗？谁也无法确定。

在皇宫的大殿中，光绪皇帝满脸忧虑，他虽抱负很大，但既动员不了全国力量，又受到慈禧的牵制，难有所作为。最终，清政府采取了李鸿章提出的单纯防御作战方针。但即使采取这一方针，由于未弄清楚日军主攻方向，对敌人重点进攻的辽东半岛非但未加强防御力量，反而不断把守军调赴他处，这就给日军在这里登陆提供了有利条件。

1894年10月24日，秋风瑟瑟，日军第一军首先在鸭绿江发起进攻。同一天，第二军在日本海军护航下，没有受到北洋舰队的任何阻拦，也开始顺利地在花园口登陆。10月底，当登陆日军缓慢向前推进之际，丁汝昌率舰队由威海抵达旅顺，但未敢前往日军登陆地点进行任何必要的袭击。11月7日，登陆日军因驻守大连清军溃逃而不费一枪一弹便占领了大连湾。同一天，丁汝昌也率舰队返回威海。后由于受到李鸿章训斥，11月12日下午，率舰队开赴旅顺，稍事游弋，于13日晚即离开旅顺折回威海。22日，旅顺即被日军攻占。此后不到一个月，日军即攻占了辽东半岛大部分要地，为进行直隶平原决战，夺取了前进阵地。

日军在攻占旅大之后，准备进行威海卫战役，但由于威海卫军港正面设防十分坚固，不易攻取，于是决定选择清军防御薄弱的荣成湾一带登陆，从侧后夺取威海卫。而清军方面，因辽东半岛溃败，清政府责怪李鸿章救援不力，下诏将其革职留任，命他亲赴大沽、北塘等处巡视、布置。同时，把兵力多调到辽沈，而忽视山东半岛。结果，京都多达200余营，近10万人，而敌人进攻重点山东半岛仅40多个营，不到2万人。特别是荣成方向，兵力最弱，仅4营1400多人。

守将戴宗骞站在城墙上，望着远方，忧心忡忡。他向李鸿章建议采取"虽布近局、仍扼外险，宁力战图存，勿坐以待困"的战守之策，

但李鸿章仍坚持采取单纯防御方针，使得陆岸守军只好坐等敌人来攻，海军舰只则被降为要塞的活动炮台或辅助炮台，完全失去了舰队所具有的机动性能，为日军全歼北洋舰队提供了条件。

1895年2月2日，威海卫失陷。统帅丁汝昌早已做好与北洋舰队同存亡的准备。丰岛海战后，他将儿子丁代禧留在身边，儿媳张氏和孙子丁旭山送回原籍。临行前他交代张氏："我的生命已交给了国家，你一定要照看好我的孙子！"刘公岛保卫战开始后，丁汝昌向李鸿章表示："唯有船没人尽而已！"丁汝昌派人将鸦片送到船上，以备如果不能战死就服毒自尽。为防止受伤军舰落入敌手，丁汝昌用广丙舰的鱼雷炸沉了已搁浅的靖远舰，又在定远舰中部装上火药，将其炸毁。

定远舰管带刘步蟾站在甲板上，望着熊熊燃烧的定远舰，满脸悲愤。他吞鸦片自尽，实践了"舰队亡则人亡"的誓言。丁汝昌向广大官兵许诺的最后一天终于来到了。傍晚，丁汝昌收到李鸿章的电报，上面写着"援兵无期"！

最后的希望破灭了。深夜时分，水陆兵民万余人向他哀求活命。丁汝昌叹口气，道："与军舰同生死是我的职责。但我的死可以救你们的命。"他向大家暗示自己死后可投降日军以求活路。并交代部下牛昶晒销毁北洋水师的提督印。丁汝昌服下事先准备好的鸦片，次日清晨气绝身亡。

牛昶晒等推举杨用霖出面与日军接洽投降事宜。杨用霖当场严词拒绝，口诵"人生自古谁无死，留取丹心照汗青"的诗句走入船舱，饮弹身亡。护军统领张文宣同时自尽。美国人浩威建议以丁汝昌的名义投降，牛昶晒在投降书上盖提督大印。几人将责任推到丁汝昌身上。可怜丁汝昌死后蒙羞，家产全被没收，子孙流离失所。直到1910年，宣统二年，在威海商民联名提议下，方由袁世凯上奏为其平反昭雪。

北洋舰队尚存的10艘舰船和刘公岛各炮台军资器械，全部为日军所掳。

1895年2月17日，天空阴沉，日本舰队徐徐驶入威海港。中国镇远、济远、平远、广丙、镇东、镇西、镇南、镇北、镇中、镇边等10艘军舰换升日本国旗。只有康济舰仍悬挂黄龙旗，载送着丁汝昌、刘步蟾、杨用霖等6人的灵柩。下午1点，10艘中国军舰全部编入日本舰队。4点，康济舰在汽笛的哀鸣声中，冒着潇潇冷雨，凄然离开威海。至此，李鸿章经营了十多年的北洋海军全军覆没了。

此时，李鸿章也结束了权倾朝野的日子，不仅朝廷对他不再宠信，在文武百官以至百姓中，他也威信一落千丈。甲午战争，北洋海军的全军覆没，是李鸿章政治生涯由盛转衰的拐点。

北洋海军自1875年开始筹建，1888年正式成军，它不幸在第一次中日战争中为日本海军完全摧毁，李鸿章的努力付之东流，同时也使中国丧失了制海权。北洋舰队的毁灭，一方面可部分归咎于清政府、李鸿章所采取的消极防御战略。清政府在战争期间忙于庆祝慈禧太后寿辰，对战争形势缺乏正确判断，且在关键时刻未能给予北洋海军有力支持。李鸿章则因种种顾虑，一味采取保守的防御方针，错失了扭转战局的机会。另一方面，北洋海军本身存在的若干缺点也不容忽视。制度上含混不清，名义上隶属于北京海军衙门，实际却归李鸿章节制，导致管理混乱。指挥系统不清，丁汝昌未受过海军正规训练，常为部下所轻，中外军官关系紧张，进一步削弱了舰队的战斗力。经费不足更是严重问题，预算从未如数收齐，后期还被裁减，使舰队及其装备的更新成为不可能。这些因素共同作用，最终导致了北洋舰队在中日甲午战争中被日军全部歼灭。

甲午战争的失败，让中国的有识之士深刻反思。他们开始认识到，中国的落后不仅仅是在军事上，更是在政治、经济、文化等各个方面。

"我们必须进行全面的改革，才能挽救国家于危亡之中。"一位思想家在报纸上发表文章说道。

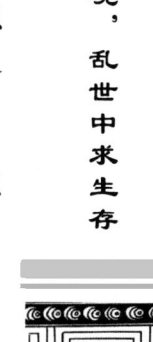

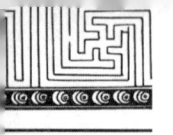

受命赴日签订马关条约

1895年2月13日，一道紧急的朝廷命令如疾风般传来，任命李鸿章为头等议和全权大使，同时取消对他的处分并赏还黄马褂，要求他火速来京议事。李鸿章深知此事事关重大，接到命令后，他不敢有丝毫耽搁，即刻踏上前往北京的征程。

在那个动荡的时刻，李鸿章明白自己无法做到袖手旁观。他心中只有一个坚定的信念，只要大清帝国需要，他便会为其赴汤蹈火，在所不惜。此时的清朝，虽自诩为泱泱大国，然而在这危急关头，似乎除了李鸿章，确实难以找到第二个人能够担当起如此重大的使命。事实上，恐怕也没有第二个人愿意挺身而出，去承担这样艰巨而又充满风险的使命。

李鸿章的内心已然做了最坏的打算。在与朝廷进行谈话时，他坦诚地表示自己难以承担割地这样沉重的责任。然而，面对紧迫的局势，最后朝廷还是给予了他全权处理的权力，将国家的命运交到了他的手中。

满朝文武将战败的原因全部推到李鸿章身上。光绪帝一怒之下要革去李鸿章所有差事，面对这样的耻辱，李鸿章没有时间委屈和申辩，因为作为"签约人"，他不得不前去日本。

李鸿章站在天津的港口，望着浩渺的大海，心中充满了忧虑与无奈。他深知，此次去日本签订《马关条约》，将是他人生中最为艰难的一次使命。

"吾此次赴日，吉凶难测，然为了国家，为了百姓，吾不得不去。"李鸿章自言自语道。

他的幕僚周馥走上前来，拱手道："大人，此去日本，危险重重，您可要多加小心。"

李鸿章微微点头，"吾深知此行之艰难，但国家危在旦夕，吾不能坐视不管。"

此时，朝廷的旨意传来，命李鸿章尽快启程前往日本马关，与日本进行和谈。李鸿章整理了一下官服，带着沉重的心情，踏上了前往日本的轮船。

在轮船上，李鸿章望着渐渐远去的祖国海岸线，心中感慨万千。他想起了自己一生为国家奔波操劳，如今却要在这屈辱的条约上签字，心中充满了悲愤。

"吾一生致力于强国富民，却没想到会落得如此下场。"李鸿章叹息道。

他的心中充满了矛盾和挣扎。一方面，他知道签订这个条约将给国家带来巨大的灾难，但另一方面，他又没有别的选择。如果不签订条约，日本将继续进攻，国家将面临更加严重的危机。

经过漫长的航行，李鸿章终于抵达了日本马关。这个曾经的小国，如今却因为甲午战争的胜利而变得趾高气扬。

马关的街道上，到处都是日本士兵和民众的欢呼声。他们为自己国家的胜利而骄傲，却不知道这场战争给中国带来了多么沉重的灾难。

李鸿章在日本官员的陪同下，来到了和谈的地点。这里是一座古老的建筑，周围环境幽静，但却弥漫着一股紧张的气氛。

李鸿章走进会议室，看到了日本方面的代表伊藤博文和陆奥宗光。他们脸上带着胜利的笑容，眼神中透露出傲慢和得意。

"李中堂，久仰大名。今日我们终于见面了。"伊藤博文微笑着说道。

李鸿章微微拱手，"伊藤首相，此次和谈，关乎两国之命运，还望以和为贵。"

伊藤博文冷笑一声，"李中堂，如今贵国战败，还有什么资格谈条件？我们的要求很简单，割地赔款，否则战争将继续。"

李鸿章心中一沉，但他还是保持着冷静，"割地赔款，事关重大，

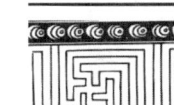

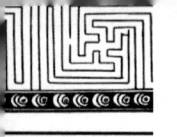

吾需向朝廷请示。"

伊藤博文不耐烦地说道："李中堂，你最好尽快做出决定，否则我们将继续进攻。"

谈判开始后，双方陷入了激烈的争论之中。李鸿章试图为国家争取一些有利的条件，但日本方面却寸步不让。

"贵国要求割让辽东半岛和台湾，赔款两亿两白银，这实在是太过分了。"李鸿章说道。

伊藤博文冷笑道："李中堂，这是战争的结果。如果贵国不想割地赔款，那就继续战争吧。"

李鸿章无奈地叹了口气，"吾深知国家之困境，但如此苛刻的条件，吾实在难以接受。"

在谈判的过程中，李鸿章不断地向朝廷请示，但朝廷内部也存在着不同的意见。一些保守派大臣坚决反对割地赔款，而一些开明派大臣则认为为了避免战争的继续，不得不做出一些让步。

李鸿章陷入了两难的境地。他知道，如果不签订条约，国家将面临更加严重的危机，但如果签订条约，他将成为千古罪人。

"吾该如何抉择？"李鸿章心中充满了痛苦和矛盾。

在谈判的间隙，李鸿章外出视察。他乘坐着马车，在马关的街道上缓缓行驶。突然，一个刺客从人群中冲了出来，向李鸿章开枪。

李鸿章躲闪不及，被刺客击中了面部。他倒在马车里，鲜血直流。

"大人！大人！"随从们惊慌失措，连忙将李鸿章送往医院。

这一事件震惊了整个日本和国际社会。日本政府感到非常尴尬，他们立即加强了对李鸿章的保护，并表示将尽快调查此事。

在医院里，李鸿章躺在病床上，脸色苍白。他的心中充满了愤怒和无奈。

"吾一心为国家和谈，却遭此毒手。日本之行为，实在令人不齿。"李鸿章说道。

他的遇刺事件也让谈判陷入了僵局。日本方面担心国际舆论的压力，不得不做出一些让步。

在经过一段时间的休养后，李鸿章不顾身体的伤痛，继续参加谈判。他知道，时间紧迫，国家不能再等了。

"伊藤首相，此次遇刺事件，让吾深感日本之不安全。但吾为了国家，还是决定继续和谈。"李鸿章说道。

伊藤博文也感到有些愧疚，"李中堂，此次事件，我们深表歉意。我们将加强安保措施，确保您的安全。"

在接下来的谈判中，日本方面做出了一些让步。他们同意减少一些赔款，但仍然坚持割让辽东半岛和台湾。

李鸿章无奈地叹了口气，"吾深知国家之困境，但割让领土，实乃千古之痛。吾必须向朝廷请示。"

他再次向朝廷发去了电报，详细汇报了谈判的情况和日本方面的让步。朝廷内部经过激烈的争论，最终决定接受日本的条件，签订《马关条约》。

在得到朝廷的旨意后，李鸿章带着沉重的心情，再次来到了谈判桌前。

"伊藤首相，吾代表大清国，同意贵国的条件，签订《马关条约》。"李鸿章说道。

伊藤博文脸上露出了得意的笑容，"李中堂，此次和谈，虽然艰难，但最终还是达成了协议。希望我们两国以后能够和平相处。"

李鸿章心中充满了悲愤，但他还是强忍着泪水，在条约上签上了自己的名字。

《马关条约》的签订，标志着甲午战争的正式结束。这个条约给中国带来了巨大的灾难，割让辽东半岛和台湾，赔款两亿两白银，让中国的国力进一步削弱。

李鸿章在签订条约后，默默地离开了会议室。他的心中充满了悔

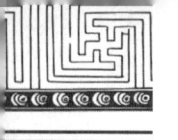

恨和自责。他知道，自己将成为千古罪人，但他也没有别的选择。带着疲惫的身体和沉重的心情，他踏上了回国之路。他知道，等待他的将是国人的指责和谩骂。

他的心中充满了迷茫和无助。他不知道国家的未来在哪里，也不知道自己该如何面对国人的指责。

1895年之后，李鸿章仿佛一座被洪水冲垮的土山般轰然坍塌。在此之前，他曾如一座巍峨耸立、气冲霄汉的山峦。从某种程度而言，李鸿章就像一个赌徒，在历史的赌局中输掉了自己毕生的心血与积累。然而，即便遭受如此巨大的打击，李鸿章仍努力克制着内心的悲痛，以一个职业外交家的素养，竭尽全力试图用外交手段来弥补自己的过失。

随后，他将自己封闭在冷静的沉默之中，犹如一只受伤的老虎，默默舔舐着伤口，同时苦苦思索着应对之策。他隐忍不发，耐心等待，梦想着有朝一日能抓住机会给予致命一击。只可惜，命运并未给他这样的机会。往后的日子更加阴霾密布，摆在他面前的是无尽的麻烦与郁闷，以及那仿佛来自极地般彻骨的寒冷。

1895年4月，李鸿章带着《马关条约》草约，脸上缠着绷带，满心懊恼与沮丧地回国。此时的他已然成为了举国上下的"公敌"。朝廷斥责他办事不力，官员们纷纷指责他丧权辱国，民间更是流传着他拿了日本人银子的谣言。甚至有人公开宣称要不惜一切代价杀掉他，以雪心中的"奇耻大辱"。唯有一句话，让李鸿章听到后不禁老泪纵横。当时，全体军机大臣集体上奏给光绪帝，奏折中有这样一句话："中国之败，全由不西化之故，非鸿章之过。"

李鸿章默默地承受着这一切。他知道，自己必须为自己的行为负责。他下了轮船，向人群深深地鞠了一躬，然后默默地离开了。

洋务运动不了了之

春寒料峭，李鸿章带着满心的疲惫与伤痛，缓缓走进自己的府邸，庭院中的花草在寒风中瑟瑟发抖，仿佛也感受到了主人心中的悲凉。他坐在书房中，看着墙上那一幅幅曾经辉煌的画卷，心中感慨万千。

"吾一生致力于洋务，欲强国富民，却落得如此下场。"李鸿章自言自语道，眼中闪烁着泪光。

他的幕僚周馥走了进来，神色凝重。"大人，此次《马关条约》签订，举国哗然，大人您……"

李鸿章摆了摆手，"吾深知国人之愤怒，然事已至此，吾又能如何？"

周馥叹了口气，"大人，洋务运动如今恐难以为继了。"

李鸿章微微点头，"吾亦有此感。甲午一败，洋务之梦，几近破碎。"

随着《马关条约》的签订，清政府的财政陷入了前所未有的困境。赔款的压力如巨石般压在每个人的心头。

朝廷之上，大臣们争论不休。保守派大臣们纷纷指责李鸿章，认为洋务运动是导致国家战败的罪魁祸首。

"李鸿章之洋务，劳民伤财，却换来如此惨败。如今当废止洋务，回归旧制。"一位保守派大臣慷慨激昂地说道。

而一些开明的大臣则试图为李鸿章辩护。

"洋务运动虽有不足，但也为国家带来了一定的进步。如今不可因噎废食。"

李鸿章站在朝堂之下，听着这些争论，心中充满了无奈。他知道，洋务运动面临着前所未有的危机。

在天津的洋务企业中，工人们也人心惶惶。工厂的生产陷入了停

滞，资金短缺，订单减少。

一位工厂主找到李鸿章，满脸愁容。"中堂大人，如今这局势，我们的工厂该如何是好？"

李鸿章看着工厂的萧条景象，心中一阵酸楚。"吾会尽力为你们争取支持，但如今形势艰难，你们也要做好准备。"

尽管面临着重重困境，李鸿章仍然没有放弃洋务运动的希望。他四处奔走，试图为洋务企业筹集资金，寻找新的出路。

在上海的轮船招商局，李鸿章与几位洋商进行谈判。

"诸位，如今中国虽遭此重创，但洋务之事业不可废。我们希望能与诸位继续合作，共同发展。"李鸿章诚恳地说道。

洋商们面面相觑，其中一位说道："中堂大人，如今局势不明，我们也不敢轻易投资。"

李鸿章心中焦急，但仍保持着镇定。"吾深知诸位之担忧，但中国的未来需要洋务。只要我们齐心协力，定能度过难关。"

在与洋商谈判的同时，李鸿章也在积极推动国内的企业进行改革。他鼓励企业引进新技术，提高生产效率。

"我们必须不断创新，才能在这艰难的时局中生存下去。"李鸿章对一位企业主说道。

然而，改革之路并非一帆风顺。一些企业主担心改革会带来风险，犹豫不决。

"中堂大人，改革之事，风险太大。我们不敢轻易尝试。"

李鸿章耐心地劝说他们，"吾等若不改革，必将被时代淘汰。如今唯有勇敢前行，才能为国家谋得一线生机。"

在推动洋务运动的过程中，李鸿章与保守派的矛盾日益尖锐。

保守派大臣们不断向朝廷上书，要求废止洋务运动。他们认为洋务运动破坏了传统的社会秩序，是对祖宗之法的亵渎。

"李鸿章之洋务，实乃祸国殃民之举。当立即停止，回归正道。"

保守派大臣在朝堂上大声疾呼。

李鸿章则据理力争,"洋务乃强国之策,如今国家危在旦夕,唯有坚持洋务,才能有一线生机。"

双方在朝堂上展开了激烈的辩论,气氛紧张。

在民间,一些保守的文人墨客也对洋务运动进行了批判。他们写文章抨击洋务运动,认为它带来了西方的不良风气,破坏了中国的传统文化。

"洋务之兴,西学东渐,使吾国之传统荡然无存。此乃大不幸也。"一位文人在报纸上发表文章说道。

李鸿章看到这些文章,心中充满了愤怒和无奈。他知道,洋务运动不仅面临着外部的压力,还面临着内部的阻力。

尽管李鸿章竭尽全力地坚持洋务运动,但在重重压力之下,洋务运动最终还是走向了衰落。

政府的资金支持越来越少,企业纷纷倒闭,技术人才流失。李鸿章看着自己曾经为之努力奋斗的洋务事业逐渐崩溃,心中充满了绝望。

"吾之洋务,终究还是失败了。"李鸿章叹息道。

在一个寒冷的冬日,李鸿章独自站在天津的港口,望着那曾经繁忙如今却寂静无声的码头,心中感慨万千。

"吾一生致力于强国富民,却未能实现。这或许是吾之命运,也是国家之命运。"李鸿章自言自语道。

他的身影在寒风中显得格外孤独,那曾经的雄心壮志,如今已被现实击得粉碎。

然而,李鸿章并没有完全放弃希望。他知道,虽然洋务运动失败了,但中国的未来仍然充满了挑战和机遇。他期待着有一天,中国能够真正崛起,实现他一生的梦想。

第六章 黑暗中前行

环球访问学习强国之道

甲午战争的惨败以及《马关条约》的签订，犹如一场猛烈的风暴，让李鸿章瞬间陷入了全国上下的口诛笔伐之中。骂声如汹涌的潮水，此起彼伏，不绝于耳。

当朝理政的慈禧太后尽管深知他的无奈与苦衷，然而在各方舆论的巨大压力之下，也不得不让李鸿章从仕途的巅峰跌落下来。他先后失去了直隶总督、北洋大臣等要职，仅仅保留了文华殿大学士这一头衔。

在北京，李鸿章闲居于东安门外冰盏胡同的贤良寺内。这座寺庙由雍正时期怡贤亲王的房子改建而成，四周环境清幽，宁静宜人。此时的李鸿章，骤然脱离了数十载繁重而忙碌的政治生活，虽有些许不习惯，但心态却颇为平和。他觉得，自己仿佛一下子获得了一种自在。尽管身后骂名如潮涌般滚滚而来，那又能怎样呢？李鸿章每日的生活极有规律，依然保持着在军营时的习惯。清晨六七点钟，当第一缕阳光洒在寺庙的庭院中，李鸿章便准时起床。用过早点后，他会看看文件，练练书法。要知道，长久以来，他都未曾有时间静下心来好好练练字了。写字需心静，他最喜爱王羲之的书法，这段时间主要书写怀仁所集的碑帖。

午饭后，李鸿章会在走廊里散步。寺庙的走廊宁静而悠长，阳光透过廊柱间的缝隙洒下，形成一道道光影。他散步时从来都是穿着短衣，只有在特别寒冷的时候才会穿上长衫。散步后，午睡一两个小时，接着便召开幕僚会议。晚餐之后，他让幕僚们随意安排，自己则再看看书、写写字，然后便去休息。李鸿章如此规律的生活，得益于他的老师曾国藩。当年李鸿章刚刚到曾府做幕僚时，因在京城翰林时散漫惯了，很不适应曾国藩的规矩。曾国藩每天黎明即起，等到幕僚们都到齐后，才开始吃饭。李鸿章晚上喜欢看书，常常睡得很晚，早晨便不愿起来。对于大家一起吃早餐，他特别不适应。

有一次，李鸿章不想起床，便推说自己头疼。曾国藩再三派人去请他，还说大家都在等他一个人。当李鸿章无奈地来到餐厅时，看到大家都在等着自己，心中不禁有些羞愧。饭后，曾国藩特意对李鸿章说道："在我这里，讲究的是一个'诚'字。"当下，李鸿章深感惭愧，聪慧过人的老师已然洞察了他的一切。从此，他改掉了睡懒觉的习惯。曾国藩的孙女婿吴永，在李鸿章晚年时曾跟随他。据吴永说，李鸿章的生活规律和曾国藩十分相像，简直如出一辙。

在这段悠闲的时光里，李鸿章思绪万千。一次，他对吴永感慨道："我办了一辈子的事，练兵也，海军也，都是纸糊的老虎，何尝能实在放手办理？不过勉强涂饰，虚有其表，不揭破犹可敷衍一时。如一间破屋，由裱糊匠东补西贴，居然成一净室，虽明知为纸片裱糊，然究竟决不定里面是何等材料，即有小小风雨，打成几个窟窿，随时补葺，亦可支吾对付。仍必欲爽手扯破，又未预备何种修葺材料，何种改造方式，自然真相破露，不可收拾，但裱糊匠又何术能负其责？"李鸿章这番蕴意深长的话，让吴永听后思绪万千，感慨良多。

甲午之战和《马关条约》之后，清廷对日本的政策主流认识逐渐转变为"联俄抗日"。因为沙俄在大清帝国最为艰难的时候挺身而出，

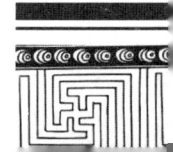

帮忙要回了辽东半岛。另外，清廷也想利用沙俄来牵制日本。其中，两江总督刘坤一说得最为明确：威胁大清国的国家以日本为最，日本企图占领东北的野心由来已久，而俄国因与大清帝国东北接壤，必定最不愿意日本得逞。所以"我若乘此时与之深相结纳，互为声援，并稍予便宜，俄必乐从我"。

大臣们想到1896年5月26日，俄国沙皇尼古拉二世将要举行加冕大典，届时各国都会纷纷派出专人祝贺，中国可以趁机和俄国谈论中俄联合的问题。另外，俄国人还特别提到来贺代表的级别问题。慈禧太后和奕䜣都认为，只有派李鸿章去最为妥当。一是因为洋人们说，对于19世纪的中国，他们只知有李鸿章而不知有皇帝。二是与沙俄的密谈，也只有李鸿章才能胜任。

1896年2月，清廷决定派李鸿章出使俄国。同时，考虑到李鸿章赋闲在家，慈禧太后决定借机让他出游欧美，联络和列强的感情。一开始，李鸿章以在马关被刺为由一再推辞，而清廷则坚决不准。当李鸿章觉得自己确实到了"众望所归"的时候，才表示自己"非敢爱身，惟虞辱命"，只要"一息尚存，万程当赴"。

1896年3月18日，已是74岁高龄的李鸿章，在俄国驻华公使喀西尼的安排下，由俄、德、法、英、美等五国驻华使馆人员陪同，乘坐法国邮船"爱纳斯脱西蒙"号从上海出发，开始了他的环球访问。随同访问的有他的两个儿子李经方和李经述。李经方负责协理事务，李经述负责照料李鸿章的起居。此外还有兵部主事于式枚及各国洋顾问等，李鸿章还带了一名英国医生。他们从上海出发后，船只缓缓驶过东海，海面波光粼粼，海风轻拂。接着经过南海，那里蓝天碧海，一望无际。再穿过马六甲海峡，海峡两岸风景如画，船只在繁忙的航道上穿梭。他们横渡印度洋，印度洋上波涛汹涌，海浪拍打着船舷。穿过红海和苏伊士运河，到达埃及的塞得港。沙皇派遣乌赫托姆斯基公爵专程前往塞得港迎候，他们换乘俄国轮船，由地中海前往黑海。

经过一个多月的航行，李鸿章先到达了俄国。关于他访问俄国的情况，我们将在后面专门讲述，这里先讲讲他在其他国家的游历经过。6月13日，李鸿章离开俄国，乘火车前往德国进行访问。在德国，迎接他的是空前盛大的欢迎仪式。德国的街道上彩旗飘扬，人群熙熙攘攘。德皇派御车来接李鸿章。14日，李鸿章坐着御车到达柏林。随即，前往皇宫晋见德皇威廉二世，李鸿章对德国干涉还辽的仗义举动和在军事方面对中国的帮助表示谢意。德皇表示，希望两国友谊长存，希望大清江山永固。第二天，应德皇的邀请，李鸿章参观了德国军队。训练场上，士兵们整齐列队，军威赫赫。德皇特意为李鸿章准备了一把虎皮椅。看到德国军队的精良装备与高昂士气，李鸿章不禁感叹道："我如果有十营这样的军队，我就不怕小日本了。"

在德国期间，李鸿章两次同德国外交大臣马纱尔进行政治会谈，还拜会了德国前首相俾斯麦。那是一个阳光明媚的日子，李鸿章来到俾斯麦的住所，二人相谈甚欢。在双方交谈之中，李鸿章说起自己被称为"东方的俾斯麦"。俾斯麦随即笑着说："可是我没有希望成为'西方的李鸿章'啊！"

这里还有一个关于他们的小故事——俾斯麦对中国的箭术十分好奇，所以想看看中国的箭术是什么样子，李鸿章很痛快地答应了。在一片宽阔的草地上，李鸿章派人表演了步箭和马箭等等。阳光洒在草地上，箭支飞驰，看得俾斯麦十分高兴。表演结束之后，卫队长报告李鸿章说，总共发了100支箭，99支箭都在靶上，少了一支箭。过了一会，卫队长又报告说，射手20人，现在只有19人，少了一个。于是俾斯麦派人去找，结果发现这个射手头上中箭躺在地上。原来，这个射手叫张乐堂，因不小心被别的射手误伤了，箭正好穿过了他两边的太阳穴。李鸿章立即命人给张看病。外科医生把这名射手太阳穴两边的箭锯掉，并说已经治好。李鸿章生气地问："那脑子里的箭怎么办？"医生说："那是内科的事情了。大人可以让他去找内科医生。"李

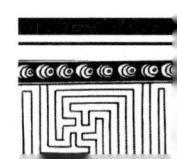

鸿章说："他现在都不能站起来，怎么找医生？"外科医生说："只要大人吩咐的事情，谁敢不从？"于是，李鸿章命令道："张乐堂站起来！"于是张乐堂果然站了起来，去找内科医生了。俾斯麦看到这一切，觉得十分惊奇，于是问李鸿章："是什么力量让这位士兵站起来的？"李鸿章不无得意地说："这就是中国军人的服从精神，他们以服从长官的命令为天职。"俾斯麦听了之后，佩服得一时竟说不出话来。

7月5日，李鸿章一行到达荷兰首都海牙。当晚，海牙的"水晶宫"灯火辉煌，荷兰政府为他在这里举行了欢迎宴会和晚会。舞台上，充满异国风情的歌舞表演精彩纷呈，荷兰女王精心布置的"五福寿为先"的中国汉字，让李鸿章感到十分高兴和感激。7日，李鸿章在阿姆斯特丹参观了海军军港。港口上，船只林立，旗帜飘扬。

由于时间紧迫，李鸿章只在这个低地国家访问了3天，就于7月8日离开荷兰到达比利时首都布鲁塞尔。来到比利时的第二天，李鸿章晋见了比利时国王利奥波尔德二世，并同国王商谈了卢汉铁路的修筑问题。在比利时期间，李鸿章观看了比利时军队的军事演习，参观了军工厂。军工厂里，各种先进的装备让他目不暇接，都给他留下了深刻印象。他对比利时的装备感到美不胜收，备加赞赏。这位厂长看到李鸿章十分喜欢一种新式的大炮，就表示愿意赠送一尊给李鸿章。李鸿章担心一路上行程遥远，自己的船无法负担，就表示希望能送给中国。此后，这位厂长特奏请比王派出专使把这门大炮运往北京。

在结束了对比利时的考察访问以后，李鸿章一行于7月13日来到法国巴黎。其时恰逢法国国庆前夕，巴黎的街头充满了节日的氛围。第二天他就前往爱丽舍宫晋见法国总统富尔，应邀参观了法军为国庆而举行的军事表演，参加法国国庆活动。晚上，李鸿章夜游塞纳河，河水在月光下波光粼粼，两岸的灯光璀璨夺目，让他感受到了法国人的浪漫。李鸿章同法国外交部汉诺多就"照磅加税"一事进行磋商，先后参观了报社、学校、博物院和厂矿企业，这些参观考察活动使他甚为满意。直到8月2日他才结束对法国的访问，然后乘坐法国政府派出的专轮渡过英吉利海峡，开始对英国的访问。

在到达英国后，李鸿章晋见了维多利亚女皇。英国的宫殿庄严肃穆，充满着皇家的威严。他还拜访了英国前首相格莱斯顿，同英国首相兼外交大臣索尔兹伯里就"照镑加税"问题进行会谈。李鸿章还访问了英国议院，先是到下议院旁听议员们讨论国事，再到上议院观看院中特设的"君主御座"，并同议员们交谈。在朴茨茅斯军港，他参观了英国海军舰队，舰队排列整齐，气势恢宏。他盛赞英国海军"行列整肃，军容雄盛"。他还先后参观了英国的造船厂、枪炮厂、钢铁厂、电报局、银行等。英国先进的科技和军备，使他赞叹不已。大清国要员的访问，引起了英国人极大的关注。

一位英国人这样描述了他所看到的73岁的李鸿章：他像来自另外一个世界的身材奇高、容貌慈祥的异乡人。他蓝色的长袍光彩夺目，步伐和举止端庄，向看他的每个人投以感激的优雅的微笑。从容貌看来，这一代或上一代人都会认为李鸿章难以接近，这不是因为他给人巨大的成就或人格力量的深刻印象，而是他的神采给人以威严的感觉，像是某种半神半人，自信超然，然而又有文雅和对苦苦挣扎的芸芸众生的优越感。李鸿章还兴致勃勃地参加了汇丰银行的招待会，当英国商人们表示要到中国去开拓市场的时候，思想开明而深谙经济之道的李鸿章，立即脱口而出："实具同心。"

8月22日，李鸿章一行结束了在欧洲考察访问的最后一站英国，乘船横渡大西洋前往美国访问。经过6天的海上航行，于28日抵达美国的纽约。当李鸿章乘坐的客轮到达纽约港时，美国海军最强大的舰队依次列阵港湾，炮声轰鸣，向大清国的重臣致敬。纽约的街头热闹非凡，人们都想一睹这位来自东方的重臣的风采。为迎接李鸿章的到来，正在海滨度假的美国总统克利夫兰特地赶到纽约，第二天便会见了李鸿章。会见过程中，双方讨论了"照镑加税"问题。而后，李鸿

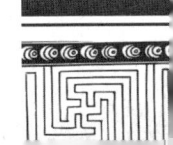

章进行了一系列频繁的访问和考察活动。9月3日，他在纽约会见美国基督教教会领袖，赞扬了美国来华传教士的功德。离开纽约后，李鸿章到达费城，在那里参观了美国独立厅、自由钟。独立厅庄严肃穆，见证了美国的历史。接着又从费城到达华盛顿，参观了美国国会和图书馆。到9月5日，李鸿章一行才离开华盛顿前往英属加拿大。

在前往加拿大的途中，路经美加边境时，他参观了美加边境的尼亚加拉大瀑布。瀑布气势磅礴，水雾弥漫，阳光洒在水雾上，形成一道道美丽的彩虹。李鸿章尽情观赏了这里的自然风光，然后才前往多伦多。在多伦多稍事停留后，李鸿章一行来到加拿大西海岸城市温哥华。至此，李鸿章访问欧美的活动全部结束。9月14日，李鸿章及随行人员搭乘美国太平洋轮船公司的轮船横渡太平洋，踏上了回国的航程。到达日本横滨港需要换船。当年离开马关的时候，李鸿章曾表示"终生不履日地"。换船时，当他看到周转的是一艘日本的船只时，坚决不肯上船。他决心不让自己的精神和肉体再与日本国土发生一丝关系。横滨港海风呼啸，海浪拍打着码头。侍从们无奈，只好在美轮和招商局的轮船之间搭起一块跳板，冒着掉到海里的危险将他扶上招商局的轮船。李鸿章这次出访欧美，从3月28日离开上海，到10月3日回到天津，历时190天。在此期间，计经过四大洲，横渡三大洋，水陆行程9万多里，遍访欧美8个国家，尤其是访问了当时欧美五大强国。

不得不承认，在李鸿章已然古稀高龄之际，此番环球访问着实是一项艰巨而不凡的壮举。要知道，他已是一位白发苍苍的老者，却踏上了这样一段漫长而充满挑战的旅程，这绝非易事。李鸿章也因此成为清代大臣中首位进行环球访问之人。

在那一段特殊的日子里，他犹如一位勇敢的探索者，穿梭于西方主要资本主义国家之间。在那些繁华的都市里，车水马龙，街道两旁的建筑宏伟而精美。

李鸿章亲身考察着这些国家的政治制度，看着那有序的权力运行和民主决策的场景；深入了解他们的经济发展，店铺林立，货物琳琅满目，贸易往来频繁而活跃；观摩他们强大的军事力量，训练有素的士兵、先进的武器装备，让人感受到一种震撼的力量；惊叹于他们领先的科技成果，各种新奇的发明创造不断涌现，改变着人们的生活方式；感受着独特的文化氛围，图书馆里书香四溢，剧院中精彩的演出令人陶醉。他亲眼见证了西方的社会现实，就如同打开了一扇通往新世界的大门。

　　在这一过程中，李鸿章越发深刻地体会到中国与西方之间那巨大的差距。他看到西方各国的强盛，对比之下，更觉中国的贫弱。他心中感慨万千，仿佛看到了两个截然不同的世界。他深知，中国必须尽快找到办法，奋起直追。

　　当李鸿章结束了这漫长的旅程，回到国内时，京城的宫殿依然庄严肃穆。他怀着一颗沉重而又充满希望的心，如实地向光绪帝和慈禧太后陈述了自己在西方的所见所闻。宫殿内，气氛凝重，李鸿章的话语回荡在空旷的大殿中。他言辞恳切地说道："陛下、太后，臣此番游历西方各国，深感西方之强盛，而我国之贫弱。我国必须亟设法，尽快赶上西方列强，否则，国将不国。"他希望中国能以西方为鉴，奋发图强，在这个风云变幻的世界中找到自己的立足之地。

康有为与百日维新

　　光绪帝只是名义上的皇帝，类似于提线木偶，背后操弄他的人便是慈禧。早在光绪帝年仅四岁的时候，慈禧就为了便于"扶持"，选择他继承皇位。眼见着自己亲手培育的人，如今越发想要"弃她于不顾"，而且想要独立的念头越加强烈，这不得不让慈禧暗暗着急。

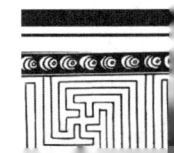

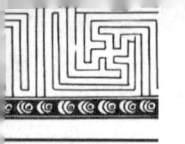

恰逢这时，《马关条约》的签订及列强瓜分中国的危机，极大地震动了各个阶级、阶层，促进了中国人民爱国意识的觉醒。当议和条件传出后，举国上下强烈反对，主战派官吏纷纷上奏，谴责李鸿章媚敌误国，要求拒签条约。慈禧也微微感到了害怕，难道清朝坚守几百年的基业就要被撼动了吗？

彼时，康有为，这位心怀壮志的学者，正站在一间简陋的书斋中，凝望着窗外的世界。他身着长袍，眼神中透露出坚定与执着。他的心中，燃烧着一股改变国家命运的火焰。

康有为自幼饱读诗书，对国家的前途充满了忧虑。他目睹了列强的侵略和清政府的腐败，决心通过变法图强，拯救这个陷入困境的国家。他四处奔走，联络志同道合之士，希望能够唤起民众的觉醒。

而在此时，李鸿章也在为国家的命运担忧。他坐在自己的书房里，眉头紧锁。李鸿章历经了洋务运动的风风雨雨，深知国家的落后与西方列强的差距。他渴望通过改革，使国家富强起来。

李鸿章看着桌上的公文，心中感慨万千。他明白，清王朝已经到了生死存亡的关键时刻，必须采取果断的措施，才能挽救国家的命运。

在一次偶然的机会中，康有为与李鸿章相遇了。

那是一个阳光明媚的日子，北京的一座古老的庭院里，正在举行一场学术研讨会。

康有为身着长袍，风度翩翩地走上讲台，发表了一篇激情澎湃的演讲。他阐述了自己的变法主张，呼吁朝廷进行全面改革，以实现国家的富强。

李鸿章坐在台下，静静地听着康有为的演讲。他被康有为的才华和勇气所打动，心中对这位年轻的学者充满了敬意。

演讲结束后，李鸿章主动走上前去，与康有为交谈起来。

"康先生，你的演讲真是精彩绝伦。你的变法主张，让李某深感佩服。"李鸿章微笑着说道。

康有为微微一怔，他没想到这位大名鼎鼎的李鸿章会主动与他交谈。他连忙拱手行礼，说道："李大人过奖了。在下只是一介书生，心中唯有报国之志。"

李鸿章点了点头，说道："康先生所言极是。如今国家面临着前所未有的危机，我们必须齐心协力，共同为国家的富强而努力。"

两人相谈甚欢，仿佛找到了知音。他们谈论着国家的前途和命运，交流着各自的想法和见解。在康有为的积极推动下，光绪帝看到了康有为的上书，表示赞赏。

康有为又向皇帝上《应诏统筹全局折》（第六次上书），指出"变则能全，不变则亡，全变则强，小变仍亡"，建议皇帝大誓群臣，开制度局，许天下人上书。又进呈自己撰写的《日本明治变政记》、《俄彼得变政记》，要求光绪奋发振作，运用君权，排除阻挠，效法日本、俄国，实行改革。

1898年6月11日，光绪二十四年四月二十三，光绪帝下"明定国是"诏书，宣布变法，并召见康有为、梁启超等询问变法的步骤和方法；

康有为被光绪皇帝任命为军机章京，参与变法的策划和实施。他满怀激情地投入到工作中，制定了一系列的改革措施，包括政治、经济、文化等各个方面；梁办理译书局；后来又任用谭嗣同、刘光第、杨锐、林旭为军机章京，康有为和其他人递了许多奏折，提出一系列变法建议。

光绪帝根据这些建议，颁布改革的诏令，主要是：

发展经济，保护农工商业，设立农工商局，提倡私人办实业，奖励发明创造；改革财政制度，编制国家预算；开放言路，鼓励创办报纸，允许士民上书言事；精简官僚机构，裁汰冗员；改革科举制度，废除八股；北京创办京师大学堂，各省广设学堂，提倡西学，翻译书籍；选派出国留学生；改革军制，士兵改练洋操。

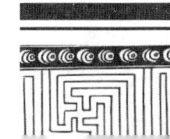

213

李鸿章同样对百日维新持支持态度。他认为，这场改革是国家走向富强的唯一途径。他在自己的职权范围内，积极配合康有为的改革措施，为变法提供了一定的支持。

然而，百日维新遭到了以慈禧太后为首的保守势力的强烈反对。他们认为，康有为的变法主张过于激进，会威胁到他们的利益。于是，他们开始策划一场阴谋，企图推翻光绪皇帝，扼杀百日维新。

五月初二日，总理衙门大臣许应骙被维新派宋伯鲁、杨深秀等人弹劾，指控他阻挠新政的发展。康有为也被许应骙攻击，诬陷他妖言惑众，并上奏朝廷将他驱逐回籍。时隔没多久，大臣文悌也将矛头指向了康有为等人。

光绪帝面对朝臣们一致的反对，他采取了激烈压制的策略，用皇帝的身份革除了许应骙、文悌等人的官职。瞬间，朝廷文武百官人人皆惶恐不已，跪求慈禧给他们一条活路。而慈禧此时虽未明确表态，但她其实早就打算好要给不听话的光绪一点教训。

在这个关键时刻，李鸿章找到了康有为。他们在一间秘密的房间里，进行了一次深入的交谈。

"康先生，如今局势危急，我们必须采取果断的措施，才能保住百日维新。"李鸿章神情严肃地说道。

康有为点了点头，说道："李大人所言极是。但是，我们该如何应对呢？"

李鸿章沉思片刻，说道："我们可以联合一些有识之士，共同向皇上进言，请求皇上坚定变法的决心。同时，我们也可以争取外国势力的支持，以对抗保守势力。"

康有为听了李鸿章的建议，心中充满了感激。他知道，李鸿章在这个时候能够站出来支持他，是非常难能可贵的。

于是，康、梁二人想到借助袁世凯的力量，倒戈清朝旧有政体。

袁世凯军事实力雄厚，曾在朝鲜驻兵过，对国内外形势也算了解，因此对新体制也并不反对。在真正拉拢袁世凯前，康、梁二人也曾对他进行试探，随后光绪帝专门会见袁世凯，为他加官进爵，还让他专门训练军队。

为了运动的加速推行，光绪帝再度向慈禧提出了新的要求，那就是开懋勤殿，不过这次慈禧并未准许，光绪帝顿感路途已尽。果然在次日，光绪帝为掩人耳目用密诏方式，向康等人传报："朕位且不能保，何况其他？"意思是叫他们赶快想应对措施。

八月初二日，康有为接到光绪帝最后一封传讯，叫他"汝可迅速出外，不可迟延"，读罢密信，康、梁等人明白大事不好，便要带兵起义，解救光绪帝，让慈禧退位交权。

康有为等人派谭嗣同会见袁世凯，让他答应出兵解围，斩除荣禄，推翻旧制。袁世凯却支支吾吾，装疯卖傻，称军内弹药已绝，便拒绝了谭嗣同的请求。随后袁世凯便驱车前往天津，向荣禄全盘托出，并未遗留一丝一毫。

震惊不已的荣禄，即刻下令封锁进京要道，还派重兵把守入京关口。

这日夜里，慈禧也获得了这一情报，整晚未眠，愤怒与震惊两相交织，再没想过亲手扶持的小皇帝竟然如此待她，况且素日里光绪帝也并非极有主见之人。等到天明，慈禧便从颐和园内疾速赶赴紫禁城，对光绪帝耳提面命了一番，随即将他囚禁于瀛台，派兵对他严加看守。

另外，慈禧还封锁了各个交通管塞，下令所有城门都关闭，并派遣三千精兵在全城搜捕维新派人士。

八月初九，梁启超启程赴日本，要谭嗣同一同前往，最终并未成行。谭嗣同日后流传甚广的一段话便是："各国的变法，无不是经过流血牺牲而成功的，而在中国从没听说过有为变法维新而流血的，这大概就是我们失败的原因吧。如果是这样，我谭嗣同愿意成为变法维新

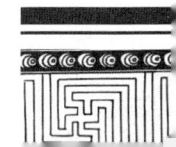

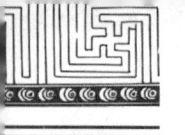

而流血牺牲的第一人！"

次日，谭嗣同被捕入狱，在监狱墙壁上，他曾题诗一首："望门投宿思张俭，忍死须臾待杜根。我自横刀向天笑，去留肝胆两昆仑。"

八月十三日，慈禧下令斩除维新派人士，谭嗣同、杨锐、刘光第、林旭、杨深秀、康广仁六人在菜市口被杀害。在清除维新派后，慈禧对朝政进行了一番大改革，政府内支持维新派的人士均被免职。戊戌变法中实行的改革，均被废除，仅剩京师大学堂被保留了下来。

戊戌变法还未开始便已结束，才不过运行了百日左右，因而戊戌变法又被称为"百日变法"。随着保守势力的不断施压，百日维新陷入了危机之中。康有为感到了前所未有的压力，他知道，这场改革已经到了生死存亡的关键时刻。

光绪帝在有限的执政时间中，想做一番无限长远的事件，殊不知他的一腔热血并未给他带来好运，他虽然在慈禧身旁长大，却并未完全听从她的指令生活，他是难得的，也是悲哀的。

而袁世凯的出尔反尔，对维新派来说也是致命的一击，他们误识了这位潜藏的反革命份子，最终招致杀身之祸。

在百日维新那段风起云涌的时期，李鸿章始终保持着一种微妙的姿态。京城的大街小巷中，人们热烈地讨论着变法维新之事，而李鸿章却并未公开、单独地支持维新派，也没有向朝廷明确提出自己的主张和见解。他对变法维新的态度和意见，更多是通过与朋友的密谈、信件往来以及随同总署、内阁集体议复事件时悄然表现出来。

在分别写给驻俄公使杨儒、署湖南藩台陈伯平的信中，李鸿章流露出内心的欣喜："朝廷有意更新"，"薄海争传新政"，为了实现中国的富国强兵，"唯在亟图变计而已"。显然，他对戊戌维新是十分赞赏的，但几乎没有直接参与实际活动。李鸿章的侄婿孙宝瑄曾追述道："合肥在都，逢人辄语云：'康有为吾不如也，废制义事，吾欲为数十年而不能，彼竟能之，吾深深愧焉'，故都人多目为康党。"

然而，事实上李鸿章对变法的具体措施并不完全赞同，只是他巧妙地把自己的真实想法掩盖了起来。但这些想法常在不经意间流露。当时伊藤博文来华，在一次私下交谈中，伊藤对李鸿章说："治弱国如修坏室，一任三五喜事之徒，运以重椎，亘以巨索，邪许一声，压其至矣。"李鸿章微微点头，表示同意，说道："侯言良是。"李鸿章与伊藤都认为维新派经验不足，急于求成，举措过于偏激，注定失败。后来，维新派果然失败，李鸿章又指出这是"变法太急，用人不当"之故。

对于戊戌政变，李鸿章"未预机要"，却采取了保护"新党"之举。当他得知直隶八股士人企图刺杀康有为时，立刻让亲信幕僚于式枚去告知康有为："养壮士，住深室，简出游以避之。"康有为奉命出京，李鸿章还派人暗中保护。

政变发生后，张元济去见李鸿章。

张元济："现在太后和皇上意见不合，您是国家重臣，应该出来调和调和才是。"

李鸿章："你们小孩子懂得什么？"

在这场朝纲纷变中，李鸿章确实如他的侄婿孙宝瑄所说"身居事外"。不论慈禧幽禁光绪，还是有人设法救援光绪，李鸿章都没有参与。他向慈禧表示："废立之事，臣不与闻"，公开表明自己不会参与宫廷权力斗争。但是，当慈禧准备大肆捕杀维新派、镇压维新志士时，李鸿章却"言捕新党之谬"，同时采取暗中保护的措施。如张元济被革职，李鸿章先派于式枚慰问，又让盛宣怀给予合适的安置。

此外，李鸿章对康有为的意见也与慈禧大不相同。9月24日，李鸿章宴请伊藤博文及其随员大岗育造，席间提到了康有为。

李鸿章："康有为一人恐逃往贵国，倘果有其事，贵侯必能执获送回敝国惩办。"

伊藤博文："不然，康之所犯如系无关政务，或可遵照贵爵相所

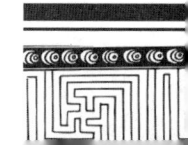

谕。若干涉国政，照万国公法不能如是办理，当亦贵爵相所深知。"

大岗育造（以下简称大岗）："请问康有为究犯何罪？"

李鸿章："论其罪状，无非煽惑人心，致于众怒。"

大岗："擗仆愚见与其将康有为搜拿惩办，不如加以培植以为振兴中国地步，近日中国创行新法，大都出自贵爵相之手，乃历久未见成效何哉？以无左右襄理之人耳。"

李鸿章："诚然。"

大岗："近日康有为之事，无非扩充贵爵相未竟之功，故愚意不若令卒其业之为善。"

李鸿章："洵如君言，康有为日后可大有作为，唯据目下观之，了无异能耳。"

这一番对话足以表明，李鸿章表面上要求引渡惩办康有为，其实内心仍是寄予希望。慈禧称康有为"乱臣贼子之尤"，而李鸿章却只是觉得他"煽惑人心，致于众怒"，实际上并不觉得有什么"罪状"。慈禧要对康有为"极刑惩治"，而李鸿章却对大岗育造关于培植康有为以振兴中国的建议十分赞赏。

不仅如此，李鸿章还托日本人向逃亡海外的梁启超致以问候，表达对康梁的关心。与此同时，梁启超回信表示感激之情。该信叙说了他自己出国后，日本人伊藤博文侯爵、天津日本领事馆领事郑某以及东亚同文会的井深先生先后三次带来了李鸿章的慰问。李嘱咐梁要"精研西学，历练才干，以待他日效力国事，不必因现时境遇，遽灰初心"。梁启超流亡在外，仍得到高官李鸿章的关怀，自然十分感动。

1900年2月，朝廷下达了一道让人心惊的命令，要李鸿章将康梁的祖坟铲平以泄愤。此时的大地，似乎也笼罩在一片压抑的氛围之中。李鸿章接到命令后，陷入了深深的沉思。他的书房中，灯光昏暗，窗外的寒风不时吹过，发出呜呜的声响。

经过一番深思熟虑，李鸿章想出一条妙计。3月27日，他上奏朝廷，声称香港近来有新党勤王，正欲袭击广东省城起事。臣已密商港督查禁，但恐过激生变，铲平康有为本籍坟墓似宜稍缓。这一奏请引起了朝廷的极度不满，强令他必须"力遏乱萌，勿瞻顾彷徨"。

康有为曾说过，李鸿章曾三次让人来劝他起兵勤王，对此他寄予了希望。康有为的弟子陆用翔也证实李鸿章认为保皇会有实力完成起兵勤王。正因如此，康、梁很希望能利用李鸿章。在春日的暖阳下，梁启超坐在书桌前，奋笔疾书，给康有为写信提出："一旦在广东起义，'得省城不必戕肥贼，但以之为傀儡最妙。此举有数利：示人以文明举动，一也；借势以寒奸党之心，助我声威，二也；西人颇重此人，用之则外交可略得手，三也；易使州县地方安静，四也。'"

为了阻止清廷建储，康梁屡次致书李鸿章请他从中出力。康有为在准备自立军起义的同时也劝说李鸿章不要打击保皇会："昔者与公绸缪恩谊，助吾革政，虎率以德，荣禄相攻，败入室告，八月出走，则遣人慰行，固感公相与之厚情，更深知公维新之同志。顷者徘徊隐忍，盖狄仁杰、张束之之将有待也。老臣谋国之深，忠臣救主之义，计公岂一日忘之哉！"又通过英国公使交给李鸿章写着"诛拳匪而清君侧，扶圣主而辑邦交"的折子，请其代递。

然而，当李鸿章上任后，局势却发生了巨大的转变。街道上行人匆匆，气氛紧张。李鸿章开始严厉打击勤王活动，并且最终还是铲了康有为的祖坟。他不但迫害保皇党在广东的亲属，而且也改变了对康、梁的态度。清政府缉拿康、梁的赏银被他从10万两提到14万两。一时间，保皇会人心惶惶，许多人都被迫退了会。

史学家陈寅恪曾评论道："李鸿章在那个动荡的时代，处于各方势力的夹缝之中，其行为往往充满了矛盾与无奈。对变法派的态度转变，既有着朝廷逼迫的外在因素，也反映出他在复杂政治局势下的艰难抉择。"虽然这些做法都有朝廷逼迫的成分，但确实彻底改变了变法派对李鸿章的看法。

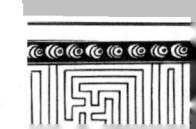

史学家钱穆曾评价李鸿章："李鸿章处晚清之世，于新旧交替之际，其行其言，皆具复杂之态。对戊戌维新，既有赞赏，又有保留，其权衡之间，尽显政治之微妙与时代之困局。"李鸿章在戊戌维新中的种种表现，既反映了他对国家命运的关切，又体现了他在复杂政治局势中的谨慎与无奈。

引狼入室的《中俄密约》

1896年4月27日，俄国的港口城市敖德萨沐浴在春日的暖阳下，海风轻拂，李鸿章一行的船只缓缓靠岸。码头上人群熙攘，热闹非凡，李鸿章在众人的簇拥下踏上了这片陌生的土地。4月30日，李鸿章一行乘坐着专列快车，向着彼得堡疾驰而去。车轮滚滚，窗外的风景不断变换，仿佛预示着即将到来的重大谈判。

到达彼得堡后，李鸿章便与沙皇财政大臣维特举行了会谈。李鸿章此行肩负着一个重要任务，那便是与俄国结盟。在这座充满欧式风情的城市里，宏伟的建筑林立，街道上马车来来往往。李鸿章开始与俄国人商谈《中俄密约》。《中俄密约》的要点主要是中俄两国针对日本的军事威胁结成互相援助的军事联盟，同时俄国在中国东北地区铺设铁路，与俄国横穿西伯利亚的远东铁路接轨。

然而，这一次李鸿章由于过分信任俄国，却忽视了一个至关重要的问题。在那宁静的谈判室内，阳光透过窗户洒在桌面上，李鸿章专注地与俄国人争论着条款。他没有意识到，铁路的延伸往往是扩张领土的主要手段。当大清帝国受到日本威胁的时候，铁路确实能够便于军事援助，这是其一；但是，如果俄国人想侵入并占领中国的东北，这条铁路同样会给俄国人提供军事运输的便利。更何况在中国境内修建铁路，一旦"路权"模糊不清，俄国人就会有理由在铁路沿线派驻武装。后来的历史也正如所料,这便成了对中国东北安全构成巨大威胁的"中东铁路警察队"。

李鸿章坚决反对俄国以官方的名义投资铁路,他固执地坚持要用私人投资的方式。在他看来,这样就可以将铁路的修建变成商业行为。为了尽快达成协议,沙皇一面派外交大臣罗拔诺夫和维特一起继续与李鸿章谈判,一面又亲自秘密接见李鸿章。彼得堡的宫殿内,金碧辉煌,沙皇尼古拉二世威严地坐在宝座上,试图使李鸿章相信其承诺。谈判在彼得堡未能结束,5月18日,李鸿章来到了莫斯科。莫斯科的街头,人来人往,充满着异国的风情。在这里,谈判继续进行。

据说,俄国人用两百万卢布的重金贿赂了李鸿章。俄国外交部前副司长沃尔夫男爵曾说:"在东方,良心是有它的价值的。"在俄方的诱骗和李鸿章的步步退让下,6月3日,双方达成协议。那一天,阳光明媚,李鸿章和罗拔诺夫、维特分别代表本国政府在《中俄密约》上签字。这一条约的签订,使沙皇俄国不仅骗取了在中国东北修筑过境铁路的特权,而且为其以后侵入中国打开了方便之门。

李鸿章在和俄国签订了有失中国主权的《中俄密约》后,对外秘而不宣,便踏上了回国的旅程。他心满意足地说,《中俄密约》能保证我大清国的边疆20年无事。然而,他万万没有想到,这一密约居然连一年的时间都没有保住。

当时,欧洲人谣传李鸿章收了俄国的贿赂,国内也有不少人持这种观点。

据俄国财政大臣维特的回忆,俄国为了争取李鸿章签订《中俄密约》,曾在西伯利亚大铁路的红利中划出300万卢布作为"李鸿章基金"。但维特在他的回忆录中郑重声明:"李鸿章当时在彼得堡没有得到任何贿赂。"

有一次,李鸿章的女婿张佩纶来到李鸿章面前,疑惑地问道:"岳父大人,听说俄国为您设立了基金,现在我们国家急需用钱,为何不

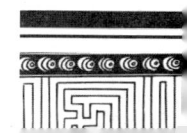

第六章 黑暗中前行

221

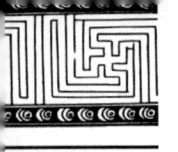

把这钱取出来用用呢？"

李鸿章脸色一沉，严肃地回答道："若是动用了这钱，那我不是真的成了汉奸了？此事断不可为。"

1897年，德国皇帝威廉二世访问俄国。那是一个庄严的场合，两国皇帝在华丽的宫殿中交谈。威廉二世向尼古拉二世暗示染指胶州湾问题，尼古拉二世表示没有兴趣。是年11月，在中国的土地上，德国的两个传教士被杀，此后又有德国水手遇害。德国终于找到借口，派兵占领了胶州湾。12月，俄国借口帮助清军抗德，把军舰开进了旅顺和大连。

李鸿章这才如梦初醒，他知道自己犯了一个"引狼入室"的大错误。在中国的海岸边，海浪拍打着礁石，李鸿章望着那一艘艘俄国军舰，心中充满了悔恨。最后，清政府只得同意把胶州湾租借给了德国。接着，沙俄更是无耻地提出要租借旅顺、大连。清廷在无奈之下，只得同意。随后法国提出要租借广州，此时的清政府面对列强的步步紧逼，除了同意之外又能如何呢？此后，英国又提出拓展香港。从此，列强开始了瓜分中国的狂潮。

而有关这些租界的条约，都是李鸿章去签订的。他的晚年外交生涯，充满了耻辱。想当初，他曾经成功地对洋人使用所谓"痞子手段"；可如今，面对列强的强大压力，他已经手段全无，无法招架了。

《辛丑条约》——所谓英明，终成泡影

对于慈禧太后镇压维新变法之举，西方各国纷纷表示不满，他们觉得慈禧太后应当下台。如此一来，慈禧太后对洋人也充满了怨愤。就在此时，义和团运动如狂风暴雨般在北方的广大地区爆发了。古老的乡村，宁静的小镇，处处可见义和团拳民们激昂的身影。他们愤怒

地破坏教堂，与外国人激烈冲突，杀死那些被他们视为侵略者的洋人。

义和团的规模迅速扩大，其排外的性质，正好与同样对洋人不满的慈禧太后的要求不谋而合。于是，慈禧太后开始利用义和团来打击洋人。她毅然下令清军停止镇压义和团，转而让义和团攻打北京的各国使馆。

这一决定，如同点燃了一个巨大的火药桶。各国列强的怒火被瞬间点燃，他们迅速组成了八国联军。八国联军的铁蹄如狂风般袭来，他们气势汹汹地攻占了北京。

京城的街道上，硝烟弥漫，百姓们惊恐地四处逃窜。慈禧太后无奈之下，只得带着光绪帝仓皇逃到了西安。从山海关到张家口，从正定到沧州，中华大地的这片广袤区域内，一时间列强横行无忌。他们肆意踩踏着这片古老的土地，人民饱受痛苦。八国联军在东北杀害的中国人数量是被杀洋人的数百上千倍，中华民族遭受到了前所未有的巨大浩劫。

朝廷面对如此危局，已然束手无策。无奈之下，只好让两广总督李鸿章北上向列强求和，请列强退兵。李鸿章对此次八国联军入侵痛心疾首。那是1900年6月，夏日的阳光炽热而焦躁。李鸿章接到军机处命令直隶总督裕禄停止镇压义和团的廷寄密旨时，心中便涌起一股不安。他敏锐地觉察到太后企图利用义和团对抗洋人的心思。6月9日，他坐在昏暗的书房中，愁眉紧锁，给盛宣怀发电报说："有密谕，裕勿进剿。国事太乱，政出多门，鄙人何能为力？"

1900年6月12日，夏日的骄阳似火，廊坊的大地上，联军与义和团展开了一场激烈的大战。喊杀声震天动地，仿佛要冲破云霄。17日，大沽炮台在列强的猛攻下，无奈地落入八国联军手中。而就在15日，朝廷发布命令让广东巡抚署理两广总督，同时要求李鸿章马上入京负责与各国交涉。

李鸿章坐在两广总督府的书房中，眉头紧锁，心中满是不情愿。

他回想起当初自己只因没有支持太后发动政变镇压变法派，就被逐出军机处，外放两广总督。如今朝廷有难了，却又来找他。而且，他对自己入京后与各国交涉的方针还捉摸不透，因为太后的态度在和战之间摇摆不定。于是，李鸿章决定按兵不动，坐观局势的走向，以静制动。

17日至20日之间，清廷一连进行了四次御前会议。古老的宫殿中，气氛紧张而凝重。大臣们争论不休，讨论应如何应对这危急的局势。太后决心对外宣战，只因她受到了伪造各国公使勒令太后归政的照会的影响。主战派们则鼓动说义和团有神术，可灭洋人，力主围攻各国使馆。光绪帝等人坚决反对围攻使馆的挑衅行为。双方争持不下，最后主战派一意孤行，鼓动太后下令将主和的五位大臣诛杀，彻底扫除了开战的障碍。

20日，李鸿章在焦虑中向军机处和总理衙门发送紧急电报，提出："众义非自清内匪，事无转机。"尽管朝中主战派占了上风，但李鸿章依然将义和团定义为匪和内乱，建议慈禧太后"宸衷独断，先定内乱，再弭外侮"。然而就在这一日，德公使克林德被杀死在北京崇文门大街。

21日，清政府向各国正式宣战，下令各省召集义和团消灭洋人。此时的北京，义和团的口号"杀一龙二虎三百羊"回荡在大街小巷。光绪帝就是其中的"龙"，因为他要学习西方搞维新变法；二虎是指李鸿章和庆亲王，庆亲王时任总理衙门大臣，而群众不知道李鸿章不在京，只认为他是个大汉奸；三百羊则泛指办洋务的人，像总理衙门里和海关里的都是"洋奴"。义和团认为只要杀光中国"崇洋"的人，再把洋人全部赶回他们的老家，中国就会变好。这一主张，正中慈禧太后下怀。

清政府已正式对外宣战，各地方大吏都陷入了迷茫，不知如何应对朝廷的政策。于是，一封封询问的电报如雪花般飞向李鸿章。

李鸿章十分坚决地回答说："此乱命也，粤不奉诏。"

李鸿章为官多年，自然知道此举是公然抗旨。但他之所以采取这样的措施，完全是经过对局势的深刻全面分析。他深知中国根本不是强大的八国联军的对手，慈禧太后不久就会招架不住，反过来向八国联军求饶。因此，他建议朝廷先不要让董福祥军轻举妄动，只要使馆得保，危局还是能够挽救的。同时，他又与袁世凯、张之洞等联名电请朝廷对洋商、教士、使馆等进行保护。后来，实现了东南自保，避免了战火向江南十几个省蔓延。

此时，盛宣怀电告李鸿章说："初十以后，朝政皆为拳党把持，文告恐有非两宫所自出者，欲全东南，诸大帅须以权宜应之，以定各国之心。"1900 年的夏日，阳光炽热而焦躁，空气仿佛都在燃烧。24 日李鸿章回电答复说："二十一日矫诏，粤断不奉，希密致刘坤一、张之洞。"一时间，中外人士都纷纷请他出山，一封封电报如雪花般飞来，劝他北上。

5 月 30 日，中国驻德国公使吕海寰来到德国外交部，就义和团问题交换意见。德国外交部那宏伟的建筑在阳光下闪耀着威严的光芒。

吕海寰："李中堂已奉派赴北。"

李和芬："闻李中堂粤省坚留，恐未必成行。"

吕海寰："中国礼法最重君命，召不俟驾而行，李中堂既奉内诏，断无停留之理。李中堂久任北洋大臣，直隶情形最熟悉，直津之民亦十分爱戴，本大臣料李中堂一到京门，内乱自平，诸事当可商量。"

李和芬："恐中堂未必能到京都，闻有人欲害之。"

吕海寰："李中堂威望素著，断无有人相害之理。"

6 月 22 日，两江总督刘坤一给李鸿章来电："危局唯公可撑，祈早日启节，以慰两宫焦盼，天下仰望。"此时的江南，烟雨蒙蒙，刘坤一在总督府中焦急地等待着李鸿章的回应。李鸿章回电推辞："水陆梗阻，万难速达。"吕海寰又致电相请："窃思北事危急，务请中堂早

日北上，以维大局，而孚夷望。"李鸿章还是推辞，回电说："政府尚无主见，鸿即绕道前去，无济于事。"7月1日，李鸿章再次复电刘坤一，一针见血地指出了自己不愿北上的原因："政府悖谬如此，断无挽救，鸿去何益？"

7月3日，朝廷又发来诏命，让他"懔遵前旨，迅速来京，毋稍刻延"。但依旧没有给他承诺，因此，李鸿章还是推辞不从。

他的这种态度终于开始发生作用，朝廷在7月7日发来电令："前迭经谕令李鸿章迅速来京，尚未奏报起程，如海道难行，即由陆路兼程北上，并将起程日期先行电奏。"又在第二天作出了任命李鸿章为直隶总督兼北洋大臣的决定。

9日再次来电："自行酌量，如能借坐俄国信船由海道星夜北上，尤为殷盼，否则即由陆路兼程前来，勿稍刻延，是为至要。"12日，清廷又做让步，电称："无分水陆兼程来京。"

李鸿章见朝廷已经软下来了，于是在7月17日与两江总督刘坤一、湖广总督张之洞、四川总督奎俊、闽浙总督许应骙、福州将军善联、大理寺少卿盛宣怀、安徽巡抚王之春、浙江巡抚刘树棠、陕西巡抚端方、山东巡抚袁世凯等联名上奏，提出四个请求：

一、请明降谕旨，饬各省将军督抚仍照约保护各省洋商教士，以示虽已开战，其不预战事者皆为国家所保护，益彰圣明如天之仁。且中国官员商民在外国者尤多，保全尤广。

二、请明降谕旨，将德公使被戕事切实惋惜，并致国书于德王，以便别国排解，并请致英、法两国，以见中国意在敦睦，一视同仁。

三、请明降谕旨，饬顺天府尹、直隶总督，查明除因战事外，此次匪乱被害之洋人教士等，所有损失人命物产，开具清单，请旨抚恤，以示朝廷不肯延及无辜之恩义。不待外人启口，将来所省实多。

四、请明降谕旨，饬直隶境内督抚统兵大员，如有乱匪乱兵，实系扰害良民，焚杀劫掠，饬其相机力办，一面奏闻。从来安内乃可攘外，必先令京畿安谧，民心乃固。必先纪律严肃，兵气乃扬。

22日，李鸿章在广州那热闹的街头，公开表示了自己对此事的看法："拳民仅系愚民，起事原因教民与教士不能辞其责。清廷未备战，不能认为宣战，清廷将惩首，遣散拳民，与各国议和，慈禧系受人愚惑。"

23日，朝廷又催促李鸿章赶快入京："现在事机日紧，各国使臣亦尚在京，迭次电谕李鸿章兼程来京，迄今并无起程确期电奏。该大臣受恩深重，尤非诸大臣比，岂能坐视大局艰危于不顾耶？着接奉此旨后，无论水陆，即刻起程，并将起程日期速行电奏。"

经过朝廷的再三催促，李鸿章终于同意北上。出发前，南海知县裴景福与他进行了一次意味深长的谈话。那是一个宁静的午后，阳光透过树叶的缝隙洒在地上，李鸿章身着蓝布短衫，倚在小藤榻上。

李鸿章问裴景福："广州斗大的城中，缓急可恃者能有几人？你能任事，取信于民，为地方弭患，督抚不如州县也。能遏内乱，何至招外侮，勉之！"

裴景福说："公已调直督。"

李鸿章问："何以知之？"

裴景福说："外洋有电，诸领事皆额手称庆。当不妄。"

李鸿章自负地说："舍我其谁也。"

裴又问起李鸿章对当前局势和国家命运的看法。李鸿章回答："百足之虫，死而不僵。我朝圣德，人心未失，京师难作，虽根本动摇，幸袁慰亭（世凯）支拄山东，香涛（张之洞）、岘庄（刘坤一）向有定识，必能联络保全上海，不至一蹶不振。"

裴景福又问："公看京师如何？"

李鸿章说："论吾国兵力，危急当在八九月之交，但聂功亭（士成）已阵亡，马（玉昆）、宋（庆）诸军零落，牵制必不得力。日本调兵最速，英国助之，恐七八月已不保矣。"李鸿章说到情急之处不免痛

心疾首，越发激动，不禁感叹说："内乱如何得止？"

这一问裴景福自然难以回答，两人沉默了好久。

还是裴景福首先发话，说："论各国公法，敌兵即入京，亦不能无礼于我。"

李鸿章说："然！但恐无人主持，先自动摇。"

裴景福问："万一都城不守，公入京如何办法？"

李鸿章答："我不能预料，唯有竭力磋磨，展缓年份，尚不知做得到否？我能活几年，当一日和尚撞一日钟，钟不鸣了，和尚亦死了。"说到自己的伤感之处，李鸿章忍不住哭了。

裴景福准备走了，又问事件平定后该怎么办，说："国难既解，公将奚先？"

李也颇感困难，但还是说："事定后中外局面又一变，我国唯有专心财政。偿款不清无以为国，若求治太急，反以自困。中国地大物博，岁入尚不及泰西大国之半，将来理财须另筹善法。"

裴景福问："多取多用，各国皆然，取天下之财仍还之天下，出入相敌，万端就理，有何不可，但须利不外溢耳！"

李鸿章指出："联军不足亡中国，可忧者恐在难平之后。"

裴景福说："公忧及此，天下之福也，窃有一言为公陈之，中国之弱于人，非弱于法也，人有行失，法无新旧，果得其人，因时损益，法虽旧亦新也。不得其人，虽博采古今，组织中外，适亦滋弊。"

李鸿章说："八股旧也，策略为新；策略得也，八股为失，我与尔皆八股匠，故说旧话。"

当李鸿章抵达上海时，八国联军已占领了天津，正威胁着北京。上海的街头，人们议论纷纷，气氛紧张。李鸿章暂时待在上海，观察局势的发展。25日，他电请袁世凯转奏朝廷说："奉命于危难之中，深惧无可措手，万难再当巨任。连日盛暑驰驱，感冒腹泻，衰年孱躯，眠食俱废，奋飞不能，徒增惶急。"建议朝廷护送各国使臣前往天津。

7月29日，清廷发电报答复李鸿章："现在事机甚紧，着仍遵前旨迅速北来，毋再借延。"

8月4日，李鸿章向军机处发电报称病推辞："抵沪后触暑腹泻，本拟稍痊即行，乃连泻不止，精神委顿。因念国事至急，理当尽瘁，唯半月以来元气大伤，夜不成寐，两腿软弱，竟难寸步，医药杂投，曾无少效，拟恳圣慈赏假二十日，俾息残喘。"后来，八国联军经过北仓、杨村向通州进军，李鸿章又被朝廷任命为全权大臣，同时，清政府已向各国请求停战。刘坤一给李鸿章来电祝贺，说："恭贺全权大臣，旋乾转坤，熙天浴日，唯公是赖。"

这时候李鸿章与袁世凯等人向朝廷建议："闻各洋报及上海领事言，若使臣皆歼，各国即不以公法待中国。窃思杀使无纤毫之益，有无穷之害。"但清廷置之不理，没有下令停止攻打使馆区。

1900年8月15日，大清帝国都城北京沦陷，慈禧太后和光绪帝仓皇逃命。

8月底和9月上半月，中外形势发生了重要变化。慈禧在逃亡途中迫不及待地采取了一系列措施。

8月20日以光绪名义发布"罪己诏"。

8月24日准全权大臣李鸿章"便宜行事"，命其"将应办事宜，迅速办理"，表示朝廷"不为遥制"。

8月27日授奕劻"便宜行事"全权，令"即日驰回京城"，"与各国使臣商议事件"。

8月31日添派刘坤一、张之洞为议和大臣，"随时函电会商"。

9月7日正式发布"剿匪"谕旨，诬蔑义和团"实为肇祸之由"，声称"今欲拔本塞源，非痛加剂除不可"。

9月8日电旨说"罪在朕躬，悔何可及"，令李鸿章"即日进京，会商各使，迅速开议"，此行"不特安危系之，抑且存亡系之，旋乾转坤，匪异人任。"

9月29日，李鸿章到达天津。此时的天津，一片狼藉，秋风瑟瑟，让人倍感凄凉。看到前来迎接自己的周馥时，李鸿章这位年近耄耋的老者，心中的苍凉难以言表，竟忍不住落下了伤感的眼泪。

李鸿章来到他曾经执政达20多年的直隶总督府，眼前的景象让他痛心不已。曾经威严的总督府如今已是一片废墟，断壁残垣在秋风中显得格外萧瑟。

10月11日，李鸿章到达北京。外国联军宣布除了"两个小院落仍属于清国政府管辖"之外，整个京城由各国军队分区占领。那两个小院落一个是李鸿章居住的贤良寺，一个是参加与联军议和谈判的庆亲王的府邸。

11月初，联军照会李鸿章和庆亲王，提出议和谈判的六项原则：惩办祸首；禁止军火输入中国；索取赔款；使馆驻扎卫兵；拆毁大沽炮台；天津至大沽间驻扎洋兵，保障大沽与北京之间的交通安全。这六项严重侮辱大清帝国国家主权的"原则"，让李鸿章深感列强犹如"虎狼群"。他意识到自己根本无法结束大清国的厄运，能做的只有日复一日地"竭力磋磨"。

在每次的谈判会议上，众人争论不休。

李鸿章沙哑着声音说道："一切辩驳均由李鸿章陈词。"

每封给朝廷汇报情况的电报，也是李鸿章亲自草拟。

李鸿章在拜会英、德公使后回贤良寺的路上受了风寒，于是旧病复发。李鸿章的故作拖延，使"漫天要价"的联军恼怒了，他们拟定的妄图占尽"中国财力兵力"的"议和大纲"终于出笼。

湖广总督张之洞联合南方的封疆大臣，力主万万不能在"议和大纲"上画押。张之洞发来电报："此大纲万万不可签，当力拒之。"

对"不明敌情"却"局外论事"的张之洞，李鸿章十分恼火，他回电表示如果坚持不"画押"，谈判即刻便会破裂，结果只能是将大清国拖入无休止的战乱。他在电报中写道："联军在京城屯兵数万，有随时扩大战争的能力。在这种危难之际，高谈阔论并不能扭转乾坤。"

李鸿章病得卧床不起了。庆亲王拿着"议和大纲"连连叹气，说这个大纲朝廷是不会同意的，他已经不知道怎么办好了，还是请李鸿章想想办法吧。李鸿章让儿子传出一句话说：社稷危亡之时，只要一句话就会导致谈判破裂，希望太后上念祖宗，下为臣民，当机立断！

由于"议和大纲"既没有将慈禧列为祸首，又没有让她交出权力，于是朝廷给李鸿章回电："敬念宗庙社稷，关系至重，不得不委曲求全。"最后，慈禧竟明白地说："量中华之物力，结与国之欢心。"

1901年1月15日，李鸿章和庆亲王代表大清国在"议和大纲"上签字。国人即刻指责道："卖国者秦桧，误国者李鸿章！"李鸿章吐血了。

知道自己已经时日不多，李鸿章想尽快结束谈判，让联军撤出京城，让太后、皇上回京。可是，"议和大纲"签字后，联军并没有撤军的迹象。各国的态度是：必须把赔款的数额定下来，必须亲眼看到惩办祸首。

关于惩办祸首问题的谈判耗尽了李鸿章最后的气力，他无法接受皇亲们在菜市口被洋人斩首，最终还是顶住了联军要求对皇亲"正法"的压力。接下来是赔款问题的谈判，李鸿章已经没有力气与洋人争来争去了，他吐血已经吐到了"濒危"的程度。只是，病中的李鸿章没忘给张之洞传话，说是电报每个字四角银元实在太贵，要他不要再发"空论长电"，凡事可以摘要发出，以节省经费。

赔款问题，全部是由下级官员谈的，结果是大清帝国赔款4亿5千万两，分39年还清，年息4厘。列强的理由也是分明地强烈：4亿5千万中国人，"人均一两，以示侮辱"。对此，朝廷的回电尤显无耻："应准照办。"

1901年9月7日，李鸿章代表大清帝国与11国签订了中国近代史上最为臭名昭著的不平等条约《辛丑条约》。签字回来之后，李鸿章再

第六章 黑暗中前行

231

一次大口地吐血——"紫黑色,有大块","痰咳不支,饮食不进"。医生诊断为:胃血管破裂。朝廷特给李鸿章放假20日,要他安心调理。

《辛丑条约》的谈判长达9个月之久,李鸿章为之费尽了心血。

9月22日,身在病榻之上的李鸿章,上奏《议和会同画押折》,再呈朝廷以逆耳之忠言——臣等伏查近数十年内,每有一次构衅,必多一次吃亏。上年事变之来尤为仓促,创深痛巨,薄海惊心。今议和已成,大局稍定,仍希朝廷坚持定见,外修和好,内图富强,或可渐有转机,譬如多病之人,善自医调,犹恐或伤元气,若再好勇斗狠,必有性命之忧矣。这一番话,真可谓画龙点睛,字字珠玑。

史学家陈寅恪曾评价李鸿章:"天下惟庸人无咎无誉。举天下人而恶之,斯可谓非常之奸雄矣乎。举天下人而誉之,斯可谓非常之豪杰矣乎。虽然,天下人云者,常人居其千百,而非常人不得其一,以常人而论非常人,乌见其可?故誉满天下,未必不为乡愿;谤满天下,未必不为伟人。"

李鸿章在那个风雨飘摇的时代,背负着沉重的历史包袱,他的无奈与挣扎,或许只有在历史的长河中才能被真正理解。

英雄迟暮功过留与后世评说

当李鸿章的病情稍有好转,他便又投入到与俄国关于东北问题的艰难谈判之中。在那个风云变幻的时代,义和团运动如一场风暴般兴起,这股力量的涌动使俄国在中国的利益受到了巨大冲击。俄军趁机大举进入东北,迅速控制了那里的局势。

东北的大地,曾经宁静而辽阔,如今却被战争的阴云所笼罩。俄国军队的铁蹄踏过之处,百姓们陷入了恐慌与不安。在联军进入北京的时候,俄国也不甘落后地参与其中。在和八国会谈之际,俄国态度嚣张，声称东北问题不纳入会谈内容，那不可一世的气焰仿佛能冲破天际。

《辛丑条约》签订之后，联军纷纷离开了北京，然而只有俄国依旧赖着不走。他们向清政府提出了更为苛刻的要求和条件，如同贪婪的饿狼，紧紧咬住猎物不放。无奈之下，李鸿章又一次踏上了与俄国人艰辛谈判的征程。

此时，逃亡在西安的慈禧给李鸿章发来电报，言辞中充满了关切："李鸿章是为国操劳，忧愁和劳累导致生病。希望他早日痊愈，'荣膺懋赏'。"然而，命运似乎并未眷顾这位老人，李鸿章没有等到"荣膺懋赏"的那一天。

在生命的最后时光里，李鸿章躺在病榻之上，面容憔悴。他所在的房间，光线昏暗，空气中弥漫着一股沉重的气息。这位曾经在晚清政坛上呼风唤雨，周旋于列强之间的大人物，如今已是虚弱不堪。他闭着眼睛，静静地躺着，仿佛在回忆自己波澜壮阔的一生。人们再也看不到那个奋斗了一辈子、坚强了一辈子，想用自己最后力量来挽救大清国的一代名臣的往日风采。

在临终前的六七天，李鸿章已经无法进食，身体极度虚弱。他的家人围在他的身边，满脸担忧。

家人轻声呼唤着他："大人，您感觉怎么样？"李鸿章微微动了一下，算是回应。

1901年11月6日，李鸿章已经不能说话了。但每当家人轻声呼唤他时，他还能勉强答应一声。

1901年11月7日，就在李鸿章逝世前的一个多小时，俄国公使竟拿着文件来到李鸿章的病榻前，那副急切的模样让人愤怒。

俄国公使："李中堂，快在这中俄交收条约上签字！"

李鸿章躺在床上，气若游丝，无法回应。俄国公使甚至想强迫李鸿章的助手拿出李鸿章的官印。

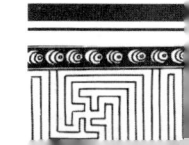

在生命的最后一刻，李鸿章心中充满了深深的遗憾和苦苦的酸痛。他或许在自责对沙俄的轻信，那曾经的决策如今看来是多么的错误。他也在悲叹自己犯下的错误，为国家的命运担忧不已。

家人围在他身边，问他还有什么家事要交代，李鸿章没有说话。这时，守在李鸿章身边的周馥和马玉昆二人，在旁边轻轻问起李鸿章。

周馥："中堂大人，还有什么国事要交代的？"

李鸿章依旧无语，但见两行浊泪，慢慢地从他紧闭的眼睛里流了出来。

看到李鸿章闭上了眼睛，周馥大哭起来："我还有话要对中堂说，您不能就这么走了啊！"谁知他这么一喊，李鸿章的眼睛突然又睁开了，把周围的人都吓了一跳。

周馥只好安慰他说："俄国人说了，中堂走了以后，绝不与中国为难！还有，两宫不久就能抵京了！"

李鸿章睁着眼睛张着口似乎还想说什么，身边的周馥再三对李鸿章说："未了之事，我辈可了，请公放心！"李鸿章这才缓缓地闭上了眼睛，享年78岁。李鸿章带着太多的遗恨和牵挂走了。

据周馥说，李鸿章病重时口述过一首诗：

"劳劳车马未离鞍，临事方知一死难。

三百年来伤国步，八千里外吊民残。

秋风宝剑孤臣泪，落日旌旗大将坛。

寰海尘氛犹未了，诸君莫做等闲看。"

正在回京途中的慈禧太后，听说李鸿章逝世的消息后，不禁失声大哭。

慈禧："大局未定，倘有不测，这如此重荷，更有何人分担？"

朝廷给了死后的李鸿章以莫大的荣誉：谥号文忠，追赠太傅，晋封一等侯，国使馆要为他立传，在他当过官立过功的地方建立专祠。

梁士治在1903年，光绪二十九年来到北洋幕府的时候，每月由北洋编书局给他一笔车马费。他感到十分奇怪，淮军早已不存在了，怎么还有钱粮所的名目呢？后来，兵部左侍郎李鸿章的老友王文韶将实情告诉了他。

王文韶缓缓说道："甲午海战之后，李文忠公赴日本议和，北洋大臣一职由我接替。在交接时，确有淮军钱粮所存银 800 万两，这是文忠公带兵数十年由各项杂费中存下来的。如果我王某人带兵存这些钱，能不能交出，我还得考虑考虑。然而文忠公却淡然置之。后来这钱一直作为公款，我离任后交荣禄，荣禄又交袁世凯，经过庚子之乱，此款仍能保存。现在袁世凯小站练兵花的就是这个钱，这都是托李文忠公的福荫啊。"

李鸿章的一生，充满了争议与传奇。他在复杂的官场中，始终坚守着自己的原则和底线，展现出了一位政治家的担当与智慧。尽管他的一些决策在当时备受争议，但他为国家所做出的努力和贡献，依然值得后人深思和铭记。

史学家梁启超曾评价李鸿章："吾敬李鸿章之才，吾惜李鸿章之识，吾悲李鸿章之遇。"

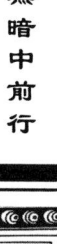

后记

当我们合上这本关于李鸿章的传记，心中涌起的是无尽的感慨与思索。

李鸿章，一个在晚清历史舞台上占据重要位置的人物，他的一生波澜壮阔，充满了传奇色彩，也饱含着无数的争议。

他出生于一个动荡的时代，国家内忧外患，风雨飘摇。李鸿章以其卓越的才能和坚定的信念，试图在这乱世中为国家寻找一条出路。他投身于洋务运动，创办工厂、建立海军、培养人才，为中国的近代化进程付出了巨大的努力。

然而，他的道路并非一帆风顺。在与列强的外交谈判中，他常常处于弱势地位，被迫签订了一系列不平等条约，背负了千古骂名。但我们不能仅仅从这些条约去评判他的一生，而应该看到他在那个艰难的时代所面临的无奈与困境。

李鸿章是一个复杂的人物。他既有政治家的谋略与远见，又有普通人的情感与弱点。他在权力的漩涡中挣扎，在国家利益与个人荣辱之间徘徊。他的成功与失败，都成为了历史的一部分，让我们得以从中汲取教训，反思过去。

这本传记试图从多个角度展现李鸿章的人生轨迹，还原那个时代的历史背景和社会风貌。我们希望通过对李鸿章的研究，更好地理解晚清时期的中国，以及那个时代人们的奋斗与挣扎。

历史是一面镜子，它让我们看到过去的辉煌与挫折，也让我们更加珍惜现在的和平与繁荣。李鸿章的故事告诉我们，一个国家的强大需要不断的改革与创新，需要有坚定的信念和不屈的精神。

在当今时代，我们面临着新的挑战和机遇。我们应该以史为鉴，从李鸿章的人生中汲取智慧和力量，为实现中华民族的伟大复兴而努力奋斗。

最后，感谢每一位读者对这本传记的关注和支持。希望我们能够一起在历史的长河中探索，共同书写属于我们这个时代的辉煌篇章。

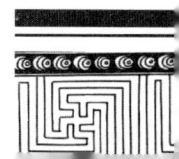

附录一 李鸿章接受美国记者专访

1896年9月2日上午9时许，在纽约这座繁华的都市，阳光洒在街道上，车水马龙的景象展现着这座城市的活力。此时，作为晚清一代重臣和名臣的李鸿章，正坐在纽约华尔道夫饭店那装饰典雅的房间里，准备接受美国《纽约时报》记者的独家专访。

饭店的大厅金碧辉煌，华丽的吊灯散发着柔和的光芒。李鸿章身着庄重的官服，面容沉稳，眼神中透露出历经沧桑的睿智。记者走进房间，微微欠身，开始了这场备受瞩目的访谈。

记者："尊敬的阁下，您已经谈了我们很多事情，您能否告诉我们，什么是您认为我们做得不好的事呢？"

李鸿章微微沉思，目光缓缓扫过房间，仿佛在回忆自己在美国的种种经历。他缓缓说道："我不想批评美国，我对美国政府给予我的接待毫无怨言，这些都是我所期望的。只是有一件事让我吃惊或失望。那就是你们国家有形形色色的政党存在，而我只对其中一部分有所了解。其他政党会不会使国家出现混乱呢？你们的报纸能不能靠国家利益将各个政党联合起来呢？"

记者："那么阁下，您在这个国家的所见所闻中什么使您最感兴趣？"

李鸿章的眼神中闪过一丝惊叹，他说道："我对我在美国见到的一切都很喜欢，所有事情都让我高兴。最使我感到惊讶的是那些20层或更高一些的摩天大楼。在清国和欧洲，我从没见过这种高楼。这些楼看起来建得很牢固，能抗任何狂风吧？但清国不能建这么高的楼房，因为台风会很快把它吹倒，而且高层建筑没有你们这样好的电梯配套也很不方便。"

记者："您赞成贵国的普通老百姓都接受教育吗？"

李鸿章微微颔首，说道："我们的习惯是送所有男孩上学。（翻译插话：'在清国，男孩，才是真正的孩子'）我们有很好的学校，但只有付得起学费的富家子弟才能入学，穷人家的孩子没有机会上学。但是，我们现在还没有你们这么多的学校和学堂，我们计划将来在国内建立更多的学校。"

记者："阁下，您赞成妇女接受教育吗？"

李鸿章停顿了一会儿，仿佛在思考这个对于清国来说有些新奇的问题。他说道："在我们清国，女孩在家中请女教师提供教育，所有有经济能力的家庭都会雇请女家庭教师。我们现在还没有供女子就读的公立学校，也没有更高一级的教育机构。这是由于我们的风俗习惯与你们（包括欧洲和美国）不同，也许我们应该学习你们的教育制度，并将最适合我们国情的那种引入国内，这确是我们所需要的。"

记者："总督阁下，您期待对现存的排华法案进行任何修改吗？"

李鸿章的脸色变得严肃起来，他说道："我知道，你们又将进行选举了，新政府必然会在施政上有些变化。因此，我不敢在修改法案前发表任何要求废除《格利法》的言论，我只是期望美国新闻界能助清国移民一臂之力。我知道报纸在这个国家有很大的影响力，希望整个报界都能帮助清国侨民，呼吁废除排华法案，或至少对《格利法》进行较大修改。"

记者："阁下，您能说明选择经加拿大而非美国西部回国路线的理由吗？是不是您的同胞在我国西部一些地区没有受到善待？"

李鸿章微微皱眉，说道："我有两个原因不愿经过美国西部各州。第一，当我在清国北方港口城市担任高官时，听到了很多加州清国侨

民的抱怨。这些抱怨表明，清国人在那里未能获得美国宪法赋予他们的权利，他们请求我帮助他们使他们的美国移民身份得到完全承认，并享受作为美国移民所应享有的权利。而你们的《格利法》不但不给予他们与其他国家移民同等的权利，还拒绝保障他们合法的权益，因此我不希望经过以这种方式对待我同胞的地方，也不打算接受当地华人代表递交他们在西部各州权益的请愿信。第二，当我还是一名优秀的水手时，就知道必须学会自己照顾自己。我比别人年纪要大好多岁，从温哥华回国的航程要比从旧金山出发更短些。我现在才知道，清国'皇后号'船体宽阔舒适，在太平洋的所有港都难以找到如此之好的远洋客船。排华法案是世界上最不公平的法案。所有的政治经济学家都承认，竞争促使全世界的市场迸发活力，而竞争既适用于商品也适用于劳动力。我们知道，《格利法》是由于受到爱尔兰裔移民欲独霸加州劳工市场的影响，因为清国人是他们很强的竞争对手，所以他们想排除华人。如果我们清国也抵制你们的产品，拒绝购买美国商品，取消你们的产品销往清国的特许权，试问你们将作何感想呢？不要把我当成清国什么高官，而要当成一名国际主义者，不要把我当成达官贵人，而要当作清国或世界其他国家一名普通公民。请让我问问，你们把廉价的华人劳工逐出美国究竟能获得什么呢？廉价劳工意味着更便宜的商品，顾客以低廉价格就能买到高质量的商品。不是很为你们作为美国人自豪吗？你们的国家代表着世界上最高的现代文明，你们因你们的民主和自由而自豪，但你们的排华法案对华人来说是自由的吗？这不是自由！因为你们禁止使用廉价劳工生产的产品，不让他们在农场干活。你们的统计数据表明，你们是世界上最有创造力的人，你们发明的东西比任何其他国家的总和都多。在这方面，你们走在了欧洲的前面。因为你们不限制你们在制造业方面的发展，搞农业的人不限于搞农业，他们还将农业、商业和工业结合了起来。你们不像英国，他们只是世界的作坊。你们致力于一切进步和发展的事业。在工艺技术和产品质量方面，你们也领先于欧洲国家。但不幸的是，你们还竞争不过欧洲，因为你们的产品比他们的贵。这都是因为你们的劳动力太贵，以致生产的产品因价格太高而不能成功地与欧洲国家竞争。劳动力太贵，是因为你们排除华工。这是你们的失误。如果让劳动力自由竞争，你们就能够获得廉价的劳力。华人比爱尔兰人和美国其他劳动阶级都更勤俭，所以其他族裔的劳工仇视华人。我相信美国报界能帮助华人一臂之力，——取消排华法案。"

记者："美国资本在清国投资有什么出路吗？"

李鸿章目光坚定，说道："只有将货币、劳动力和土地都有机地结合起来，才会产生财富。清国政府非常高兴地欢迎任何资本到我国投资。我的好朋友格兰特将军曾对我说，你们必须要求欧美资本进入清国以建立现代化的工业企业，帮助清国人民开发利用本国丰富的自然资源。但这些企业的管理权应掌握在清国政府手中。我们欢迎你们来华投资，资金和技工由你们提供。但是，对于铁路、电讯等事物，要由我们自己控制。我们必须保护国家主权，不允许任何人危及我们的神圣权力。我将牢记格兰特将军的遗训。所有资本，无论是美国的还是欧洲的，都可以自由来华投资。"

记者："阁下，您赞成将美国的或欧洲的报纸介绍到贵国吗？"

李鸿章微微叹息，说道："清国办有报纸，但遗憾的是清国的编辑们不愿将真相告诉读者，他们不像你们的报纸讲真话，只讲真话。清国的编辑们在讲真话的时候十分吝啬，他们只讲部分的真实，而且他们也没有你们报纸这么大的发行量。由于不能诚实地说明真相，我们的报纸就失去了新闻本身的高贵价值，也就未能成为广泛传播文明的方式了。"

在这次采访中，李鸿章充分展现了他敏锐深刻的论断和机智幽默的说话风格。饭店的窗外，纽约的城市景色依然繁华，而房间内的李鸿章，以自身的一言一行充分地显示了一名杰出政治家的风采。

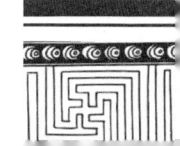

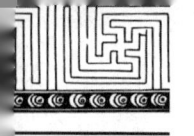

附录二 李鸿章的感情生活

李鸿章出生于安徽合肥一个书香门第之家。他的家族在当地颇有名望，重视教育和传统道德观念。在这样的家庭环境中成长，李鸿章自幼接受了严格的儒家教育，培养了忠诚、孝顺、仁爱等传统美德。

在那个时代，婚姻往往是家族之间的联姻，旨在维护家族的利益和地位。李鸿章的婚姻也不例外，他的婚姻选择受到了家族的影响和安排。然而，李鸿章在婚姻中也展现出了自己的个性和情感。

1844年，李鸿章与周氏结为夫妻。周氏是一位温柔善良、贤淑聪慧的女子，她与李鸿章共同经历了许多风风雨雨。

在李鸿章的早年生涯中，周氏一直陪伴在他身边，给予他支持和鼓励。她不仅照顾李鸿章的生活起居，还在他遇到困难和挫折时，给予他精神上的慰藉。周氏的温柔和善良，让李鸿章感受到了家庭的温暖和幸福。

然而，生活并非总是一帆风顺。在李鸿章的仕途生涯中，他经常面临着各种挑战和困难。周氏始终坚定地支持着他，与他共同度过了许多艰难的岁月。

1861年，周氏去世后，李鸿章续娶了赵小莲为妻。赵小莲出身名门，是一位知书达理、聪慧过人的女子。

赵小莲与李鸿章的结合，不仅是家族之间的联姻，更是两人在精神上的契合。赵小莲在文学、艺术等方面有着较高的造诣，她与李鸿章有着共同的兴趣爱好和人生追求。

在李鸿章的政治生涯中,赵小莲给予了他很多帮助和支持。她善于与人交往,在李鸿章的社交圈子中发挥了重要作用。她还经常为李鸿章出谋划策,帮助他处理各种政治事务。

赵小莲与李鸿章的感情深厚,他们相互扶持,共同走过了许多岁月。在李鸿章晚年,赵小莲一直陪伴在他身边,照顾他的生活起居。她的陪伴和关爱,让李鸿章在人生的最后阶段感受到了温暖和幸福。

李鸿章与周氏共育有子女多人。他对子女的教育非常重视,希望他们能够继承家族的传统美德,成为有才华、有品德的人。

在李鸿章的教导下,他的子女们大多学有所成,在不同领域取得了一定的成就。例如,他的儿子李经方、李经述等都在政治、外交等领域有着出色的表现。

李鸿章的家庭生活充满了温馨和和谐。他与妻子、子女之间的感情深厚,相互关爱,共同营造了一个幸福的家庭氛围。在他的家庭中,传统的儒家道德观念得到了充分的体现,忠诚、孝顺、仁爱等美德在家庭成员之间传承和发扬。

李鸿章的感情生活对他的人生和事业产生了深远的影响。他的妻子们在他的生活中扮演了重要的角色,给予了他支持和鼓励,让他在面对困难和挑战时更加坚定和勇敢。家庭的温暖和幸福,也让李鸿章在忙碌的政治生涯中找到了心灵的寄托。他在家庭中感受到了爱和关怀,这让他更加珍惜家庭,也更加努力地为国家和人民服务。

此外,李鸿章的感情生活也反映了他的人性和情感。他在婚姻中展现出了忠诚、关爱和责任,这些品质也体现在他的政治生涯中。他对国家和人民的忠诚,对家人的关爱,以及对责任的担当,让他成为了一位备受尊敬的历史人物。

李鸿章的感情生活是他人生的一个重要组成部分,它不仅展现了他的人性和情感,也反映了那个时代的社会风貌和婚姻观念。

从历史的角度来看,李鸿章的感情生活既有传统的一面,也有现

代的一面。他的婚姻选择受到了家族的影响和安排，但他在婚姻中也展现出了自己的个性和情感。他对妻子的关爱和尊重，对子女的教育和培养，都体现了他的现代家庭观念。

李鸿章的感情生活给我们带来了很多启示。它让我们看到了家庭的重要性，家庭是一个人心灵的港湾，是一个人在困难和挫折时的坚强后盾。它也让我们看到了爱情的力量，爱情可以让人变得更加勇敢和坚强，可以让人在面对困难和挑战时不屈不挠。

总之，李鸿章的感情生活是他人生的一个重要组成部分，它充满了传奇色彩和人性的光辉。通过了解他的感情生活，我们可以更好地理解这位历史人物的内心世界和人生追求，也可以从中汲取一些宝贵的人生经验和启示。

附录三 李鸿章一生大事简表

◎ **1823 年（道光三年）**

出生于安徽合肥。

◎ **1847 年（道光二十七年）**

在北京参加会试，中进士，改翰林院庶吉士。

◎ **1850 年（道光三十年）**

改授翰林院编修。

◎ **1853 年（咸丰三年）**

回家乡参与帮办团练，抵抗太平军。

◎ **1859 年（咸丰九年）**

入曾国藩幕，襄办营务。

◎ **1861 年（咸丰十一年）**

奉曾国藩之命组建淮军。

◎ **1862 年（同治元年）**

率淮军调上海，升任江苏巡抚。

◎ **1863 年（同治二年）**

奏准设立上海广方言馆，培养外语和学习西方科学、技术人才。

◎ **1865 年（同治四年）**

　　署理两江总督，创办江南制造总局、金陵机器局。

◎ **1866 年（同治五年）**

　　为钦差大臣，负责镇压捻军。

◎ **1867 年（同治六年）**

　　授湖广总督。

◎ **1870 年（同治九年）**

　　任直隶总督兼北洋通商大臣。

◎ **1872 年（同治十一年）**

　　创办上海轮船招商局，实行官督商办。俄国出兵侵占我国伊犁，借机提出改"土车为铁路"的主张，因反对者甚众未能实行。

◎ **1874 年（同治十三年）**

　　与日本代表签订《北京专约》。奉召进京见恭亲王奕䜣，力陈中国修建铁路的重要，亦因阻力太大，未能实行。

◎ **1875 年（光绪元年）**

　　因"马嘉理案"与英国代表签订《烟台条约》。奏设开平矿务局，官督商办。受命督办北洋海防事宜，开始着手组建北洋海军。

◎ **1879 年（光绪五年）**

　　架设大沽北塘与天津之间电线。奏设上海机器织布局，官督商办。

◎ **1880 年（光绪六年）**

　　奏设电报总局于天津，1882 年改为官督商办。奏设天津水师学堂。

◎ 1881 年（光绪七年）

未经奏报修成开平煤矿唐山至胥各庄铁路，约 10 公里。

◎ 1885 年（光绪十一年）

与法国代表签订《中法新约》。

◎ 1888 年（光绪十四年）

北洋海军正式成军。

◎ 1889 年（光绪十五年）

朝廷正式同意修铁路，但否定李鸿章修津通路主张。

◎ 1890 年（光绪十六年）

以日、俄等国窥伺朝鲜、亟须加强东北防务为由，提出修山海关内外关东铁路建议，获朝廷批准。

◎ 1894 年（光绪二十年）

关东铁路因经费被挪作慈禧太后 60 寿辰庆典之用停建。中日甲午战争爆发。

◎ 1895 年（光绪二十一年）

中日战争中国军队战败，北洋海军全军覆没。赴日本谈判，与日本代表签订《马关条约》。失直隶总督、北洋大臣之职，投闲散置。

◎ 1896 年（光绪二十二年）

访问俄、德、荷、比、法、英、美诸国。

◎ 1898 年（光绪二十四年）

同情维新变法，暗中维护个别"新党"人士。年底被任命为勘河大臣，履勘山东黄河工程。

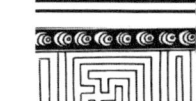

◎ **1899 年（光绪二十五年）**

　　署理两广总督。

◎ **1900 年（光绪二十六年）**

　　奉命北上与八国联军谈判议和。

◎ **1901 年（光绪二十七年）**

　　与英、美、俄、德、日、奥、法、意、西、荷、比 11 国代表签订《辛丑条约》。

◎ **1901 年（光绪二十七年）**

　　11 月病逝。